コミュニケーションの思想

——記号とメディア

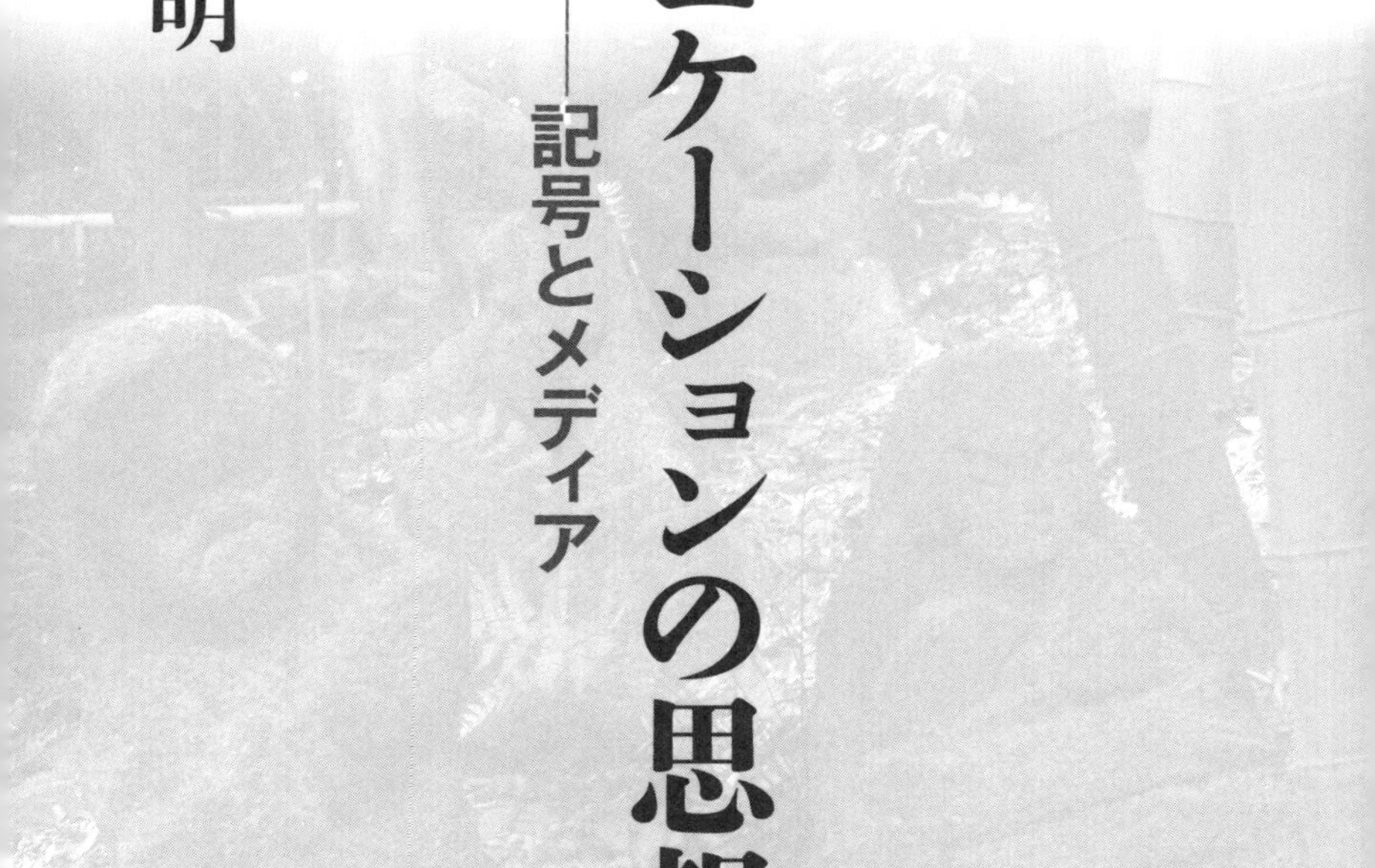

竹内成明

れんが書房新社

コミュニケーションの思想＊目次
——記号とメディア

Ⅲ　書評

コミュニケーションの思想

——記号とメディア

なぜ、いまさら、「思想」なのか？　——はじめに

わたしは退職した老人である。政府は「後期高齢者」と呼んでくれた。もうすぐ「末期」である。政府はひどいが、社会はどうにか保たれている。メディアは殺人のニュースを毎週のように流しているが、それぞれのケースに応じて識者がコメントをつけてくれ、わたしたちはなんとなく了解している。

地球温暖化や食糧の外国依存など、これからどうなるのか心配だが、わたしになにか名案があるわけではなく、専門的な知識にたよりながら、みんなで知恵をしぼっていくよりほかになさそうだ。わたしの出る幕はない。

わたし自身は、家族にめぐまれている。

人並みに野山を歩くのが好きなので、天気がよければ遠出も気にしない。歩いていると、何時間も人に出会わないことがある。ひとりぼっちで心細くなる。けれども「孤独」だとは思わない。

雨が降れば、部屋でごろごろしている。ついうとうと眠ってしまって、自分でも〝小人閑居して不善をなす〟だな、と思ったりする。けれどもそれ以上、たとえば「人生」とか「存在」とかについて、

考えを進めていくことはない。

それなのに、どうして「思想」について書こうとしているのか。

わたしはこのまま生を終えてもよいと思っている。けれども、ときに新聞で、ひとりぼっちの老人がだれにも気づかれないまま死んでいた、という記事を目にする。同じ年頃だ。ぼんやりその人のことを考える。考えていると不意に、その人に何かいわなければ、という思いにつきあげられる。

何をいいたいのか、自分でもよくわからない。ただ、わたしもほぼ同じ時代を生きてきた。その〝時代〟というやつが、彼をそんなふうに死なせたのだ。見知らぬ人だけれど、縁がないわけではない。

昨年、巨大なイージス艦が小さな漁船に衝突し、沈めてしまうという事故があった。そのニュースを、テレビと新聞で見ながら、これが国家と庶民の関係だな、と思った。一人一人の些細な暮らしから税を取りたて、その税でつくらせた戦艦で漁船を沈没させる。非情、としかいいようがない。

こんなこともあった。国は、わずかな給料から保険料を差し引いておきながら、さて年金を払うだんになると、記録がないから交付できないという。無責任としかいいようがない。

そのような関係は、わたしが子どものころは、もっとあからさまであった。国家が引きおこした戦争のなかで、何千万の庶民が死んだ。

この関係は、日本が近代国家の体裁をととのえて以来のことである。あるいはもっと古く、古代国家の成立以来、すでにはじまっていたことかもしれない。

国家が成立していればこそ、現在の文明があり、その文明のもとで、国家を成り立たせている庶民が殺され、あるいは孤独なままに死んでいく。

そのような国家と庶民の関係を、思想家はもっと語らなければならない、というのではない。それぐらいのことは、メディアの映像や記事が、すでに語っている。

映像や記事は語っているけれど、関係自体はこれからも変わりそうにない。なぜ変わりそうにもないのか、あるいは、いつまでも変わらないものなのか、あるいは、そもそも変わらなくてよいことなのか、そのあたりのことがよくわからない。

わからないままでいいとは思えない。孤独な死を迎えた老人は、死を受け入れても、このままでいいとは思っていなかっただろう。だが、何かを期待できるわけではない。何も期待できないなかで、死は、期待そのものを打ち消してしまう。残るのは、何もない、という広がり。

それが、この文明国家の一人一人の行く末だろうか。

近代の思想は、かつて庶民であった人びとが推し進めてきたものであった。人権と民主主義。その政治的実践が、現代の自由主義国家、いいかえれば戦争という暴力を勝手気ままにふるう国家群をつくりあげた。

その自由主義を、金持ちの制度と批判した社会主義勢力も、すぐに強大な権力国家となって、少数民族を武力で抑圧し、批判者を抑圧する体制になった。

よくわかっているのは、そこまでの歴史的な経緯である。両者に代わる社会思想は、いまはない。

現代思想は、自由主義も社会主義も否定することから始まった。歴史的な経過からして、当然の態度であっただろう。

ひととき、「脱構築」という言葉がもてはやされた。再・構築、つまりあらためて根本から思想を立て直すべき、というのではない。脱・構築、つまり思想を構築することから脱け出せ、というのであった。

思想を構築するのは、言葉であり、言葉で構築した結果が書物になる。単純に考えれば、言葉で構築することをやめれば、本はできない。つまり「脱構築」とは、本を書かないということになる。けれども、ポストモダン派の思想書は、いまや哲学の権威として君臨している。わたしにとって、これは謎でしかない。

「脱構築」を徹底するのであれば、哲学であること、「知を愛する」ことをやめるべきであった。「知」を愛さなくても、人間には「情」があり「信」がある。現代思想は、「知」ではなくて、「情」や「信」を愛することに立ちもどるべきではなかったか。

これは知識人には、はじめから受けの悪い発想だ。情にほだされ、信にあざむかれる。そんな庶民の世界から脱け出して、思想は自らを確立してきたはずである。ほだされ、あざむかれてきた庶民の生に立ちもどって、いったい何が得られるというのか。

ほだされ、あざむかれながら、わたしたち庶民のひとりひとりは、いま文明国家のもとで、とにもかくにも生きている。とにもかくにも賑々しく生きている。賑々しく生きてはいるけれど、ある日気がつけば、ひとり空漠のなかに放りだされているかもしれない。

賑々しさのなかの空漠、たぶんそれが、ひとりぼっちで死んでいった老人とわたしが共有している場、この時代がつくりだした生の場なのではなかろうか。

わたしが語りたいのは、そのような生の場である。

第一章　思想のコミュニケーション

商業的世界のコミュニケーション形態とアダム・スミス

中世末期、ヨーロッパの貴族社会を華やかにいろどるのは、ルネサンスの芸術と、東洋や新大陸から運ばれてきた香料や財宝だろう。絶対王政の時代は、芸術と大航海の時代でもある。とりわけ香料を求めて世界の海に乗り出した商船は、未知の世界の情報を次々にヨーロッパの旧世界にもたらした。それは中世ヨーロッパの閉ざされたコミュニケーション世界を、一挙に拡大するかのようにみえた。けれどもその情報は、貿易を独占する大商人の手ににぎられており、民衆のコミュニケーション世界を拡大するものではなかった。重商主義による貿易の独占は、富の独占であると同時に、情報の独占でもあった。

中世における民衆のコミュニケーション世界は、教会が伝える神のことばと口承文芸と、そして人から人に伝わるうわさ話の域を出なかったが、しかしそこにも、海洋貿易のように派手ではないが、地道な民衆の経済生活のなかで、新しいコミュニケーション形態があらわれ始めていた。貨幣を仲介とする農産物や手工業製品の交換である。むろん貨幣経済の中心的な担い手は、大貿易商人であったが、それはしだいに封建的な農業のなかにも浸透し、独立自営農民層を中心に、農業における資本主義化を押しすすめていく。同時に農業の発展は、人口の増加をうながし、貿易の活発化にあいともなって、都市の製造業者を中心にした新しい階級を生みだしていく。市民階級の出現である。ここに、分業と交換にもとづく商業的世界が形成される。

分業と交換の経済生活を可能にした貨幣制度は、中世世界の独占的コミュニケーションや共同体的なコミュニケーション形態を変容させ、近代的なコミュニケーション形態を生みだしてくる。そして、資本主義時代の到来を告知したといわれるアダム・スミス（一七二三〜九〇）の『国富論』（一七七六年）は、また近代社会のコミュニケーション形態の最初の理論的表現であるとも見なせるのである。以下、その観点から『国富論』を読んでいくことにしよう（以下の引用は、玉野井芳郎・田添京二・大河内暁男訳「世界の名著」31『アダム・スミス・国富論』中央公論社、一九六八年により、同書で省略、要約されている部分については、水田洋訳「世界の大思想」15『スミス・国富論』河出書房新社、一九六五年を参照した）。

1

『国富論』のなかに有名な大学批判がある。スミスのコミュニケーション思想の面目が、そこに躍如としてあらわれているので、まずその数節を引用しておこう。

①「もし教師の服する権威が。かれ自身そのメンバーである団体、すなわちカレッジまたは大学にあり、かつそこでは他のメンバーの大半も、かれ同様、教師であるか、あるいは教師たるべき人々であるならば、かれらはあいみたがいに共同戦線を張って、たがいにすこぶる寛大であろうとし、だれもが、自分の義務をなおざりにしてもとがめられないという条件のもとに、仲間がな

おざりにしてもそれに同意しているらしい。オクスフォードの大学では、正教授の大半は、ここ多年にわたり、教えるふりをすることさえすっかりやめてしまった」。

②「もしも教師の服する権威が（……）外部の第三者、たとえばその司教管区の司教、その州の知事、あるいは文部大臣にあるならば、（……）この種外部からの管轄権は、その本質からして恣意的、専断的であり、（……）なんら正当な理由もなしに、教師の職務について非難したり、その職務を奪ったりしたがる傾向がおそろしく強い。こんな管轄権に服している人物は、そのために必然的に堕落させられ、（自己の保身のためには）かれの本職での能力や勉励ではなしに、かれの上位の意向におもねること、そしてその意向を迎えて、かれがその一員たる団体の権利も、利益も名誉も犠牲に供しようとすることを第一とする」。

③「カレッジや大学の校規は、総じて、学生の便益のためにではなしに、教師の利益のため、もっと端的にいってしまえば、教師の安逸のためになるようにできている。その目的は、どんな場合にも教師の権威を維持し、そして教師がその義務を怠ろうがやり遂げようが、学生の側はどんな場合にも、教師があたかもその義務を最大の勉励と能力でもってやってのけたかのように教師にたいしてふるまうことを強《し》いることにある。校規は、教師という階層は、完璧《かんぺき》な知と徳をもっているのに、学生という階層は、最低に欠陥だらけで愚かだという前提に立っているかのようだ」。

スミスの批判が、そのままで今日の大学批判にもなりえていることについては、くだくだしく述べるまでもないだろう。ここでは、彼の大学批判が、知識のコミュニケーションに関する原理的な問題をふくむものであり、他方ではまた、それが重商主義の経済政策にたいする批判と根を同じくするものであるという点に、注目しておきたい。

まず、彼の批判にふくまれているコミュニケーション思想の問題から取りあげよう。

第一の引用文では、いわゆる教授会自治が批判されている。特権的な団体（ギルド）の内部にある同業者意識が、知識のコミュニケーションのありようを歪める、という認識である。それでも知識の伝達は行なわれているのであるから、この批判の前提には、知識のコミュニケーションとはそれ自身のなかに新たな知識の創造（生産）をふくむか、あるいは創造を喚起するものであらねばならない、という考えが含まれているはずである。同業者意識は、この創造性をコミュニケーションから欠落させる。それが欠落しても、惰性的に伝統的な情報内容が保持され、また団体としての存続が特権的に保証されているので、知識の伝達者としての体裁は保たれるからである。

第二の引用文では、大学が教会権力や行政権力の管轄下におかれると、教師は必然的に堕落すると主張されている。これは権力とコミュニケーションの問題である。コミュニケーターが教会機構や行政機構のなかに組みこまれると、コミュニケーターの意識のなかで、情報内容にたいする主体的な批判精神が失われ、機構の上位の者にたいする阿諛《あゆ》、忠誠心が、それにとってかわる。言いかえれば、伝達される情報内容が、主体的な価値基準にもとづくものから、機構の価値基準に従属するものに変貌するという考えである。

第三の引用文では、教授層と学生層の指導・被指導の関係が問われている。指導・被指導の関係は、人格的な服従関係にまで及ぶものではなく、したがって制度として規則化されるべきものではない。むしろ逆に、指導する者の側に、指導される者にたいする義務が課されている。言いかえれば、知識のコミュニケーションは、上から下への一方交通的な関係であってはならず、発信者は受信者の要求（需要）に応じた――したがって新たに生産された――情報を、送り出さねばならないのである。

スミスの大学批判には、そのようなコミュニケーション思想がふくまれていると考えられるが、それはまた、彼の経済思想と深く結びついている。

三つの引用文を通じて、彼の批判はいずれも、大学を知識の蓄積の場と見ず、知識の生産の場と見る観点を基礎にしているが、これは、国の富を金銀の保有高ではなく、生産労働に求める観点と、同じ思想である。また、大学の自治組織や国家の管轄下にある教師が学問を腐敗させるという考えは、ギルドの拘束や国家の統制が生産を阻害しているという重商主義批判と、同趣旨のものである。さらに、教師の学生にたいする義務という観点は、消費者の利益こそが生産活動の目的であるという経済思想と、同質のものである。そのように大学批判と経済学説は、スミスの考えのなかで密接に結びついている。そこで以下、彼の経済思想をもう少し全体的に見通した上で、スミスのコミュニケーション思想が、どのような広がりと深さをもつものであるかを見てゆきたい。

2

スミスの経済学説の基本は、次の三点に求められよう。分業論と労働価値説と自由競争論である。一、分業論には二つの側面がある。一つは、分業が生産力を増大させるという主張であり、いま一つは、分業が人間の本性にもとづく行為であるという考えである。

分業は、仕事の単純化によって職人の技能を増進させ、仕事の量を増大させる。また職業の分化によって創意工夫を促進し、専門的知識を開発させる。その結果、社会は全体として生産力を高めることになる。

しかも分業は、人間の本性から生ずるものである。人間は他の動物とちがって、仲間の助けをつねに必要としていながら、利己的な存在である。他人の助けは、自分の利益になるだけでなく、その他人の利益にもなることが明白でないかぎり得られない。「われわれが食事をとれるのも、肉屋や酒屋やパン屋の博愛心によるのではなくて、自分自身の利益にたいするかれらの関心によるのである。われわれが呼びかけるのは、かれらの博愛的な感情にたいしてではなく、自愛心にたいしてであり、われわれがかれらに語るのは、われわれ自身の必要についてではなく、かれらの利益についてなのである」。要するに、自分の必要が他人の利己心にたいする呼びかけになり、それが生産物の交換をひきおこす。そこで人びとは、それぞれ自己の利益のために、他人の欲するものを商品として生産することになり。かくして分業と交換の社会が成立するというのである。〝利己心にたいする呼びかけ〟が、商業社会の成立の鍵になっていることに注目しておこう。

二、労働価値論にも二つの側面がある。一つは、それが重商主義批判の理論的根拠になっている点であり、もう一つは、それが交換価値の理論として、やがてマルクスの剰余価値論に受けつがれていく側面である。

重商主義は、貨幣（金、銀）の蓄積に一国の富の源泉を求め、保護貿易やギルドによる独占的利益を擁護する。しかし貨幣は生産物に換えられてこそ価値があるのだから、富の源泉は生産力の上昇に求めるべきである。つまり生産労働こそが価値の源泉であると考えねばならない。しかも富は、「人間生活の必需品、便益品および娯楽品をどの程度享受できるか」によってはかられるのだから、「消費こそが、あらゆる生産活動の唯一無二の目標であり、（……）生産者の利益は、消費者の利益を増進させるのに必要な範囲でのみ、顧慮されてしかるべきものなのである」。そのような生産と消費を結合した視点に立って、スミスは、大商人と製造業者の特権、国家の保護とギルドの排他性にたいして厳しい批判を加えたのである。

そしてまた、生産と消費の結合の視点から、交換価値の理論が導き出される。スミスは、「労働はすべての商品の交換価値の真実の尺度である」と言う。ここで言われる「労働」とは「苦労と骨折り」を意味するのであり、貨幣で買える商品は、われわれが自分でそれを生産するのに必要な「苦労と骨折り」をはぶいてくれるから、価値がある。言いかえれば、われわれは貨幣を仲介とする生産物の交換によって、他人の「苦労と骨折り」を買うのである。したがって生産物の交換価値の大きさは、それによって「購買または支配できる他の人々の労働の量に比例する」。その場合、交換価値の尺度となる「労働」は、私的な個々の具体的労働ではなく、一般的な社会的労働でなければならない。したがって、それは「抽象的な観念」であり、具体的に触知できるものではない。この社会的抽象労働という観点が、やがてマルクスによって批判的に継承されていくのである。

三、分業と交換の自由主義社会が確立されるためには、まず第一に、個々人の自由な活動が保証されていなければならず、第二に、各人の自由な活動が社会全体の富を増大させ、第三に、同時にその自由な活動が、結果として富の分配をも公平にするのでなければならない。第一の点は重商主義批判の目指すところであり、第二の点は分業論で論証されているので、結局第三の点が、自由主義経済論の眼目になる。

スミスはその点を、労働の賃金、資本の利潤、土地の地代について詳細に論じていくわけだが、中心になるのは、「自然価格」という概念であろう。「自然価格」とは、需要と供給の関係が完全に一致した、もっとも望ましい価格であり、これは、労働と資本が自由に流通していれば、自由競争の結果として「自然に」成立する。「自己の境遇を改善しようとする各人の自然的努力」が、「事物自然の成り行き」にしたがって、社会的な調和をもたらすというのである。スミスは、「事物自然の成り行き」を、「見えざる手に導かれて」とも表現するが、このことばは〝神の意志によって〟という意味ではなく、商業社会の〝経済法則に導かれて〟という意味に解すべきだと言われている。スミスは無神論者ではなかったが、神のプランを人間の手であとづけようとした啓蒙時代の科学者だったのである。むろんこの〝成り行き〟論は、楽観的な予定調和の域を出るものではないが、ガリレイ、ニュートン等の自然科学についで、経済社会のなかにも自然法則を見出そうとする最初の試みであったと言うことはできるだろう。

スミスは「近代化の闘士」であり、「十八世紀のイギリスを舞台として、近代化の戸口に立って戦った人であった」と評されている（高島善哉『アダム・スミス』岩波新書、一九七〇年）。『国富論』の以上の三つの要点から見ても、その経済思想は近代資本主義社会の誕生を告知するものであったと言うことができよう。人間のエゴイズムの肯定、生産労働と消費生活の尊重、社会の現実法則の認知は、中世社会の権威への盲従、現世的利益の否定、神の意志や宿命の支配に、真正面から対立する考え方であり、近代的思惟の原理である。それでは、そのようなスミスの近代性がどのようなコミュニケーション思想としてあらわれてくるのか、以下その点を経済思想の三つの原理と比較しながら考えていこう。

ればならない。

3

まず第一に、分業論のところで触れておいたように、〝利己心にたいする呼びかけ〟に注目しなければならない。

スミスは利己心を人間の行動の原理とみなしたが、利他心、つまり同情や博愛心を軽視していたわけではない。周知のように『道徳情操論』（原著一七五九年、米林富男訳、未来社）では利己心とともに、同感の機能が重視されている。そこでは次のような〝同感の論理〟が展開される。同感は、「想像力のはたらきによって、自分自身を他人の立場に置き換え（……）いわば他人の身体に自分を移入し」たときにおこる。たとえばある人が不法な仕打ちをうけて怒るとき、われわれは第三者であるにもかかわらず、その人の立場に立って自己の利益が侵害されたときのことを想定し、被害者の怒りに「ついていく」。しかし怒りの表現が過剰であったり、状況に見合わないようなとき、われわれは「ついていく」のをやめる。そのばあい、無限に多くの第三者が「ついてきて」くれるとすれば、それは、彼の怒りが普遍的であることの証明になるだろう。言いかえれば彼の怒りは社会的正義をあらわすことになる。つまり社会的正義とは、スミスにとっては〝無数の第三者〟によって是認されることなのである。〝無数の第三者〟は、観念的にしか想定されないから、ここで、それぞれ利己的な存在である各人の具体的な同感が、観念上の〝無数の第三者〟の同感に転位され、社会的正義として人びとの行動の原理になる。人びとの心のなかに住む観念上の〝無数の第三者〟が、「良心」として――あるいはエ、ト、スとして――人びとの社会的行動を内側から規制することになるのである。

この社会的正義は、神や絶対者の意志によって外側から強制されてくるものではなく、それぞれ利己的人間である無数の第三者によって構成されているものであるのだから、社会に内在的な規制として効力をもつ。それは、各人がそれぞれ利己的本能にしたがって行動することで、おのずからつくりだしている社会的規制であり、自分たち自身の意志によって自分たちの行動を規制するものである。だからスミスの言う社会的正義とは、神による人間の支配から、人間による人間の支配——自己統御——への転換を示すものであったと言うことができるだろう。

〝利己心への呼びかけ〟というコミュニケーションは、したがって神の正義にかなっていなくても、人間の正義にかなっているのである。人びとの援助を求めるのに、「善意」や「博愛心」に訴えるのは、人びとのあずかり知らぬ神の正義に訴えることであり、絶対的な権威によって人びとに援助を強制することになる。それよりも人びとの「利己心」に訴えるほうが、人びとの人間性を尊重することであり、無数の利己的人間によって構成された社会的正義に適合している。だからこそ、〝利己心への呼びかけ〟は、商業社会を成立させる原理になりうるのである。

ところで、このスミスの〝同感の論理〟と同じような構造をもちながら、それとまったく対立的な意味をもつものに、ルソーの〝同情の原理〟がある。ルソーもまた、「同情とは苦しんでいる者の身になってみる感情である」と言い、「想像力のはたらき」によって、われわれ自身の「自己愛」を他人の身体のなかで感じるのだと言う。けれどもルソーは、「自己愛」と「利己心」を区別し、前者を理性に先立つ「自然の感情」として肯定し、後者を理性とともに発達した社会的・人為的な感情として否定する。そして、スミスのように「良心」の根拠を〝無数の第三者〟に求めず、自己愛にもとづく同情そのものに求めた。そのような〝同情の原理〟に立って、ルソーは商業社会を批判し、利害関心を原理とした近代的な理性のコトバの批判者になったのである。

〝利己心にたいする呼びかけ〟とは、ルソーの否定した利害関心にもとづく理性のコトバにほかならない。スミスはまた、「人々の間において、何ら相互的愛情とか愛着とかがなくとも、社会は、お互いのもつ効用（utility）の感覚から存立することができる。そしてその社会に住むものが誰一人としてお互いに何らの義務も感ぜず、あるいはお互いに何らの感謝の気持ちで結ばれていないとしても、なお社会は、合意のうえの評価にもとづく便益の金銭ずくの交換によって維持される」と言う。ここには、利害関心を社会的結合の原理とするブルジョア（市民）的コミュニケーション思想が、あらわに表明されている。

むろん「金銭ずくの交換」と言っても、それは「合意のうえの評価にもとづく」と言われているように、社会的正義に媒介されていることは言うまでもない。スミスが言うのは、人と人との結びつきの原理は利害関心にもとづく理性のコトバにあるということであって、他者を無視した利己主義ではない。この理性のコトバは、超越的な神の正義や絶対的な権威のコトバを否定すると同時に、合意のない——〝無数の第三者〟に是認されない——利己主義的な行為をも、否定するのである。

要するにルソーとスミスのわかれ目は、人間のコミュニケーションの原理を、当事者間の直接的（無媒介的）な交流形態に求めるか、第三者を媒介させた交渉形態に求めるかのちがいにあると言えよう。ここで言う第三者とは、観念上の〝無数の第三者〟であるが、社会的労働の抽象化である交換価値もまた、それと同じ性質のものであると考えられる。そこで第二の問題として、労働価値論のところで触れておいた交換価値という「抽象的な観念」について、そのコミュニケーション的意味を考えなければならない。

4

交換価値という考え方には、商業的世界におけるものの認識のしかたが端的に示されているようにおもえる。未開社会や農業社会のように自然物や生産物が商品化されない社会では、それらのものはもっぱら使用目的によって評価されるが、商業社会では、使用目的とは別に交換目的によって評価されるようになる。むろんスミスにとっては、交換本能は人間の自然の本性であるわけだが、その交換本能のあらわれかたが、使用価値を目的とする行為から、交換価値を目的とする行為へと、変わってくるのである。つまり自然物や生産物は、それ自身の用途（ものの性質、形状等にともなう用途）によって即物的に認識されるのではなくて、それがどれだけの貨幣をもたらすかという観点から眺められるようになる。それゆえ重商主義は、貨幣を富の尺度としたのであるが、しかしその貨幣の価値もまた、それによって「購買または支配できる他の人々の労働の量」によってきまるのだから、結局、貨幣をふくめてすべての商品は、社会的労働という「抽象的な観念」によって評価されることになる。そのように商業的世界では、人びとはものを抽象化して認識し、その価値を測るようになるのであり、労働価値論は、それの一つの理論的表現であったとみなすことができるのである。

スミスのそのような考え方は、言語論にもあらわれてくる。彼の『言語起源論』（一七六七年）で強調されるのは、言語の抽象性である。人類の最初の言語は個別的な名称（固有名詞）であったが、個体の名称は、やがてそれに類似した多数の対象物にも適用され、普通名詞になる。その適用を可能にするのは、多数の対象物から抽象されて得られる類概念や種概念である。またどんなに単純な形容詞でも、抽象化の過程をぬきにしてはつくられえない。要するに人間のもつ抽象化の能力が、言語を発達させたというのである。

抽象化とは、コミュニケーションの観点から言えば、個別的で具体的な事物を一般的な観念にかえることによって、交換可能なものにすることである。一般的な観念が一定の記号と結合して——つまりシンボルとして——人びとのあいだで共有されれば、各人はそれぞれ自由にその一般的観念を通して具体的対象に向かうことができる。シンボルは、ものとの直接的な関係から離れることによって、かえって自由にものを指示するのであり、そのことがものの世界の体系的な認識を可能にする。具体的で豊饒ではあるが無秩序で意味(目的)をもたないものの世界、あるいはまた人間の理解を絶した目的をもつ世界、神の支配する世界を、自分自身の手で組織だて、人間の支配下におき、人間にとって意味のある世界にすることができるのである。

シンボルによるコミュニケーションとは、各人の自由な指示作用への、したがってまた自由な思考への呼びかけであり、人間によるものの世界の統御を目指すものなのである。そのように見てくれば、スミスの言う〝利己心への呼びかけ〟とは、各人の自由な思考への呼びかけであり、人間による人間社会の統御と同時に、人間によるものの世界の支配をも目的とするコミュニケーションであったと言うことができるだろう。

ここでもう一度、ルソーと比較しよう。ルソーも『言語起源論』(一七八一年)を書いているが、これは、言語の抽象性にたいする論難の書であると言っていい。ルソーは、現代の発達した言語は「奴隷のコトバ」であり、あらゆる社会制度と同様、言語という制度もまた、階級社会を維持するのに役立っているという。そして彼は、歌と踊りにこそ人類の言語の起源があるとして、抽象化された理性のコトバよりも情熱と詩のことばを讃美する。それは、共同体的な感情の一体化をもたらすものであると同時に、自然や人間世界についての具体的で個性的な表現、言いかえれば対象にたいする主体的な思想や感情のこもった表現を、可能にするものとみなされていたからであった。だからルソーは、言語は文法の完成によって「正確」にはなったが、「表現」を失ったと言い、文法よりもレトリックを大切にした。レトリックによって、概念や文法の抽象性、一般性を、具体的で個性的な表現にまで高めようとしたのである。

それにたいしてスミスは、文法を「正義の諸原則」になぞらえ、レトリックはそれ以外の諸美徳のようなものであると言う。文法（正義の諸原則）は、「厳密で、正確で、必要欠くべからざるもの」であるが、レトリック（諸美徳）は「散漫で、曖昧で、不確実で」あり、かならずしも必要不可欠ではないからである（『道徳情操論』）。スミスに即して言えば、この比喩はきわめて適切である。社会的な「正義の諸原則」が〝無数の第三者〟という観念によって構成されていたのと同じように、文法もまた、現実世界にたいする人間の無限の関係づけの仕方を抽象化し、観念的に秩序づけることによって成り立っている。つまり正義の諸原則も文法も、具体的な現実の抽象化によって構成されているのであり、そのことによってそれぞれ前者は社会を、後者は文章を成立させる基本原理になる。そしてそれ以外の諸美徳やレトリックは、社会や文章を飾り、うるおいのあるものにするだけのことだからである。

そのような正義と文法にたいする考え方は、商品の交換価値にたいする考え方と同じものである。スミスは、抽象化され一般化された「人びとの労働の量」という観念を、分業と交換の商業社会を成立させている基本原理とみなしていた。したがって、以上をまとめて言えば、スミスは人間の抽象化の能力と、それにもとづくシンボル行為が、経済、倫理、言語という人間の社会生活の基本的部分をつらぬいて、それを構成していると考えていたのである。

交換価値は貨幣に、正義は法に、それぞれシンボライズされることによって、言語と同様、それぞれの領域で近代社会を動かす原理になる。近代社会は、あらゆるものをシンボル化することによって、人間をものの世界から自立させ、人間自身の手でものと人間の世界を秩序づけ、それを支配しようとするのであり、スミスはそのような近代社会のコミュニケーション原理を、先駆的に表現していたと言うことができるであろう。

けれども近代社会は、スミスの考えていたような調和的世界を生みだすどころか、逆にルソーが恐れていたように、ものの世界との直接的な接触を失うことによって、人間までも交換可能な労働商品と化し、自然の世界も人間の世界をも荒廃させてきたのである。問題は、ものの世界の支配のしかたにある。そこで最後の問題として、「見えざる手」に導かれる自由主義世界というスミスの予定調和の思想をとりあげねばならない。

5

「見えざる手」とは、個人の利己的な意図や行為を社会全体の利益に導く経済法則である。この考えは、歴史の主役を神の手から人間の手にとりもどすという積極的な意味をもつ。言いかえれば、人間の自発的な行為、しかも誰のためでもなく自分の利益を目的とする自発的行為が、おのずから社会全体を進歩させ、調和させるに至るという思想である。人間自身の自由な行為による社会の進歩と調和、これは近代社会の理念にほかならない。

この理念をささえているのは、人間の抽象能力を基礎にした科学と、科学が発見する自然や人間社会の法則にたいする信頼である。最初に見たスミスの大学批判は、この科学にたいする信頼にうらづけられたものであり、新しい時代に見合った新しい科学をつくりだそうとする意欲に発するものであった。

新しい科学的知識は、知識の専門化によって推進される。「社会の進歩につれて、学問や思索は他のすべての仕事と同じように市民の一特定階級の、主要なまたは唯一の職業となり生業となる」。その結果、「学問における仕事のこうした細分によって、各自は自分たちの独自の分野において、ますます専門家となり、全体としていっそう多くの仕事が達成され、科学的知識の量はいちじるしく増大する」。だがその反面、知的生産者と知的消費者が分化してくる。そこから、消費者のための学問、あるいは産業のための学問という思想が生まれてくる。学問は、国民と産業に奉仕するものであらねばならない。知識は、国民と産業の要求に応じて生産され、国民と産業のもとに送り返される。これが、近代社会の知的コミュニケーションの原理になるのであり、スミスの学問論には、そのような意味がふくまれているのである。

中世の知的指導は、絶対的な権威にささえられて、指導される者に人格的な服従を強いるものであった。スミスは、指導・被指導の関係から、人格的な支配・服従の関係を取り除き、それにかえて需要・供給の関係を知的コミュニケーションの原理にすえた。国民と産業は、自然と社会をみずからの意志のもとにおくことができるような知識を必要としているのであり、知識人は、その要求にこたえて、自然と社会に内在的な法則を知り、それを統御可能なものにする責任をもつのである。

けれども、そのような国民のための科学という思想は、科学の指導性の崇拝と表裏一体になって、ふたたび知的指導階級を出現させることになる。物質的生産の場では、資本の集中と生産手段の独占が、人びとのあいだにふたたび物質的な支配・服従の関係をつくりだすが、それに並行して、知的生産の場でも、知識を専有する特殊な集団が形成され、ふたたび知識を授ける者と授けられる者との関係が、支配する者と服従する者との関係になる。教育の場では、制度の温存にともなって、人格的な服従を蘇らせるのは言うまでもない。社会的には、専門家集団の自立は、一方ではテクノクラートを出現させ、他方では反体制的な党派資本が新しい技術を要求し、それに対抗する労働階級が自分たちの未来を約束する知識を要求するからである。

そして近代社会の理念の幻想性がはっきりしてくるにつれて、言いかえれば、人間の自発的行為が結果として人間疎外の現象を生みだし、社会的な不調和や矛盾があらわになるにつれて、自発性の尊重は、指導性の強化に切りかえられてゆく。テクノクラートも党派も、社会的不調和を克服するために人びとの自発的行為を統御しようとして、それを指導の対象、科学的認識の対象とみなすようになる。そして知的生産者（エリート）と知的消費者（民衆）は、分化されたまま固定し、両者の関係は、ふたたび一方交通的な指導・被指導の関係に退廃してくる。民衆は指導の対象から、やがて操作の対象になってゆく。国民のための科学という思想には、そのような退廃を防ぐコミュニケーション原理がないのである。

スミスは、指導・被指導の関係と、権威にもとづく人格的な服従関係を分離し、そのことによって中世的な知的コミュニケーション形態の批判者になりえたが、結局は服従関係にかえて、需要・供給の関係を組み合わせただけであった。スミスはあくまで、国民のための科学という近代主義の闘士であった。指導・被指導の関係を根本的に変革するようなコミュニケーション原理は、近代資本主義社会の矛盾があらわになる時代まで待たねばならない。

スミスの『国富論』は、新興市民階級と産業資本の願望に積極的に応じようとしたものであり、近代資本主義社会の理念を先駆的に表現するものであった。それは、重商主義的な富の独占的形態にたいする経済学的批判であると同時に、絶対主義的な知識の独占形態にたいするコミュニケーション論的批判でもあった。とりわけ、利己心への呼びかけや、貨幣や法、そして言語シンボルに媒介されたコミュニケーション、ものと人間の世界の人間による支配を目的としたコミュニケーションの思想は、新しいコミュニケーション時代の到来を告げるものであった。

けれども、この新しい時代を導いた「見えざる手」は、スミスと新興市民階級の願望とは正反対の方向に、人類を連れていく。そしてルソー以後、今日にいたるまで、人びとは近代社会がもたらしたコミュニケーションのさまざまな疎外形態と、たたかいつづけていかねばならないことになる。

社会主義運動のコミュニケーション論
――プルードンとマルクス――

1

十七世紀のイギリス市民革命、十八世紀終わりのフランス大革命とともに、近代社会の幕が開く。舞台にあらわれるのは、政治における民主主義、経済における自由競争、意識における個の確立などである。けれども、それを演じる主役は、ブルジョアジーにかぎられていた。革命は「自由、平等、博愛」の旗をかかげていたが、労働者にとって近代社会は、はじめから「不自由、不平等、隷属」の社会であった。一日十四、五時間も不衛生な工場で働かされ、得られるのはどうにか飢死しないですむ程度のぎりぎりの賃金であった。工場の労働者にとって「生きることとは死なないことである」とA・ゲパンは述べ、自由主義経済学者オーギュスト・ブランキでさえも「労働者のあまりにもひどい生活」にだまっていられなくなる（G・デュピィ、R・マンドルー『フランス文化史　Ⅲ』前川貞次郎ほか訳、人文書院）。そして労働者自身が、みずからの悲惨な生活から抜けだそうと、しだいに力をあわせはじめる。近代社会は、労働運動、社会主義運動を、歴史の主役に押しだしていくのである。

　フランスで労働者自身の組織的な運動が活発になるのは、一八二〇年代である。すでに中世以来の同職組合が、労働者（職人）のあいだに深い連帯意識を育てていたが、さらに相互扶助組織が発達してきて、労働者間の協力態勢をつくりだす。はじめのうちそれは、生活に困窮している仲間への援助組織として機能しているが、やがてストライキ中の労働者にたいする救援組織として利用されるようになる。助け合いの組織が、雇い主や権力にたいする抵抗の拠りどころになるのである。かくして労働者の運動はしだいに組織的になり、一八三一年、三四年には、有名なリヨンの大暴動にまで発展する。一時は市庁まで占拠した労働者のこの蜂起は、空腹による暴動であると同時に、労働者階級のブルジョア階級にたいする階級闘争の始まりを告げるものであった。

　フランスの社会主義的な党派があらわれてくるのもまた、一八二〇年代である。一八二五年サン＝シモンが死ぬと、彼の弟子バザールやアンファンタンが『生産者《ル・プロデュクトゥール》』や『地球《ル・グローブ》』を機関紙として、師の教義の普及に力を入れる。生産と労働の科学的な組織化を主唱するこの学派は、やがて宗教的なセクトに堕落してゆくが、最初の社会主義的な組織として評価されなければならないだろう。社会主義的な用語、たとえば「搾取」や「組織」、「ブルジョア」や「プロレタリア」といったことばは、今日では日常的に用いられているが、これはサン＝シモン派の精力的な宣伝活動によるものと言われている。

「社会主義」ということばじたいは、一八三四年、サン＝シモン派のピエール・ルルーによって初めて用いられ、同じころ輩出する数多くの社会主義的思想家によって、その内容が豊かにされてゆく。フーリエやコンシデランの未来社会の構想、カベの共産社会の実験、ラムネーのキリスト教社会主義、オーギュスト・ブランキの秘密結社による直接行動主義、プルードンの無政府主義などである。そしてマルクスの思想は、これらさまざまなフランス社会主義思想と、ヘーゲル哲学、イギリス産業革命を三つの土壌として生まれてくる。

労働者自身の運動と、社会主義的知識人の思想運動とは、言うまでもなく相互に深く影響をあたえあっている。労働者の運動は、社会主義思想に導かれながら、逆にまた社会主義思想の形成にあずかる。けれども、両者の関係はかならずしも協調的ではない。むしろ両者のあいだには深い断層があり、やがてそれは、十九世紀後半から今世紀にかけて社会主義政党とサンディカリズム運動の対立としてあらわれてくる。

そしてこの断層は、マルクスとプルードンの思想的対立に端的にあらわれている。マルクスは、国際的な共産主義同盟の指導性に社会主義革命の可能性を求め、プルードンは、労働者の自発性に自由な社会を生みだす原動力を見ていたからである。言いかえれば、この二人を対立させていたのは、すぐれてコミュニケーション的な問題である。人間と人間の関係のしかた、知識や意見の伝達、交換のありかたをどのように考えていたかというコミュニケーション的観点の相違が、マルクスの共産主義とプルードンの無政府主義を、たがいに相容れないものにしたのである。以下そのような観点から、両者の思想をとらえなおしてみたいと思う。

2

まず第一に、マルクス（一八一八〜八三）もプルードン（一八〇九〜六五）も、社会主義運動の担い手は、言うまでもなく労働者階級であると考えていた。そして既存の社会主義的、共産主義的諸党派は、労働者階級を真に代表するものではないという点においても、両者の見解は一致していた。けれどもマルクスは、だからこそ真に労働者階級を代表する党を建設しなければならないと考え、それにたいしてプルードンは、党派の存在そのものを否定したのである。

プルードンにとって、党派とは「権力への下心を隠しもつ」ものであり、本質的に人間の自由に背反するものであった（「十九世紀における革命の一般理念」渡辺一訳「世界の名著」42『プルードン、バクーニン、クロポトキン』中央公論社、所収）。社会主義的党派とは、一定の社会主義的教義の体系によって結合された集団であり、それぞれの党派の「体系」は、それぞれ絶対的な性格をもち、相互に排除しあう。宗教的な結社と同じように排他的な存在になる。そのような存在は、カトリックという「絶対」が支配していた時代の遺物であり、社会主義革命を党派によって指導することは、ふたたび「絶対」の時代をつくりだすことになる。党派に指導された労働者の運動は、労働者自身を解放するどころか、あらためて自己に敵対する権力を生みだすだけに終わるだろう。プルードンはそのように考えていたのであった。

それに対してマルクスは、既存の諸党派の宗教結社的な性格は、保守的またはプチブル的な意識の反映にほかならず、歴史的な制約であり、現代の歴史の発展は、プロレタリアートの意識を反映した真に革命的な党の建設を可能にしていると考えていた。

つまりマルクスとエンゲルスにとって労働者階級の前衛党の結成は、ひとつの歴史的必然であった。「社会の歴史は階級闘争の歴史である」（『共産党宣言』大内兵衛・向坂逸郎訳、岩波文庫）。封建的諸勢力に打ち勝ったブルジョア階級は、生産力を飛躍的に増大させ世界市場をつくりだしたが、そのことは一方では「全面的な恐慌」を準備することになり、他方では階級としてのプロレタリアを育成することになる。プロレタリアートは「工業の進歩とともに向上するかわりに、彼ら自身の階級の諸条件を下まわってますますそれ以下に沈んでいく」（同前）が、産業の発展にともなう交通手段の発達が、労働者のブルジョアに対する個別的な闘争を、ひとつの全国的闘争、ひとつの階級闘争に集中する。ブルジョアジーの生みだした巨大な生産手段と交通手段が、万国の労働者の革命的団結をよびさますのである。

したがってマルクスとエンゲルスの求める共産党は、他の労働者諸政党と張りあうような「特殊な政党」ではない。それは「プロレタリア階級全体の利益を強調し……つねに運動全体の利益を代表する」（同前）という点で、他の特殊な政党から区別される。共産主義者とは、「実践的には、すべての国々の労働者党のもっとも断乎とした、つねに推進的な部分であり、理論的には、プロレタリア階級の他の集団にまさって、プロレタリア運動の条件、進行、および一般的結果を見抜く力をもっている」。言いかえればそれは、労働運動の尖端的部分であると同時に、普遍性を代表する。そしてその普遍性は、共産主義の理論が、国民諸階層の特定部分の利益を代表したり、あるいは頭の中で発明された空想的観念にもとづくようなものではなく、現実の「歴史的運動の実際的諸関係を一般的に表現したもの」であることによって保証されているのである。

そのようにプルードンとマルクスは、「党」についてまったく対立する見解をもっていた。党派の存在そのものを否定したプルードンは、あくまで労働者の自発的な運動に依拠しようとし、それゆえにたがいに異なる人びとの間の「意見の自由な交換」を、革命的コミュニケーションの第一の条件とする。つまり「敵の品位を尊重する」ことが人間の社会を形成するための基本条件であり、その上に立った異質な人間同士の出会い、葛藤、討論、均衡が、おのずから社会的な「集合理性」をつくりだすと、プルードンは考えていたのである。

だがマルクスとエンゲルスにとっては、プルードンの言うような自由な人格の相互的なコミュニケーションは、ブルジョア階級にのみあたえられた特権でしかなかった。「人格的自由は、ただ支配階級の諸関係のなかで発達した個人たちにとってのみ」(『ドイツ・イデオロギー』古在由重訳、岩波文庫)存在している。労働者は「ただわずかに彼の動物的な諸機能、食うこと、飲むこと、産むこと、さらにせいぜい住むことや着ることなどにおいてのみ、自発的に行動していると感ずるにすぎない」(『経済学・哲学草稿』城塚登・田中吉六訳、岩波文庫)。階級社会のもとでは、コミュニケーションは物質的な生産と交通形態によって制約されているのである。だから相互的なコミュニケーションを実現するためには、まず「いままでの生産関係と交通関係の基礎を変革し」、自由な個人の結合を可能にするような諸条件を、「物質的につくりだす」ことが必要である(同前)。そのような諸条件をつくりだすコミュニケーション、言いかえれば、労働者階級の尖端的かつ普遍的代表者による指導性こそが、革命的コミュニケーションであるということになる。

したがって、「党」に関するプルードンとマルクスの意見の対立は、民衆の自発性に対する評価のちがいに根ざしていると言うことができる。そこで問題をその点にしぼって、それぞれの思想をもう少し詳しく見ていくことにしよう。

3

プルードンは自発性(spontanéité)を尊重していたが、自発的な「集合理性」がそのまま無条件に自由な共同体をつくりだすとは考えていなかった。「集合理性」は、それが表現されてはじめて集団を組織する理性になりうるが、しかしそれの表現体は、歴史的に言えば宗教、法、国家であり、かえって人間に敵対するものなのである。つまり「集合理性」は疎外されるのであり、この「集合理性」の自己疎外は避けがたい。集団は自己を維持するためにみずからを組織し、制度をつくることを必要としているのであって、その制度化、体制化のなかに、「集合理性」の自己疎外をひき起こす原因がはたらいてくるからである。

所有、宗教、政治などは、それぞれの発生段階においては「社会的自発性」が生みだしたものであり、その時点における「集合理性」の表現であった。しかしそれらが制度化され固定化されると、社会的自発性は、それらの集合理性の表現体と対立関係にはいる。社会的自発性から切り離されたそれらの表現体は、超越的理性（神の権威）や私的理性（党派やブルジョア階級のエゴイズム）によって補強され、社会を支配するようになる。超越的理性も私的理性も、異質な他者との出会いが障害となることを許さない理性であり、他者を従属させる絶対的理性である。絶対的理性は、「集合理性」の表現体を、資本、教会、国家という人間を抑圧する疎外態に転化させる。そのように社会的自発性は、やがて自己を抑圧する疎外態を生みだすが、しかし絶対的理性の支配下においても社会の内部に隠された力として存在しつづける。そこで、新たな革命的「観念」が、集団の自発性を刺激し、「集合理性」を蘇らせることによって、絶対的理性を駆逐し、諸制度を人間的なものにしようとする。けれども「集合理性」の表現体は、つねにそれの自己外化であり固定化であるゆえに、絶対的理性の介入を許すことになる。したがって革命は永続的なものであらねばならず、プルードンの言う自由な連合体とは、革命の永続性を保証するような組織なのである。

プルードンの言う革命的「観念」は、マルクスの言うような歴史的運動の「一般的な表現」ではない。革命の原動力は、つねに労働者の自発性のなかにあり、革命的理論がその一般性を自分で決定することはできないからである。またそれは「集合理性」の表現であるとも言えない。「集合理性」の表現体である諸制度は、民衆の意志から離れて、逆にそれに敵対するものとなるが、にもかかわらず民衆にとっては、そこにしか自分たちの意志を表現する手段がなく、またそれによってかつては自発性が表現されていたので、その抑圧的な表現体（支配の体制）が、依然として自己の意志の自由な表現であるように見えつづける。体制を下から支えるこの民衆の意識は、みずから進んで自己を疎外する集団的で公共的な理性であり、「集合理性」の言わば倒錯的形態であると言える。革命的知識は、そのような倒錯された「集合理性」に対して、批判的対立者としてあらわれねばならない。

したがって革命的知識人は、一種の覚醒的予言者のような存在になるが、その役割はあくまで民衆自身の本来の自発性を蘇らせ、言わば活性化するところにあり、民衆に対して指導的存在であるよりも、むしろ言わば触媒的な存在になる。そのことは、ジャーナリズムに対するプルードンの二面的な態度に、端的にあらわれている。

まず彼は、独裁制であれ民主制であれ集権国家のもとでは、新聞は存立することが不可能であると言う。そこでは「一つの正義」しか存在しえず、新聞は世論という「ただ一つの意見」に支配されて、世論に抗するような根底的な批判者として機能することができない。またたとえ権力からの独立を標榜していても、新聞は一つの企業であるかぎり、「購読者を獲得するために、民衆の偏見を傷つけぬよう、それに媚びる。また自己の存在を安全にするために、権力にはいっそう心を配り、政策を批判するふりをして実際にはそれを支持するようになる」。また党派の機関紙は、本来的に権力を志向するものであり、「敵に反対するためなら、いかなる手段も善という立場をとるようになって、民衆をあざむく」。

けれどもプルードンは、実際には一八四八年の二月革命期から五〇年にかけて、強力な新聞の編集者であり、協力者であった。彼はみずからを「プロレタリアのジャーナリスト」とよび、六月蜂起のために弾圧された労働者の側に立って、臨時革命政府を攻撃する。政府権力ばかりでなく、プルードンは社会主義的、共産主義的諸党派に対しても、その権力志向――権力奪取による上からの革命方式――を批難していた。そのような革命方式は、意識における支配・従属関係を保存し利用するものであり、人民の自由と自発性を保証しない。プルードンにとって革命の最初の行動は、この関係を絶つことであらねばならなかった。したがって彼の新聞は、国家権力と党派の権力志向、さらには大衆の権力順応に敵対するラディカルなものとなる。

しかし他方では、彼の新聞は、物質的にも意識の面でも生産する人民、言わば情報の生産者でもある自立的な大衆の意志に応じようともする。そのことは、「生産者とは何か？　無だ。何であるべきか？　すべてだ」という『人民の代表』紙の標語や、「『人民』は労働者の思考の機関」、「ただ人民のみが言葉と表現を創出できる」という『人民』紙の「宣言」に端的にあらわされている。そのような物質と意識の両面における生産者というプルードンの労働者概念は、彼の思想に一見保守的な性格をあたえることになる。物質の生産者であるという性格は、生産の自立的基盤（家族、所有）に対する擁護をふくみ、情報の生産者であるという性格は、大衆の自発的な願望や意志（たとえば魂の要求する宗教）に対する肯定をふくむ。

そして彼の新聞のこの独自な立場――ラディカリズムと保守的傾向の二面性――は、革命政府に弾圧された労働者の側に立つことにおいて、集約的に表明されていたのである。権力に弾圧された労働者とは、物質的にも意識の面でも本来「生産者」でありながら、沈黙を強制された存在であり、自発的な「集合理性」の本来の担い手にほかならない。その代弁者、擁護者になることによってプルードンは、権力に迎合する新聞や、社会主義者、共産主義者の権力志向的な党派の新聞に対抗しつつ、労働者大衆のなかにある自発性を回復しようとしていたのである（以上のプルードンについての記述、ならびに引用文献については、本書所収の「プルードンのコミュニケーション論」参照）。

4

他方マルクスは、プルードンの言うような社会的自発性を自然成長性（Naturwüchsigkeit）として否定する。「人間が自然成長的な社会のうちに存在するかぎり……人間自身の行為はかれにとって一つのよそよそしい対立的な力となり、そしてかれがこれを支配するのではなく、これがかれを抑圧する」（『ドイツ・イデオロギー』）。プルードンのばあい、社会的自発性が疎外態におちいるのは、集合理性にかわって超越的理性や私的理性がはたらくからであり、人びとの自発性そのものは、つねに社会の生命の根源であると考えられていた。だがマルクスにとっては、ことはそれほど簡単ではない。社会的自発性は、それ自体として働いているかぎり、「自然成長的な社会」のなかでは必然的に、疎外態におちいるというのである。

周知のようにマルクスの唯物論の根本は、人間を「歴史・内・存在」としてみるところにある。「人間はかれらの表象、観念などの生産者」であり、そうであることによって対象世界に働きかける自立的な存在となりうるが、「ただしこの人間というのは、かれらの生産力とそしてこれら生産力に対応する交通（その末端の形成体まで含めての）との一定の発展によって制約されているような、現実的な、活動しつつある人間である」（同前）。交通（Verkehr）とは、物質的交通と精神的交通（言語的交通を含む）とをふくむ広い意味でのコミュニケーションである。すべての精神的生産は、そのような人間のコミュニケーション活動によって制約され、さらにそのコミュニケーション活動は、生産力の発展段階によって制約されているということになる。

この主張が、コミュニケーション思想にとって——とりわけ人間の歴史のなかでコミュニケーションがはたしている役割を認識するにあたって——重要な論点であることは言うまでもない。プルードンのばあい、社会的なコミュニケーション活動（社会的自発性）と、それの表現体（社会的諸制度）との疎隔が、私的理性や超越的理性の介入を許し、集合理性の倒錯的形態をひき起こすことになるのであったが、マルクスにとっては、社会的なコミュニケーション活動そのものが、すでに物質的な生産様式によって制約されているのであり、したがって自然成長的な分業社会のなかでは、コミュニケーション活動は、それを制約している分業の諸形態——「精神的活動と物質的活動、享受と労働、生産と消費」の分離——のために、その活動そのものの必然的な結果として、疎外された表現体——人間にとって「よそよそしい対立的な力」——を生みだすことになる。そしてそのことは、資本主義社会のなかでは、とりわけ商品の「物神的性格」に特徴的にあらわれていると、マルクスは言うのである。

すでに「商業的世界のコミュニケーション形態とアダム・スミス」で見たように、アダム・スミスにとっては、分業と交換による自由競争の社会は、「事物自然の成り行き」にしたがって調和をもたらすはずであった。だがマルクスは、スミスの言うような「社会的な力、すなわち分業のために制約された協働（種々な個人の）によって発生するところの倍加された生産力は、この協働そのものが自由意志的ではなく自然成長的であるため、これら個人にはかれら自身の結合された力としてはあらわれずに、かれらのそとにたつよそよそしい強力としてあらわれる」（同前）と言う。そしてそのような社会的な力は、やがて産業資本のもとに集中されてくる。大産業は、生産と交通の手段を自己のものにするとともに、「自然科学を資本のもとへ包摂する」ことによって、自然成長性から脱皮して世界を自己の統御のもとにおこうとする。「それは、労働の内部で可能であるかぎり一般に自然成長性をうちこわし、すべての自然成長的な関係を貨幣関係に解消させ」（同前）るのである。

スミスにとって生産物を交換しあえること――言いかえれば具体的労働の一般化である交換価値の存在と、それにもとづく貨幣関係――は、近代社会を成立させる基本条件であった。そしてそれは、言語シンボルと同様、人間に自由を保証するはずであった。しかしマルクスにとっては、そのような人間労働のシンボル化――商品が交換価値をもち、それが「抽象的人間労働」を表現していること――にこそ、商品の「物神的性格」の秘密がかくされているのだということになる。「（交換）価値は、むしろあらゆる労働生産物を社会的な象形文字に転化するのである」（『資本論㈠』向坂逸郎訳、岩波文庫）。

交換価値は、具体的な有用労働からも具体的な労働の量からも出てこない。それはただ抽象的人間労働という観念にのみ結びついている。それでは交換価値とは、観念上の産物でしかないのか？そのような商品の「神秘的性格」が生まれてくるのは、次のような理由によるのである。「すなわち、商品形態は、人間にたいして彼ら自身の労働の社会的性格を、労働生産物自身の対象的性格として……反映するということ、したがってまた、総労働にたいする生産者の社会的関係をも、彼らの外に存する対象の社会的関係として、反映するということである。このQuidproquo〔とりちがえ〕によって、労働生産物は商品となり、感覚的にして超感覚的な、または社会的な物となるのである」（同前）。つまり人間の労働がすでに一定の社会関係におかれているゆえに、労働の生産物もまたはじめから社会関係（したがって交換価値）をもっているかのように錯覚されるのであり、そのために（交換価値を説明するために）「抽象的人間労働」という観念がよびだされてくる。言いかえれば、人間労働が対象化されて交換価値になるのではなくて、人間自身の社会関係が、仮視的に物と物との関係として、さらには貨幣関係としてあらわれてくるのである。

　このような現象は、それに似たものとしては宗教に例を求めるよりほかにない。宗教的世界では「人間の頭脳の諸生産物が、それ自身の生命を与えられて、相互の間で、また人間との間で相関係する独立の姿に見えるのである。商品世界においても、人間の手の生産物がそのとおりに見えるのである。私は、これを物神礼拝と名づける」（同前）。要するに、人間の社会的労働の物象化形態である商品に対して、人びとは、人間の精神的活動の物象化形態に対するのと同じような関係にたつ、つまり物神崇拝におちいるとマルクスは言うのである。

　言語についてマルクスは主題的には論じていない。けれども商品の物神的性格にからめて、「使用対象の価値としての規定は、言語と同様に彼ら（人間）の社会的な生産物である」（同前）と書き、他方では、「言語は実践的な意識、他の人間にとっても存在し、したがってまた、私自身にとってもはじめて存在する現実的な意識である」（『ドイツ・イデオロギー』、傍点原文）と述べていることから推定して、言語もまた、社会的な人間関係（意識の交通関係）が物象化された形態をとるようになると考えていたように思われる。つまり言語とは、「はじめからすでに一つの社会的な産物」であり、そうであるゆえに一定の対象に対して共通に所有されている相互の主観（「実践的な意識」）が、最初から一定の記号（物質）に付着した意味――抽象的で一般的な意味――であるかのように錯覚される。そのことによって言語は、言語シンボルとして自立し、体系化された言語的世界をつくりだす。そして言語的世界が、現実世界そのものであるかのようにみなされてくるのである。「哲学者にとってもっともむずかしい仕事の一つは、思想の世界から現実的な世界のなかにおりてゆくことである。思想の直接的な現実は言語である。哲学者たちは思考を独立化させたが、おなじく言語をも一つの固有な領域へ独立化させずにはいられなかった。これこそ哲学的な言語の秘密であって、ここで思想がことばとして固有な内容をもつようになる。思想の世界から現実的な世界のなかへおりてゆくという問題は、言語から生活のなかへおりてゆくという問題に転化する」（同前）。ここで言われている哲学的な言語の秘密とは、その物神的性格の秘密にほかならないと言うことができるだろう。

そのように、マルクスによれば、物質的交通と精神的交通をふくめて人間のコミュニケーション活動は、生産様式に制約されて物象化されてくるのであり、それゆえにコミュニケーション活動の表現体は、必然的に人間に対してよそよそしい物神的な力をもつことになる。自分たちの物質的、精神的な活動が生みだしたものに、人間は拝跪するようになるのである。

したがって、そのような事態を変革しようとするならば、人間の社会的活動の自然成長性を克服し、物象化された社会的な力を人間が「自由意志的」に統御してゆくために、それに対して目的意識的に働きかけねばならないことになる。マルクスの唯物論の根本が「歴史・内・存在」にあったとすれば、マルクスの共産主義運動の基本は、歴史の自然成長的、盲目的な力に対して、自覚的、目的意識的に働きかけるという点に求められる。けれどもこの二つの点は簡単には統一しえず、そこからマルクス主義のさまざまな問題が生じてくる。

5

マルクスとエンゲルスは言う。「共産主義がいままでのすべての運動とちがうのは、次の点である。すなわちそれは、すべてのいままでの生産関係ならびに交通関係の基礎を変革し、すべての自然成長的な前提をはじめて意識的にいままでの人間の創造物としてとりあつかい、それらの前提の自然成長性をはぎとって、結合した個人たちの力にそれらを服従させるのである」(同前)。プルードンは、社会的な力が生みだす疎外態と闘うために、人間本来の自発的な「集合理性」を蘇らせようとしたのであるが、それに対してマルクスは、人間を、歴史の自然成長的な成り行きに翻弄されている受動的存在から、歴史をみずから統御し支配する自立的存在に、転換しなければならないと考える。そのためには生産関係と同時に交通関係をも変革しなければならない。共産主義とは、「交通関係そのものの生産」(同前)にほかならないのである。

歴史をみずから統御し支配するためには、その前提として、世界史の普遍的な認識が必要であるのは言うまでもない。共産主義は普遍的な科学でもあらねばならないのである。けれども他方では、マルクスの唯物論は、哲学者であれ科学者であれ世界を認識する主体は、その時代、その国の物質的な生産と交通の形態によって制約されていると主張している。共産主義者だけが「歴史・内・存在」であることから脱却できるわけはない。そのような制約された個別的な存在である共産主義者が、どうすれば認識の普遍性を獲得することができるのか。

このばあい、すべてを対象化してとらえる近代科学の客観主義的な認識方法に、その普遍性の根拠を求めることはできない。「いままでのすべての唯物論のおもな欠陥は、対象、現実、感性がただ客体または直観の形式のもとにのみとらえられて、感性的な人間的活動、実践としてとらえられず、主体的にとらえられないことである」(同前。傍点原文)とマルクスは言う。共産主義者にとって、対象世界は主体的にとらえねばならないものなのである。くり返すが、この人間主体とは、「かれらの生産力とそしてこれら生産力に対応する交通との一定の発展によって制約されているような、現実的な、活動しつつある人間である」(同前)。

共産主義者は、認識の普遍性の根拠を、何か絶対的で超個人的な力――「神」であれ「世界精神」であれ「客観的法則」であれ――に求めることはできないのである。したがって、共産主義者は自己の認識の普遍性を、自己自身によって説明しなければならない。つまり自己自身によって自己を解明する理性が要請されてくるわけだが、その自己は歴史的に制約された存在であるのだから、自己そのものに普遍性の根拠を求めることはできない。したがって、自己を貫きかつ世界史を貫いている全体化の運動のなかに自己をおかねばならず、そのことによってはじめて共産主義者は、個人としては「歴史・内・存在」でありながら、歴史を自由な共同体へ向かって進めていく普遍的な存在になることができる。むろん全体化のすべての過程を見通すことはだれにもできない。個々人は、自己のおかれた場での全体化を、目的意識的に自由な共同体へ向かって進めていくよりほかにない。歴史的に制約された人間が、歴史に働きかけることによって自己を歴史的に対象化し、対象化された自己をふたたび身にこうむりながら、さらに自己の活動を対象化していく。その弁証法的な統一として全体化の運動があり、その運動が、「弁証法的理性」としてあらわれる。共産主義者は、「弁証法的理性」にもとづいて、全体化の運動の――つまりは世界史の――自覚的な推進者になることができるのである。

要するに、プルードンの「集合理性」が、人と人との出会いに始まる社会的コミュニケーションが生みだすものであったのに対し、「弁証法的理性」は、対象化された人間活動と対象化する人間との歴史的コミュニケーションが生みだすものであると、理解することができるであろう。

だが、人と人とのコミュニケーションは日常的な行為であり、また「集合理性」はたがいに異質な存在間の葛藤を内在させているゆえに、私的な理性を超えることができるが、それに対して歴史的コミュニケーションは、「自然成長性」を克服しようとするものであり、はじめから知的な行為であるうえ、対象化された人間活動（歴史）が単なる客体としてとらえられ、したがって一方的なコミュニケーションにおちいる危険を内包させている。むろん対象化された人間活動は、生産されたものとして、あるいは制度として、慣習として、そしてまた物神化された力として、あからさまにあるいはひそかに人間に働きかけているのだから、それはたんなる客体ではない。むしろそれは、活動する人間に敵対するものとして人間に働きかけることになるのだから、その意味で主体的であるとみなさねばならない。と言うよりも、そのような相互の主体性が、歴史的コミュニケーションを真の対話（弁証）として成立させるはずである。けれども、レーニンをはじめとしてたいていのマルクス主義者がそうしているように、人間は自然成長的な環境に対して目的意識的に働きかける主体であるという点を強調するにしても、あるいは逆にまた、弁証法は現実世界の側にあり、意識（そして弁証法論理）はそれの反映であるという点を強調するにしても、いずれにせよ、対象化された人間と対象化する人間とが相互に主体であるという条件がなくなり、したがってそのような歴史的コミュニケーションは、一方的で独断的な理性におちいる。実際、今日の公認マルクス主義が一種の独我主義であることについては、ここであらためて述べるまでもないだろう。主体の相互性を保証する条件がなければ、「弁証法的理性」はつねに独我論におちいる危険をもつのである。それではどこに、そのような主体の相互性を保証する条件があるのか。

言うまでもないことだが、対象化された人間活動の主体性を保証するということは、人間活動の物神化された力をそのものとして尊重せよということでは少しもない。それは人間に敵対的な力としてあらわれてくるからである。けれども、その力をつくりだしたのはあくまで人間活動であり、問題はその点にある。

カレル・コシークによれば、歴史に対するマルクスの唯物論的な把握は、歴史を劇の「上演」とみるところにある（「個人と歴史」、E・ブロッホ他『マルクスと革命』花崎皋平訳、紀伊国屋書店、所収）。『哲学の貧困』のなかでマルクスは、歴史を深く研究することは「各世紀における人々の現実的な俗史を編むことであり、それらの人々を同時に彼ら自身のドラマの作者兼演者として表すことである」と言う（山村喬訳、岩波文庫）。歴史の作者が人びとの外に別にいるのではなく、ひとりひとりが歴史の作者であり、同時に自分のつくった歴史を演じる俳優でもある。歴史を超個人的な作者——神であれ客観的法則であれ——によって、その結末が予定されている劇とみなすとき、人びとはただの俳優になり、人びとの行為はただ物象化という結末に向かって収斂されていく過程に過ぎないか、あるいはすでに予定された共産主義社会を実現するための単なる手段になる。だがマルクスにおいては、歴史の上演は、「歴史が書かれる以前には筋書きがきめられてはいない。……理性が勝つか非理性が勝つか、自由が勝つか奴隷化が勝つか……というその結果は、けっしてまえもって、ないし歴史の外部ではえられず、ただひたすら歴史のなかで、そして歴史の展開のなかでえられるものである」（コシーク前掲論文）。

作者兼俳優である人びとの意志と願望が行為のなかでからみあって、歴史という劇の一幕一幕をつくりだしていく。その一幕一幕の結末に何らかの物象化（「非理性」「奴隷化」）があらわれてくるとしても、ひとりひとりの個としての実在は、物象化の過程のなかの〝機械仕掛け〟の歯車ではない。むしろ実存的存在としての個人、情念的存在としての個人は、この過程につねに反撥してきたのであり、個人たちのその日々の葛藤をどう受けつぎ、何を拒否し、そして今上演中の歴史の何幕目かでそれをどう生かしていくかということに、歴史的なコミュニケーションがある。歴史を深く知るとは、それぞれの世紀における人間たちの具体的な俗界の歴史——日常的な欲望や願望、喜びや悲しみ、怖れや敗北感——と、対話することなのである。

物象化された力に対して、もう一つの物象的な力——個人の主体を手段（客体）に転化する組織の力——を対抗させるのでは、これは物神と物神の闘争になり、人間の闘いではなく、神々の闘いということになるだろう。その意味で、未来を約束された組織——神によってであれ歴史の客観的法則によってであれ、普遍的であることを約束された組織——のなかにある個人は、物神化への過程におかれた個人であり、作者であることをみずから放棄した単なる俳優ということになるだろう。そして、そのような物神化された組織と、ひとりひとりが組織の作者であり同時に俳優である組織の葛藤にもまた、歴史のドラマがある。

そのように見てくれれば、歴史をドラマの「上演」として把握する唯物論は、ほとんどプルードンに近い考え方、少なくともプルードンの「社会的自発性」という考えを包含した思想であると言うことができるであろう。実際コシークは、「上演」を成立させる前提条件として、「ある人と他の人とのあいだの、ある人びとと他の人びととのあいだの関係」と、「かれの行為と他人の行為との出会いあるいは接触を基礎と」した相互的な「認識と行動の弁証法」をあげている（コシーク前掲論文）。これはまさしく、プルードンの言う「集合理性」にほかならない。

歴史的コミュニケーションである「弁証法的理性」は、それぞれの個人の主体性を尊重した社会的コミュニケーション――「集合理性」――に媒介されないかぎり、真に弁証法的であることはできないのではないか。マルクスの『哲学の貧困』は、プルードンの『貧困の哲学』に対する論駁の書ではあった。けれどもそのなかに含まれているマルクスの考え方には、プルードンの「集合理性」を思わせる観点がある。プルードンにとって歴史は、「正義《ジュスチス》」の弁証法に貫かれているものであり、それゆえにマルクスによって観念論としてかたづけられたのであるが、プルードンの言う「正義《ジュスチス》」は現実の運動であり、現実的な「集合理性」の自己実現を目指す概念でもあったのである。ただその概念の曖昧さゆえに、人間の社会的活動が物象化されていくプロセスまで論証することはできなかったが、少なくとも彼の「集合理性」という考えは、「弁証法的理性」を独断的理性から解放するために、今日あらためて評価しなければならない観点であると言えよう。

そして、今日の公認マルクス主義の思想的頽廃をこえて、マルクスの思想をあらためて蘇らせるためには、共産主義者は、自己をも他者をも歴史の作者兼俳優として相対化することから始めなければならないだろう。そのとき共産主義者は、歴史のなかの無数の作者たちのなかの一つの共同作者団として相対化され、共産主義の出発点にあった指導性は失われるが、けれどもだれが歴史の主役であるかということは、無数の作者たちのコミュニケーションを通じておのずから決まってくることであり、したがって、共産主義の指導性が他の作者兼俳優たちによってあらためて了解されるという可能性は残されている。だが、その可能性をいかすためには、自己の指導性に固執して自己を物神化している今日の共産主義の党派性を、まず取り除かねばならないのではなかろうか。

プルードンのコミュニケーション論

はじめに

本稿は、プルードンの思想と実践を、コミュニケーションの視点から考察しようとするものである。[1] コミュニケーションの視点といっても、たんに発信―受信の二点間関係だけではなく、発信者の生産・表現過程、受信者の所有・享受過程をもふくむものとする。この二つの過程を関係づけるものとして、はじめて交換・伝達過程が成立する。コミュニケーション・サイクルのなかで、この三つの過程は相互に条件づけあっている。

プルードンは、人間の経済活動を、生産と所有の面から考察しただけでなく、流通・交換の面にも重点をおき、実際に交換銀行を設立した。それと同じように彼は、人間の意識活動に関しても、伝達・交流の面を重視し、実際に新聞の編集・発行者として積極的に活動した。交換銀行が彼の経済思想にささえられた実践であったのと同じように、新聞発行も、人間の意識活動全体におよぶ彼のコミュニケーション思想に、深い根拠をもつものと考えられる。

経済活動とコミュニケーション活動は、相互に深く影響しあい、人間の社会生活を形成している。

プルードンの社会思想は、その点についてのおそらく直観的な認識を根拠にしているようにおもわれる。彼のいう「積極的アナルシー」は、孤立した個人や、個人の相違を溶解するような全体に基礎をおくものではなく、個人と個人、個人と集団との関係のしかたに基礎づけられている。この関係は、たんに経済的関係を意味するのではなく、意識や観念の関係をふくむものなのである。プルードン思想の特徴の一つは、コミュニケーション活動の重視にあるのではないかと考えられるのであり、その点を明らかにすることが、本稿の目的になる。

なお、ルソーやマルクスのコミュニケーション思想との比較は、ここでは試みない。(2) 本稿では、同時代のコミュニケーション状況を素描し、プルードンの思想と実践が、それとどのような関係にあったかを検討する。状況との格闘にプルードン思想の特徴があると考えるからであり、また当時のコミュニケーション状況には、現代社会のコミュニケーションの諸問題がすでに特徴的にあらわれているからでもある。

(1) 哲学史、社会思想史、文学史などを、コミュニケーション思想史として読みかえる作業の意味については、鶴見俊輔「ルソーのコミュニケーション論」桑原武夫編『ルソー研究』第二版、岩波書店、同「マルクス主義のコミュニケーション論」『思想』一九五七年七月号、参照。
(2) この点については江藤文夫他編『コミュニケーション思想史』講座コミュニケーション第一巻、研究社、参照。

一　同時代のコミュニケーション状況

一八三〇年代と四〇年代は、フランス新聞史のなかでも、特別な意味をもっている[1]。一八三〇年の七月革命に火をつけたのは、『ナシオナル』や『グローブ』『タン』など、反政府派の有力新聞だった。政府による出版の自由の制限、代議制の改悪などに反対した四四人のジャーナリストが、共同抗議文を作成し、政府の許可を得ずに、七月二十七日前記の各紙で公表した。新聞を没収に来た警官隊との小ぜりあいがきっかけとなって、市民、学生が蜂起し、革命になったのであった。

けれども、その革命を民衆の手から奪い取ったのもまた、新聞であった。チェール、ミニェ、カレル（いずれも『ナシオナル』の寄稿家、前記共同抗議文の執筆・署名者）などが、銀行家ラフィトとともに、オルレアン公かつぎ出しにのりだし、紙上で「市民王」の美徳や愛国心を称揚するとともに、他方では『グローブ』とともに、共和制は「不可能」であると主張する。この民主派の有力新聞の態度は、その後の大新聞のありかたを予告しているといえよう。

七月王政は一時的に言論・出版の自由を約束したが、同年一一月になると王政批判は禁止され、リヨンの暴動のあと取締りが厳しくなり、三五年にはいわゆる「九月の法」が制定された。これは、事前検閲の強化や罰則事項の拡大のほかに、新聞・雑誌等の保証金の引上げ、違犯にたいする罰金額の増大をふくむものであり、直接に言論の自由を規制するだけでなく、財政的に新聞・雑誌の発行を困難にしてしまおうとするものであった。

だが、この悪法のおかげで、新聞は新しい形態をとることになり、かえって力をもつようになった。ジラルダン（『プレス』編集者）は、新聞広告を大幅にふやし、購読料を年間八〇フランから四〇フランに切り下げて、読者の拡大を狙う。新しい読者層を開拓するために、中産階級の関心をひくような情報をふんだんに紙面に取り入れ、また新しい試みとして新聞小説を掲載しはじめた。『プレス』

の試みは、多かれ少なかれ他の新聞でも採用され、その結果、パリの日刊紙二〇紙の発行部数合計は、一九三六年に約七万三〇〇〇部であったのが、四五年には約一四万八〇〇〇部に倍増した(2)。

ジラルダンの編集方針は、当時のジャーナリズムの常識に反して、「一つの党派」をつくり「新しい教義を宣伝する」ということにはなかった。彼の試みは、「エリートのものである意見の新聞(journal d'opinion)から、情報の新聞(journal d'information)、大衆新聞への移行を準備するもの」だったのであり、新しい時代に即応した「〈産業〉としての新聞」、つまりは商業新聞への道を開くものだったのである(H.G.115,117)。

一八三〇年の革命に火をつけた新聞も、一八四八年の二月には、革命の火消し役にまわっていた。反政府派の新聞は読者に、弾丸の前にとび出さないよう自重を求めたが、学生・市民は武器をとった。臨時政府は『ナシオナル』と『レフォルム』の合作であったが、この二紙をふくめて既存の有力新聞の影響力は落ち(『プレス』を除き、ほとんどの新聞の発行部数が落ちた)、パリの街は次々に発行される新しい新聞であふれかえった。週ごとに三〇〇紙が発刊されたといわれる(H.G.208)。

だが、そのような新聞の氾濫も、六月事件のあと一挙に終息させられてしまう。新聞取締法と保証金制度が復活され、政府による発行禁止処分と、「貧者の新聞をだせなくする保証金制度」(ルイ・ブラン)のために、御用新聞と大衆新聞をのぞいてほとんどの新聞が姿を消し、第二帝政期の言論弾圧時代を迎えることになる。

以上に概観してきたような新聞の状況は、革命期における新聞の役割や、新聞と権力の関係というような問題とは別に、この時代のコミュニケーションの一般的な問題点を、提示しているように思われる。一八三六年に始まる大衆新聞(「情報の新聞」)の出現と、四八年二月―六月期の「意見の新聞」（ただし既存のそれを拒否した新しい「意見の新聞」）の氾濫は、コミュニケーション史の問題として、重要な意味をもっているのである。

㈠　一八世紀の啓蒙主義以来、文字による知的コミュニケーションは盛んになったが、その形態は、知識人から一般大衆へむかって流れる一方交通的なものであった。革命的知識人は、新興階級の代弁者であり、その知識は一般大衆への伝達を目的としていたが、にもかかわらず知識人が直接交流できる相手は、同じ知識人にかぎられていた。発信と受信が対等の相互関係にあるコミュニケーションの場は、サロンに象徴されるような知識人内部の閉じられた世界にしかなく、一般大衆は、そこから流れてくる知識を受信するだけの存在にしかすぎなかった。[3] しかし上から下に流れる一方交通では、コミュニケーションは一つのサイクルとして構成されず、そのため知識は動態的でなくなる。しかも知識人内部のコミュニケーションは、完結した一つのサイクルとして緊密に構成されているので、知識人の世界は、一般大衆から切り離されて、それ自体として結合の度を強めていく。その結果どのような頽廃（知識の疎外形態）が生ずるかは、一八二〇―三〇年代のサン＝シモン主義の運動が明瞭に示してくれる。この運動には次のような問題がある。[4]

①　集団の内部的結束を強めるために、異端者がはじき出されるだけでなく、異端審問が厳しくなる。コミュニケーションは、説得・対話型をとらず、指導・忠誠型の傾向を強める。

②　それに応じて知識もまた、自己完結的で閉鎖的な形態をとり、不可侵の教義体系として神聖視されるようになる。

③　しかし教義体系の内容は、理性と科学にたいする信頼に基礎づけられているので、超越的な神にかわって、理性にもとづく知識それ自体が信仰の対象になる（サン＝シモン主義は科学至上主義の

先駆とみなすことができる)。

④したがって各メンバーの意識のなかで、人民に奉仕する者の自己犠牲の精神と、人民を指導する者の自己優越感が、共存することになる。貧しい人民への献身が、同時に無知蒙昧な人民にたいする不信としてあらわれる。

以上のサン＝シモン主義運動にみられる特徴は、多かれ少なかれ三、四〇年代の革新諸党派にもあらわれる。むしろその特徴は、党派的コミュニケーションの問題点を示すものであるといってもよいだろう。諸党派は、それぞれ「意見の新聞」(サン＝シモン派の『グローブ』、フーリエ派の『ファランジュ』、急進共和派に社会主義者ルイ・ブランを加えた『レフォルム』(5)、共産主義派カベーの『ポピュレール』、同じくバブーフの『フラテルニテ』など)によって、教義を宣伝し、反政府運動を展開していた。そのコミュニケーション形態を、『プレス』が否定するのである。

(二) 一八三六年の『プレス』に始まる「情報の新聞」は、知識のコミュニケーションに新たな問題を提出した。それは、それまで無視されていた一般大衆の関心、つまり受信側の受容過程を、発信側の表現過程に意識的にとり入れたのであり、そのことによって、閉ざされていた知的コミュニケーションは、新しい回路をもつことになった。知識人と一般大衆とのコミュニケーションは、もはや一方交通ではなく、とにかくまがりなりにも一つの循環過程として構成される。けれども、やがてプルードンが批判するように、そこには次のような問題がふくまれていた。

①購読者の拡大が第一の目的であるため、大衆の関心が情報伝達の基準になる。そのためコミュニケーションは、やはり説得・対話型をとらず、(一)のばあいとは対極的な迎合・享楽型になる。

②それに応じて情報内容も、他者志向的で興味本位のものになり、大衆の意識が体制順応的であ

るとき、それはそのまま体制維持の役割をはたすことになる。

③ 大衆の関心が情報選択の基準であるため、発信者の自己にたいする批判意識が欠如してくる。そのため人身攻撃や記事の捏造など、ジャーナリズムの腐敗現象がひきおこされる。

④ 読者大衆への迎合に、自己にたいする批判意識の欠如がくわわると、無意識的な体制維持が、意識的な権力への追随に転化する。大衆本位が権力本位に転落し、大衆のなかにある批判的・革命的関心が切り捨てられる。

以上のような「情報の新聞」がもつ問題点は、今日の商業ジャーナリズムの問題をすでに示すものであると同時に、「意見の新聞」が大企業として発達したときの問題点をも、あらかじめ提示していると考えられる。大企業としての「意見の新聞」のばあい、ジャーナリズムの自己維持のために腐敗現象はチェックされるが、かわって資本の論理が優先し、やはり権力本位の情報操作という問題を生じさせる。二月革命期における新たな「意見の新聞」の氾濫は、その側面にたいする読者の側からの批判をすでに示していると考えられよう。

㈢ 一八四八年二月から七月にかけての新聞の氾濫は、知識のコミュニケーションにとって、画期的な事件であったといってよい。それ以前の「意見の新聞」は、この時期に読者を失い、危機におちいる(H. G. 209-210)。「情報の新聞」がすでにそれに打撃をあたえていたのであるが、しかし大衆は、「情報の新聞」に満足していたのでもなかった。新しく生まれた数百種の新聞は、やはり「意見の新聞」だったのである。しかも新しい新聞は、思想内容において突然画期的な意見を展開したわけではなかったのだから、新聞発行を促したのは新しい教義を宣伝する必要ではなく、自分たち自身の言葉で語ること、つまりは自己表現への欲求であったとみなされなければならない。いいかえれば、読者大衆は、指導・忠誠型でも迎合・享楽型でもないコミュニケーションを求めていたのである。

革命期のコミュニケーションは、当然、大衆の側からの発信が特徴になる。新しく生まれた新聞のうち大衆自身の発行による新聞がどの程度あったかはわからないが、[6] 新しい新聞の発行者の多くに、大衆の声を表現しようという積極的意図があったことはほぼまちがいない（H.G.210-213）。プルードンやラスパイユの新聞（『人民の代表』『人民の声』『人民の友』）はいうまでもなく、たとえば群小新聞の一つであったボードレールの『サリュ・ピュブリック』第一号（二月二十七日）には、「臨時政府の指導者たちに」という次のような記事がある。「はじめの日々にまず率先し、困難をひき受けたあなた方に敬意を表する。民衆はあなた方を信頼している。民衆を信頼したまえ！[7]」むろん民衆は政府の指導者に裏切られるが、のちに民衆を嫌悪するボードレールさえ、このように素朴に民衆の声を表現しようとしていたのである。

この時期の新聞には、たとえ一時的にせよ大衆の側からの発信の欲求があらわに示されていた。人びとが求めていたのは、指導型でも迎合型でもなかった。けれども、説得・対話型のコミュニケーションを社会的に成り立たせるためには、発信者と受信者のそれぞれの側における自立と、両者の相互的な役割交換の可能性が、前提条件として存在していなければならない。そのような条件は、まだなかった。一方では、経済的にも意識の面においても大衆は伝統的な生存様式のなかに組みこまれ、他方では、そこからの解放の試みも、四ヵ月を待たずして再編強化された国家権力によって押しつぶされてしまった。以後、しだいに肥大してゆく国家権力のもとで、そのような条件は芽生えることもなく、今日でもその事情に変わりはない。

プルードンのコミュニケーション活動は、以上のような状況のなかで展開される。プルードンは、指導型や迎合型のコミュニケーションを拒否し、説得・対話型のコミュニケーションを求めながら、それが不可能な状況のなかにあって、彼の独自な道を探索することになる。

(1) フランス新聞史については、次のものによる。Claude Bellanger, Jacques Godechot, Pierre Guiral et Fernand Terrou, ***Histoire générale de la presse française***, t.II: De 1815 à 1871, Presses Universitaires de France, 1969.(以下H.G.と略記。) Eugène Hatin, ***Histoire politique et littéraire de la presse en France***, t.VIII, Paris, 1861. Raymond Manevy, ***La Presse française de Renaudot à Rochefort***, Paris, 1958. E・ボワヴァン『新聞の歴史』城戸又一・稲葉三千男訳、クセジュ文庫。

(2) HG.120. なおアタンによれば、一九三五年に二〇紙の発行部数合計が約七万部で、四六年には二六紙で約二〇万部になっている (Hatin, *op. cit.*, p. 570)。ボワヴァンは、三六年に二〇万部と書いているが、これは疑わしい (ボワヴァン、前掲書、六八ページ)。

(3) 労働者自身の発行による新聞は、一八三〇年七月革命期にはじめて数種類あらわれるが、いずれも三、四ヵ月で姿を消してしまう。本格的な労働者の新聞は、一八四〇年に発行される『アトリエ』を待たねばならない。cf. Armand Cuvillier, ***Hommes et idéologiés de 1840***, Paris, 1956. p.87 et suiv.

(4) L・コーザー『知識人と社会』高橋徹監訳、培風館、第九章「政治党派――サン＝シモン主義」参照。なおいうまでもなく、ここで問題にされるのはアンファンタンを中心とするサン＝シモン主義運動の特徴である。

(5) 『レフォルム』の主筆は、急進共和主義者ルドリュ・ロランであったが、ルイ・ブランに多くの紙面を提供し、社会主義派とみなされていた。なお『レフォルム』、『フラテルニテ』は四〇年代の創刊であるが、問題点は変わらない (H.G.129,132)。

(6) 前記の『アトリエ』は一八五〇年まで続き、プルードンの新聞とともに、労働者の側からの意見を表明しつづける。プルードンの思想傾向に近い点も見られるが、以下本稿で述べるように、知識人であると同時に労働者でもあろうとするプルードンの両義的な立場と異なって、『アトリエ』は純粋に労働者の立場に立つ。

cf. A.Cuvillier, *op. cit.*, pp138-144.
（7）福永武彦編『ボードレール全集Ⅲ』人文書院、三八八頁。

二　プルードンのコミュニケーション活動

プルードンのコミュニケーション活動は、たとえばルソーのそれのように多彩な形態をもつものではない。プルードンの著作は数多く、取り扱われている領域も、政治、経済、宗教、文学、芸術、言語と多くの分野にわたるが、いずれも通常の論文形式であり、コミュニケーション形式の多様性や革新性という点では見るべきものはない。けれども、彼のジャーナリズム活動とレトリック（とくに逆説）には、指導型でも迎合型でも、また対話型でもない独自なコミュニケーションの型が示されているように思われる。以下、新聞と逆説に考察の対象をしぼって、プルードンのコミュニケーションのありかたを考えてみたい。

(1) ジャーナリズム活動(1)

一八四六年一〇月、『経済的諸矛盾の体系』が出版されたあと、プルードンは友人にあてて次のように書いている。「この本を読めばわかってもらえるだろうが、この著作が、ぼくの名で出版されるこの種の仕事の最後のものになるだろう。このなかで述べた一般法則が正しいとすれば、これからは、その適用をはかることだけがぼくの仕事になる。今日からは、真剣に行動の生活にもどろうとおもうのだ。」（à Bergmann, 22 oct.1846, Corr. II 222）実際には著作の仕事は最後にはならなかったが、この時期にプルードンが研究よりも実践に向かおうとしていたことはまちがいない。経済理論の具体化と、そのための宣伝活動が日程に上っていたのである。

理論の宣伝活動は、党派的な機関紙の形態をとりやすい。実際、この時期のほとんどの新聞・雑誌がそうであったし、プルードンのジャーナリズム活動も、表面的にはそれと似たような形態をとることになる。けれども、プルードンはジャーナリズムをたんに啓蒙宣伝の場としてとらえていたのではなかった。すでに四六年五月、マルクスから社会主義思想の国際的交流をはかる雑誌の通信員になってほしいという要請をうけたときも、マルクスの権威主義的傾向と暴力革命に反撥しながらも、「あらゆる意見を明るみに出そうとする考え」には心から賛成し（à Marx, 17 mai 1846, Corr. II 199）、さらに同年九月、出版者ギヨマンへの手紙では、次のようにいう。「〔社会主義と自由経済、民主制と君主制の間〕の戦争においては、大砲ではなく、新聞を使うべきです。あなたは、あなたの書店をあらゆる思想の戦場にし得る立場におられます。」（à Guillaumin, 29 sept. 1846, cité par C.-A.Sainte-Beure.P.-J. Proudhon, p.251）

この時点ではまだ「読者をもたない批評家」（Confessions 163）であったプルードンは、何よりも自分の理論の宣伝を欲していたにちがいないが、彼はその願望を、党派的な機関紙をつくることではなく、多様な意見の表現の場であり、討論の場であるようなジャーナリズムの形成へと向けていた。あるいは、そのようなジャーナリズムの一環として、自己の理論の宣伝活動を考えていた。明確に述べられているとはいえないが、説得・対話型のコミュニケーションがばくぜんと志向されていたとみなすこともできるだろう。そしてそのような討論の場であるジャーナリズムが、そのままただちに階級闘争としての意味をもつと考えられていたのである。

翌四七年になると、新聞発行の意味がさらに明確にされるが、それとともにその意味が微妙にずれてくる。四七年五月、プルードンは友人とともに、週刊新聞『人民』を発行しようと準備しはじめる[2]。「ジャーナリストになっても、ぼくは他の連中のようにわが船を漕ごうとは思っていないし、パリの新聞の将来の仕事仲間と言い争うつもりもない。……彼らは彼らの流儀で、論説や、新聞小説や、意地悪な批評や、様々な出来事やニュースを売ればよい。そんなのはぼくとかかわりのないことだ。……『人民』新聞は、経済革命の最初の行動になるだろう。資本に対する労働闘争の計画であり、所有制度に対して始めようとしているあらゆる作戦行動の中央機関だ。ぼくは、批評から行動へ移る。この行動の口火を切るのが、新聞なのだ。立場が特殊であるだけに、編集も独創的なものにしようと思っている。」(à Bergmann, 24 oct. 1847, Corr. II 272) プルードンは、「わが船を漕ぐ」党派的な「意見の新聞」も、小説やニュースを売る「情報の新聞」も否定する。いいかえれば指導・忠誠型のコミュニケーションも、迎合・享楽型のコミュニケーションも否定するのであるが、けれども説得・対話型のコミュニケーションが積極的に肯定されているわけではない。むしろ彼の新聞は、指導型コミュニケーションを連想させるような「行動の中央機関」と定義されているのである。

それではなぜプルードンは、一方では党派的な機関紙を否定しながら、他方では自分の新聞を「行動の中央機関」と定義したのか。おそらく「行動の中央機関」という表現の意味は、人びとを行動にかりたてる宣伝煽動の機関ではなく、労働者の行動そのものであるような機関というところにあったのだろう。彼のいう「経済革命」、「労働闘争」は、上から指導されるものではなく、労働者の自発的な行動にもとづくものであった。しかもその自発性は、のちに述べるように個人の自発性であるよりも、むしろ集団的な行動の自発性というべきものであり、したがってそれは意識の相互交流を前提として成り立っている。そのような行動の中央機関と理解すれば、プルードンの考えている新聞が、指導型コミュニケーションに属するものではなく、やはり意見の交換・討論の場としての意味をもつことが理解できよう。ただし他方ではプルードンは、もはやジャーナリズム全体に、討論の場としての意味を求めようとはしていない。「将来の仕事仲間と言い争うつもりはない。」「意見の新聞」や「情報の新聞」の諸傾向を無視し、その意味で「わが船を漕ぐ」立場を選んだのである。だがこの立場は、彼自身がいうようにきわめて「特殊な立場」であった。それは二月革命期の彼の具体的な活動を通じて、しだいに明らかになる。

『人民』の発行が延び延びになっているうちに、二月革命が勃発する。「だれも、上のものも下のものも革命を理解していたとはおもえぬのに、社会革命が進行していた。だが、革命において秘策も理念ももたないで、何ができるか、どうなるというのか！」（Démonstration du socialisme, Mélanges II 6）プルードンは自分の新聞によって、革命に「秘策と理念」をあたえようとする。そのためにはまず、革命を理解しないまま権力についた三派混成政府（ブルジョア共和派、ジャコバン派、社会＝共産主義派）を、批判することから始めねばならない。実際、四月一日に発行された日刊紙『人民の代表』[3]は、各党派に対する攻撃の激しさによって、諸新聞の中でも際立った存在になった。ダニエル・ステルン（ダグー伯夫人）が証言している。「〔プルードン〕は、いかなる党派にも属さず、政府内の多数派、少数派を問わず、烈しい情熱で攻撃し、結社や新聞に批難を浴びせ、あるときは『ナシオナル』の共和主義者を、あるときはジャコバン主義者を、またあるときは共産主義者を槍玉にあげ、容赦なく打ちのめしていた[4]。」

そのようなプルードンの立場は、六月事件を契機としていっそう鮮明になる。国民議会という「シナイ砂漠」のなかで「大衆との関係を絶たれていた」プルードンは、蜂起を「予測も、認識も、洞察もしていなかった」が、事件の経過のなかで、左右を問わず「権力にとっては、人民は敵である」(Confessions 139-140) という現実を確認し、革命政府のもとにある体制全体に抗して、あえて敵の立場に立つことを選ぶ。「フランスの労働者は、仕事を求めている。諸君が仕事のかわりに施しをあたえるならば、労働者は立ち上がり、諸君を射つ。……恥辱をいさぎよしとしないこの誇り高い人種に属していることを、私は名誉に思う。……犠牲者への私たちの悲しみには、秩序を守るために死んだ者への哀悼とともに、貧窮に抗して闘い倒れた者への哀悼を、ためらわずに加えよう。バリケードのこちら側に権利があったというのならば、むこう側にもまた権利があったのだ。」(Au rédacteur en chef du *Représentant du peuple*, 6 juillet, Mélanges I 92) プルードンがこの文章を書いたとき、蜂起した側はすでに完全に敗北し、逮捕と流刑がつづいていた。だからこそプルードンは、国家権力に打ちのめされ沈黙させられた側に立って、その権利を主張したのであった。それが「プロレタリアのジャーナリスト」(Confessions 13) である彼の役目であった。それだけではなく、八月にはすすんで、パリ裁判所付属監獄からの労働者の手紙を掲載する (Lettre d'un prisonnier, 18 août 1848, Microfilm)。敗北し表現手段を失った被抑圧階級の生まの声を、プルードンは伝えようとしたのである。

けれどもプルードンは、単に弾圧された人民の側に立って、政府と諸党派を攻撃していただけではなかった。革命政府の無為無策を攻撃しながら、他方では交換銀行を始めとする具体的な経済政策を提案し(5)、左翼諸党派の権力主義を批難しながら、労働者の解放は労働者自身が自己を組織することにある――「労働の組織は、権力に発するものであってはならない。それは自発的であらねばならぬ」(Séance d'ouverture de l'Assemblée Nationale, 5 mai, Mélanges I 26) ――と主張する。さらには、女性解放運動に反対して、家族制度を擁護し（cf. Programme Révolutionnaire, 31 mai, Mélanges I 43-44）、カトリックの反動性を告発しながら、宗教は必要であり、「われわれは宗教を欲する」（Manifeste du *Peuple*, 2 sept. Mélanges I 140）と宣言する。そのような意見は、むろん当時においても保守的な見解を示すものと思われた。ダニエル・ステルンは、さきの引用につづけて次のようにいう。「プルードン氏は毎朝、読者を驚かせる。周知の極端に過激な彼の意見と、論戦にあらわれる彼の〔保守的な〕態度を、どう一致させたらよいか読者は迷うのだ。」

『人民の代表』は、そのように読者を驚かせながらも、「極端に過激な意見」で体制を告発しつづけ、六月以降、くり返し権力の弾圧にさらされることになる。戒厳令のもとで、すでにいくつかの新聞が発行を停止されていたが、『人民の代表』も、蜂起を擁護する記事と、家賃などの減免を要求する記事にふくまれていた煽動的言辞のために、七月八日発行停止になる。このときの新聞に対する弾圧は、議会での反撥にあうが、政府は結社・新聞取締法の成立を強行、弾圧は合法的に進められる。八月一〇日に再発行された『人民の代表』(6)も、財産攻撃と煽動の科で三度押収された後、八月二三日最終的に発行を禁止される。プルードンはただちに新しい新聞の発行にとりかかり、九月二日『人民』の見本刷を刊行するが、保証金の未払いで翌日押収され、今度は『民主社会共和国新聞、人民』という名で十一月一日に再刊(7)、翌四九年一月二六日と二七日の二つの記事が、政府と憲法と大統領を誹謗し治安を乱すものであるとされて検閲削除され、翌二八日に起訴、三月二八日、三年の禁固と三〇〇〇フランの罰金を宣告される。プルードンはただちにベルギーへ脱出、だが人民銀行の清算のためにすぐにパリにもどり、『人民』の編集をつづけるが、六月五日逮捕され、サント・ペラジー監獄へ投獄される。『人民』はたびたび押収されながらも、友人の手で発行をつづけ、プルードンも記事を送る。

しかしルイ・ナポレオン反対暴動を支援したため（プルードン自身は反対）、六月一三日に発行禁止、それでもプルードンは、ゲルツェンの資金援助を得て一〇月一日『人民の声』を新たに発刊するが、[8]翌五〇年五月一四日に発行禁止、七月一五日からは『一八五〇年の人民』を資金難のため不定期で発行、[9]一〇月までつづけるが、印紙税と多額の罰金が課され、ついに資金切れのため発行を断念する。

プルードンの新聞が、たび重なる弾圧と、保証金、印紙税、罰金などによる財政的圧迫にもかかわらず、二年あまり持ちこたえられたのは、四万を越える読者にささえられていたからである。『人民の代表』の時期以来、通常発行部数が約四万、『人民の声』の時期には、プルードンの特別記事が載ると、五、六万部がすぐに売り切れ、ゲルツェンによれば、「しばしば翌日には一部が一スーではなく一フランで売られていた」という。[10]プルードン自身は「八万部を出す新聞」と豪語している（à Bergmann, 5 mars 1854, Corr. V 17）。

この人気は、たとえば政府と諸党派に対する挑戦的言辞や読者の意表をつく逆説などによってかもし出されたものであろうが、それを二年にわたって継続させた秘密は、彼の新聞全体をつらぬいている基本的なコミュニケーション形態――同じように論戦的な同種のさまざまな「意見の新聞」には見られない独自なコミュニケーション――に求められねばならないだろう。逆説もまた独自な意味をもつが、その点については次に考えることにして、ここでは諸党派の「意見の新聞」や大衆的な「情報の新聞」にたいして、プルードンの新聞がどのようなコミュニケーション形態を対置していたか、その独自な意味をあらためて考えておこう。

プルードンの新聞の表面上の形態は、「意見の新聞」と同様であり、特定の立場を表明するものである。けれどもそれは、上からの一方交通的な指導型コミュニケーションではなかった。六月事件のときの態度決定に明確にあらわれているように、それは、沈黙を強制された人民の側からの発信を志向するものであった。この権力と人民との対立は、たんに政治的対立にとどまるものでなく、物質的関係と同時に意識の関係をふくめた総体的な対立関係を意味している。プルードンは、ジャコバン派、社会＝共産主義派に対しても、権力奪取による上からの革命方式を批難していた。この革命方式は、意識における支配・従属関係を保存、利用するものであり、人民の自由と自発性を保証しない。プルードンにとって革命の最初の行動は、この関係を絶つことであらねばならなかった。したがって彼の新聞は、国家権力と党派の権力志向、さらには大衆の権力順応に対抗し、それらを攻撃するものになる。いいかえればそれは、物質的にも意識の面でも「権力との非両立性」を基軸にした、ラディカルな対抗型コミュニケーションとしてあらわれる。この点にかぎっていえば、プルードンの新聞は、体制と体制的意識に依存するすべての指導・被指導型コミュニケーションに敵対する、下からの自発的な対抗型コミュニケーションであったということができるだろう。

他方、「情報の新聞」に対しては、プルードンの新聞は、同じく大衆読者の支持に基盤をもつものであったが、「情報の新聞」が無限定の大衆に迎合するものであり、読者はたんに新聞の購買者、情報の消費者として取り扱われていたのにたいし、プルードンの新聞は、物質的にも意識の面でも生産する人民、いわば情報の生産者でもある自立的な大衆の意志に応じようとしたものであった。そのことは、「生産者とは何か？　無だ。何であるべきか？　すべてだ」という『人民の代表』の標語や、「『人民』は、労働者の思考の機関」、「ただ人民のみが言葉と表現を創出できる」という『人民』の宣言（Manifeste du *Peuple*, 2 sept.1848, Mélanges I 136）に、集約的にあらわされている。プルードンのいう人民は、家族と所有を基礎にしてみずから生産し、思考する「工場《アトリエ》の人（hommes d'atlier）」であり、そのような物質と意識の両面における生産者というプルードンの労働者概念が、彼の思想に一見保守的な性格をあたえることになる。物質の生産者であるという性格は、生産の自立的基盤（家族、所有）にたいする擁護をふくみ、情報の生産者であるという性格は、大衆の自発的な願望や意志（たとえば魂の要求する宗教）にたいする肯定をふくむ。したがってプルードンの考える人民は、失うものをもたない存在の自己否定的な革命性としてはあらわれず、失うものをもつ生産者のいわば自己確立的な創造性としてあらわれる。この創造性は、物質と精神の両面における生産者としての自立性に根拠をおくゆえに、物質的隷属と精神的隷属に対しては、非妥協的な革命性としてもあらわれる。そこから、民衆全体に対するプルードンの二面的態度があらわれてくる。

プルードンは、自己を意識した自立的存在としての「人民」と、意識そのものが隷属的な「大衆」とを、しばしば区別した。(11)「大衆」は、本来は物質と情報の生産者でありながら、現実には情報の面で消費者にとどまっている存在であるとみなすことができる。むろんそのばあい、「人民」は「大衆」を指導する存在ではない。指導・被指導の関係は、意識の隷属性を保存し、それに依拠するものだからである。いいかえれば、「大衆」はみずからの力で、自立的な情報の生産者となることによって、自己を解放するのであり、「人民」と「大衆」は、価値的には区別されても、存在としては同一なのである。

したがってプルードンの新聞は、迎合型のコミュニケーションに対して、生産者である労働者の自己解放のための「中央機関」になる。この「機関」は、労働者が物質的にも意識の面でも生産者となりうるように機能するものであり、労働者を指導するものではなく、労働者の自発性に対していわば触媒のような働きをする。つまりプルードンの新聞は、この点では自発性触媒型のコミュニケーションであったということができるだろう。

以上の二つの点からみて、プルードンの新聞は、自発的な対抗型であると同時に自発性触媒型でもあるという二重性を示すということができる。それは、権力と権力志向と順応主義に敵対する「人民」の側からの表現機関であり、「大衆」の潜在的な自発性に対しては触媒機関であろうとする。だが「人民」と「大衆」は存在として同一なのだから、一般読者に対するコミュニケーション形態としては、彼の新聞は、非両立的な対抗型であると同時に両立的な触媒型でもあるという両義性を示すことになる。

この両義性は、労働者と知識人の二面性でもある。知識人の上からの指導型コミュニケーションに対して、プルードンは労働者の側に立とうとする。他方、労働者に迎合するコミュニケーションに対して、彼は労働者の体制的意識に対する批判者になる。いいかえれば、一方では労働者階級の自発性に同化しつつ、他方ではその階級の自発性と順応主義とを識別する予言者的存在であろうとする。このプルードンの立場は、労働階級という存在に対して、いわばそれを主体化すると同時に客体化しようとする矛盾した立場であり、主体化するとき、彼のコミュニケーションは権力と体制に対する対抗的性格をあらわに示し、客体化するとき、それは潜在的な自発性を解放する触媒的性格を示すことになる。プルードンのコミュニケーションは、この両義性を逃れられない(12)。

そして、この両義性こそが、プルードンの新聞に独自な性格を与えていたのであり、実際、彼のレトリックもまた、同質の両義性の上に成り立っていると考えられるのである。

(2) レトリック

プルードンの文章をほめる人は多い。たとえばボードレールは、「優しさと熱誠にあふれたプルードンの文体の崇高な活気」を思い起こす[13]。だが、新聞の論戦的な短い文章を読んだ印象はそうであっても、彼の著作や論文になると、そういうわけにはいかない。「プルードンの著書は……用意のない読者には恐ろしく複雑である。というのは、彼は自分の腹案を簡略にし溢れる思いを犠牲にしてまで、明晰さをとろうとはせず、類推、演繹、対立などによって思いつくことはすべてとりこもうとするのである。プルードンは……芸術家に要求される省略には同意しない。繰り返しや自家撞着をおかしても、自分が考えることの一切をその著書の中に盛りこもうとする。[14]」にもかかわらず、新聞にかぎらず著作においても、プルードンの文章が人びとをとらえたのは、そこにもりこまれた挑戦的な表現や、人の意表をつくレトリック、とりわけ逆説のせいであったと考えられる。まず『人民の代表』から、そのいくつかの例をひいておこう。

「臨時政府が革命的観点から企てたすべてのことがらは、反革命的行為であった。」(La situation, 20 avril, Mélanges I 4)

「プロレタリアは、政府の援助なしに自己を解放しなければならない。政府も同じように考えている。われわれは政府に賛成だ!」(*ibid*. 7)

「もし反動が頭をもたげるとすれば、それは(革命)政府のただ中においてだ。」(La réaction,29 avril, Mélanges I 12)

「マルセイエーズを歌うこと、それは反動的行為であり、挑発である」。(*ibid*. 14)

「国民議会は、博愛に没頭するだろう。託児所や養老院や病院や廃兵院や救貧院……等々がうるわしい事業の対象となるだろう。その善意を人民に証明するために、四〇〇万フランとどこかの土地をファランステール建設のためコンシデラン氏に貸し与えさえするだろう。それぐらいの値段で、共和国が社会主義から逃れられるのなら、どんなに幸せなことか！」（Séance d'ouverture de l'Assemblée Nationale, 5 Mai, Mélanges I 26）

「〔六月事件について〕私が述べた理論は、社会戦争の永久宣言だと批判者はいう。そのとおりだと認めよう。だがその理論を、どこで私は見つけたか？　だれが最初に宣言したか？……臨時政府がそれを公式に認めていたのだ。」（Au Rédacteur du *Représentant du Peuple*, 12 juillet, Mélanges I 98）

「市民検事君よ、君は正しい。われわれはもはや共和国にいるのではない。今はただの空位期間だ。フランスは王を欲している。」（Tu tonnes…, 21 août, Mélanges I 127）

いずれの主題についても、人びとが常識的に考えることとは正反対の内容が述べられているのであり（「革命政府が反革命」、「無政府主義が政府に賛成」、「革命政府が反動」、「革命の歌が反動」、「ブルジョア議会が社会主義を行い、社会主義がブルジョア政府を助ける」、「反国家的宣言が政府公認」、「共和国が王国」）、そのことによって人びとは意表をつかれる。すべてが逆説的表現なのである。

プルードンは「逆説の人」といわれる。[15]有名な「所有は盗みである」（『所有とはなにか』）を始めとして、「社会は秩序をアナルシー（無秩序）のなかに求める」（同上）、「神は悪である」（『経済的諸矛盾の体系』）、「普通選挙は反革命である」（『社会問題の解決』）、「革命は反動がつくる」（『革命の一般理念』）など、彼の著作にはたいてい一つか二つの逆説的表現があり、議論はそれを骨子にして組み立てられている。議論の煩雑さにもかかわらずプルードンの著作がいずれも評判になったのは、それらの逆説ゆえであり、またプルードンが、矛盾の人といわれ、しばしば誤解されるのも、この逆説的表現のせいである。彼の愛用した逆説の意味を知ることなしに、プルードンを理解することは不可能だとさえいうことができる。そこで、彼の逆説がもつ意味を、もっとも有名な「所有は盗みである」を例にとって、もう少し深く考えておこう。

一般に、「所有は盗みである」という表現は、字義どおりの意味を示すものではなく、読者を驚かせ、人びとの注意をひくための感性的・煽動的表現であると考えられている。たしかにプルードン自身も、それが挑発的な表現であることを認めており、友人にあてて「この本のねらいは、読者を驚かせ、怖がらせることにある。考えこませたら、なおありがたい」と書いている（à Bergmann, 22 juillet 1840, Corr. I 223）。けれどもプルードンの意図は、「革命の戦闘準備」に人びとをかりたて、「暴動の火つけ役」になることにはなかった（Iᵉ mémoire 132）。「考えこませたら、なおありがたい」という彼の言葉には、重要な意味がふくまれていたのである。

その点については、サント・ブーヴがすぐれた理解を示しているので、そのまま引用しておこう。「たしかにこれ〔プルードンの挑戦的文体〕は、極端で強圧的な流儀である。しかし、この流儀の長所は、これを押し返そうとする人々自身に力強く作用し、彼らをして歩を運ばしめ、譲歩のぎりぎりの限界にまで至らしめるのである。彼等が彼の逆説をソフィスムと呼び、事実は極端な論理にすぎぬこのものによって、プルードンは、彼の敵対者に汗水たらして仕事をさせるのである。彼は、彼らに工夫させ、全力を尽くして仕事をさせ、彼とある一致点を見出すために、そして彼に答えるために、進行させ、つまり、良かれ悪しかれ、まだ大きい隔たりがあるとはいえ、彼に近づかしめるのである。……これがおそらく確実に、彼が望んだすべてのものである。(16)」ここには二つのことが述べられている。一つは、プルードンの逆説が「極端な論理」であることによって、読者に「強圧的な」衝撃力をあたえるという点であり、もう一つは、その衝撃力が人びとを行動にかりたてる力として働くのではなくて、人びとに「仕事をさせ……彼に近づかしめる」力として作用するという点である。

衝撃力は、「盗み」という語のもつ価値的含意（非情報的要素）によってつくりだされる。けれども、価値的含意だけでは、受け手に対して情動的、煽動的に働くだけであり、衝撃力が同時に反省力として働くというようなことにはならない。「敵対者」自身に反省的に「仕事をさせる」ためには、価値的含意に加えて、それ以上の思想的含意がこめられていなければならないのである。

『所有とはなにか』という著作全体については、周知のようにのちに彼の敵となるマルクスの評価――プルードンは「私有財産に……最初の決定的な、遠慮のない、それと同時に科学的な検討をくわえた」[17]――がある。とはいえ、「所有は盗みである」という表現自体は、少しも科学的・経済学的表現ではない。「所有は所有の侵害である」というのと同じことだからである。プルードン自身、やがて「所有は盗みである」という命題だけでは十分とせず、「所有は自由である」という命題を並置することによって均衡をはかるが（『経済的諸矛盾の体系』）、そのことから推して、プルードンは『所有とはなにか』においても、「所有は盗みである」という表現の実質的意味（科学的意味）に加えて、やがて「所有は自由である」という命題に集約されてくるような意味を、すでに内包させていたのではないかと考えられる。実際、「所有は盗みである」という表現は、いわばはっきりした二義性として理解できるのである。

第一の意味は、所有が不労収得であり、労働の集合力の搾取であるという科学的定義である。この点についての説明は不要であろう。第二の意味は、所有が法的にも社会通念としても、全体として悪である現体制をささえる根拠になっているという観念的定義である（観念的というのは、観念や意識に関するということであって、かならずしも主観的ということではない)。『所有とはなにか』の第五章「正義および不正の観念の心理学的説明と統治および法の原理の確定」で示されているのは、そのような観念上の定義である。この章は、アナルシーの社会(理念)からの、現在をふくめた歴史的社会の批判であり、次のような主張を読みとることができる。「力の法」や「策略の法」は、現在では不正(盗み)とみなされているが、いずれもそれぞれの時点では、それ以前の時代の不正に対する「ジュスティス」の実現であった。現行法によって公認されている所有は、現在は「正義」であるが、アナルシーの社会から見れば、「力の法」や「策略の法」と同じように不正として否定されるものになる。それが「ジュスティス」の自己実現であり、逆に、所有を正義とすることから不正とすることへの観念の顛倒がなければ、「ジュスティス」は実現されない。この顛倒をまって始めて、否定された所有にかわって、自由の基礎である所有(「占有」)が正義になる。第五章は、ほぼそのように「正《ジュス》義《ティス》」の働きを定義したものとみなされるのであり、そのような観念上の定義が、「所有は盗みである」と言う逆説にこめられているのである。

そのように考えれば、プルードンの逆説は、社会的現実(所有制社会)の解明——科学的定義——と、社会的通念(「正義」)の解釈——観念的定義——とによって、二重に構成されているということになる。それが、この逆説にこめられている思想的含意であり、表現過程におけるそのような二重の意味付与が、「盗み」という語の価値的含意に相乗されて、逆説の受け手に「汗水たらして仕事をさせる」ことになると考えられよう。

観念的定義だけでも社会通念の顛倒は可能であり、価値的含意によって煽動的コミュニケーションとして働くが、そのばあい受け手に与える作用は、顛倒された観念にもとづく行動として外へ向かうものであり、受け手の内面へは向かわない。したがって観念の顚倒を受けいれない存在――いいかえれば社会通念に強く規制された存在――には、力をもたないということができる。また科学的定義によるコミュニケーションは、受け手を現実の新たな認識へ向かわせ、その認識が行動をひきおこすこともありうるが、受け手における社会通念の顚倒がないかぎり、認識はその通念のなかにからめとられたままになる。けれどもその両者が二重に作用すると、観念の顚倒が受け手の認識行為によって内面的にささえられるので、それが受け手の主体的な行為になる。つまりは自発的な反省行為としてあらわれる。そこにプルードンの逆説にこめられていた力があったのではなかろうか。

要するにプルードンの逆説は、彼のジャーナリズム活動がそうであったのと同じように、第一に、所有を正義とするすべての既成概念、伝統的で体制的な意識のありように対して、強圧的な攻撃性、対抗力として作用し、第二に、その当の相手に、「汗水たらして仕事をさせる。」つまり「敵対者」自身のなかに反省作業を誘発させ、一種の触媒的な機能をはたすことになる。そのばあい「敵対者」とは、かならずしもブルジョア経済学者にかぎらない。プルードンの敵は、むしろ所有制度の全体をささえている社会通念であり、所有制度の被害者でありながら所有に憧れている労働者大衆の意識であった。そのような体制的意識の全体にたいして、彼の逆説的表現は、対抗的な思考方法としての重みをもち、その重みで、人びとを「彼に近づかしめ」、社会通念のかたよりにおのずから平衡をとりもどさせる。彼のことばでいえば「ジュスティス」を実現してゆく。プルードンの逆説には、そのような効果があったと考えられるのである。

彼の新聞に見られた両義性――大衆の順応主義に対する非両立的な対抗的性格と、両立的な触媒的性格――は、彼の逆説に見られる二重性――体制的意識に対する攻撃的な衝撃作用と、体制的意識の側における自発的な反省行為への触媒作用――を、核にしているということができるだろう。そのようにプルードンのコミュニケーション活動は、対抗的であると同時に触媒的であるという両義性を、その独自な性格としているのであり、いいかえればそれは、民衆の体制順応にあくまで非妥協的でありながら、しかも民衆の自発性に体制変革の根拠を求めようとするものだったのである。

(1) 以下プルードンの新聞については次のものによる。Mélanges, ***Articles de Journaux par P.-J. Proudhon***, 3vols, éd. Lacroix, Paris, 1869, Microfilms du ***Représentant du peuple***, févr. 1848 à oct. 1850, A.C.R.P.P., Paris, 1962.

(2) 週刊新聞『人民』は、見本刷だけが公刊されている。編集主幹はピレ。プルードンは協力者ということで、次のような編集者あての手紙を寄せている。「私は貴方の新聞を待っていました。……科学と権利にもとづく革命思想、ユートピアと党派を軽蔑する革命思想は、すべて私が心から同意するところのものでありますす(以下略)。」

(3) 『人民の代表、生産者の日刊ならびに週刊紙』という題の見本刷が、すでに四七年の一〇月と一一月に出ている。また二月革命の直後にも、『人民の代表、労働者の新聞』という題のものが、二月二七、二八、二九日に公刊されている。この二つの『人民の代表』にプルードンがどの程度まで参加していたかは不明。四月一日発刊の『人民の代表』は、『人民の代表、労働者の日刊紙』という題で、その題字の下に「生産者とは何か? 無である。何であるべきか? すべてである」という有名な標語が見られる。代表はヴァスバンテ。主筆はフォヴェッティ。プルードンはやはり協力者であるが、四月二〇日以降の主な論文は、ほとんどプルードンの執筆であり、実質的にはプルードンの新聞といってよい。

(4) Daniel Stern, ***Histoire de la Révolution de 1848***, cité dans H.G., p.213.

(5) プルードンはとりわけこの点に力を入れていた。『人民の代表』は四〇号(五月一一日)以後しばらく続けて、次のような呼びかけを一面左上トップに掲載している。「〈交換銀行〉は通貨を用いず生産物と生産物を交換することを目的とする。これに参加したいすべての市民は、『人民の代表』社において、加入登録

を歓迎される。」（Microfilm du *Représentant du peuple*）

（6）　再発行された『人民の代表』は、「生産者とは何か？　無である。何であるべきか？　すべてである」の標語を題字の左下に移し、右下には「資本家とは何か？　すべてである。何であるべきか？　無である」という標語を加え、戦闘的色彩を強めている。

（7）この二つの『人民』紙は通し番号になっていて、2号から『民主社会共和国新聞、人民』になる。5号まで週刊、6号から日刊。主筆はプルードン自身であり、『人民の代表』と同じ標語がかかげられている。

（8）　名目上ではプルードンは協力者、代表はロスラン。

（9）　同じくプルードンは協力者、代表はビリン。

（10）　ゲルツェン『過去と思索Ⅲ』金子幸彦訳、筑摩書房、一九六六年、一一八ページ。

（11）用語は一定していない。「人民」は「労働者階級」であり「人類」であるともいわれる。「人類というものは、つねに〈国王万歳！　同盟万歳！〉を叫ぶ用意のある野卑な大衆のことではありません。人類、それは世紀の酵母を構成し、パンをふくらませるエリートなのです。」（à Charles Edmond, 19 déc. 1851, Corr.IV 154）cf. Capacité III 332. Pierre Ansard, *Marx et l'anarchisme*, pp.321-322.

（12）　このプルードンの立場は、純粋な労働者の側から見れば、いかがわしいものにみえる。労働者の新聞『アトリエ』の立場から、キュヴィリエはプルードンを次のように批判している。「『アトリエ』の編集者たちは、つねに労働者の観点に立っていた。それに対してプルードンは、さまざまな《平民主義》的発言や印刷工としての経験にもかかわらず、なによりもまず《頭脳労働者》だったのであり、……《根本的には人民ではない》ということができる」。（A.Cuvillier, *op., cit.* p.143）人民であるかないかという議論は不毛であり、たとえ純粋でなくても、同時に両者であることはできる。

（13）　Ch. Baudelaire, *Œuvrés completes*, éd. Pléiade, p.968.

（14）　M. Augé-Laribé, Introduction du Qu'est-ce que la Propriété, éd. Rivière, p.103.

（15）　ウドコック『アナキズムⅠ　思想篇』白井厚訳、紀伊国屋書店、一九六八年。

（16）　C.-A. Sainte-Beuve, ***P. J. Proudhon, Sa vie et sa correspondance***, éd. Alfred Costes, 1947, p.62. 訳文は、

原幸雄訳『プルードン』現代思潮社、一九七〇年、六〇―六一ページによる。
(17)『聖家族』大月版マルクス・エンゲルス全集第二巻、二九ページ。

三　プルードンのコミュニケーション思想

プルードンがコミュニケーションの問題を理論的に取りあげるのは、直接には、ジャーナリズムと文学に関する論文、著作においてである。それらはいずれも、同時代のジャーナリズムと文学に対する批判、攻撃であり、批判としての有効性は今日にも及ぶと思われるが、今日のコミュニケーション論に対する理論的寄与としては積極性に欠けるうらみがある。コミュニケーションに関する重要な論点は、間接的にではあるが、彼の社会思想のなかに、より豊かにふくまれているように思われるので、以下の検討の重点もそこにおかれる。

(1) ジャーナリズム論

プルードンのジャーナリズム論は、『連合の原理』第三部と『労働者階級の政治的能力』第三部第六章にまとめられている。以下、その二著から要点を抜き出しておくが、いずれも第二帝政下というジャーナリズムにとって非常に困難な状況のもとで書かれたものであることを念頭においておかねばならないだろう。

プルードンは、新聞が真実を告げるための前提条件として、第一に権力からの独立(indépendance)、第二に利害からの離脱(désintéressement)、第三に党派性の排除(impartialité)をあげ、そして、現体制のもとではいずれも不可能であると主張する（Principe fédératif 446-448）。

①　権力。新聞は権力と両立しない。権力は本質的に批判をきらうものであり、また新聞は、権力が存在するかぎり自主的でありえないからである。中央集権国家のもとでは、「個人の人格は国家を構成する部分」でしかなく、そこには「一つの正義」しか存在しない。権力についているのが王であれ民主主義者であれ、その事情はかわらない。集権制とは、「権威の世界」であり、そこでは「民衆全体がたった一人の人間のように考える」からである。集権制のもとでは、社会のあらゆる要素は「一つの身体、一つの魂、一つの知性、一つの意志を形成するものでしかなく」、新聞は、世論というただ「一つの意見」を追いかけるだけのものになる。(1)

②　資本。新聞は一つの商社（société de commerce）である。だから、たとえ権力からの独立や不偏不党を宣言しても、現実には「資本の法則が、企画を支配することになる。利益が目的になり、予約購読がつねに関心の的になる。……利益をひきだし、購読者を獲得するために、新聞は民衆の偏見を傷つけぬよう、それに媚びる。また自己の存在を安全にするために、権力にはいっそう心を配り、政策を批判するふりをして実際にはそれを支持するようになる。」要するに新聞は、「真実への忠誠」にかえて、「商売への忠誠」と「顧客への忠誠」を原理とするようになる。(2)

③　党派性。新聞は「党派の機関」になる。はじめから党派の機関紙であろうとなかろうと、結局は自己の安全と利益をはかるために、特定の政治的立場をとることによって権力との結びつきを志向するようになる。そのとき新聞は、「敵に反対するためなら、いかなる手段も善」という原理に立つことになり、真実から遠ざかる。反政府派が政権を取れば、自分に敵対する新聞を弾圧することになるのは、過去の革命の経過から見ても明らかである。また、たとえ特定の政治的立場と結合せず、

「自由や客観性や権利のために語る」と宣言しても、それだけでは無意味であり、「自己を定義する」ことなしには、それらの概念の伝統的意味や、時代の大勢的見解に従うことになり、結局は特定の政治的立場を支持することになる。(3)

要するに新聞は、権力、資本、党派性からまぬかれることはできないのである。「そのような状況のもとでは、文筆家はつねに相対的な真実と誠実のもとにおかれていることになり、本当の真実や徳は存在しえない。完全な真実に仕えるためには、文筆家は、存在のほぼ全体を構成しているあらゆる隷属性から、解放されねばならないだろう。……これは、政治、社会制度が、全体として根底から改革されないかぎり不可能である。」(Principe fédératif 450) これが、プルードンのジャーナリズム論の結論になる。

以上の要約がおのずから明らかにしているように、プルードンのジャーナリズム論は、現代のジャーナリズム批判としても有効である。第一の点は、現代の国家的民主主義制度の問題にかかわる批判であり、第二の点は、現代商業ジャーナリズムの問題に、第三点は、ジャーナリズムの党派性、あるいはイデオロギーの問題に、それぞれかかわっている。それらを結論の文章に重ねあわせれば、プルードンの批判は、全体として現代管理社会におけるジャーナリズムの問題点を、照射しているということができるだろう。

とはいえ、彼の批判の結論は、現体制のもとでの新聞の自立性に対する全面否定であり、その点では、彼のジャーナリズム論は、彼自身のジャーナリストとしての活動をみずから否定するものであるといえよう。たとえ強権と資金難のゆえに、彼の新聞が廃刊においこまれたとしても、そしてまた、彼が主張するように、新聞が構造的に外圧に対してきわめてもろいものであるとしても、そこには集権制のもとにおける自立的な新聞の一つの具体的な実践があった。彼のジャーナリズム論には、彼自身の実践が理論化されていないのである。

くり返し確認しておけば、彼自身の実践には、次のような積極性がふくまれていた。第一に、プルードンは「人民」と「大衆」を区別していたのであり、集権制のもとにおける世論という「一つの意見」ではなく、世論のなかにある複数の意見の一つ、しかも沈黙を余儀なくされた少数派の「人民」の意見に、みずからの立脚点をおいていたのであった。第二に、彼の新聞は、大衆の「偏見に媚びる」のではなく、むしろ逆に、大衆の偏見に衝撃を与えることによって、四万を越える読者を維持しつづけたのであった。第三に、彼の立場は、無党派を宣言しながら大勢的見解に順応することなく、きわめていでオロギー的であり、しかも権力志向とは無縁の立場にたって、独立した政治批判を展開していたのであった。以上のいずれの点においても、彼のジャーナリストとしての実践は、集権制のもとにおける新聞の一つの可能性を示していたのである。

今日のジャーナリズムは、プルードンの指摘するような隷属的構造から、いぜんとして脱していない。そしてまた、それからの脱出の方向もいぜんとして理論化されないまま、今日の課題として残されている。この課題は、プルードン自身のジャーナリズム論よりも、彼のジャーナリズム活動を理論化することによって解かれるのではなかろうか。

(2) 文学論

プルードンの文学論は、「革命は文学に何を負うか」(『人民の代表』一九四八年五月二八日号)、『革命と教会における正義』第九研究第七、第八章、『文学的世襲財産』にみられるが、いくつかの矛盾した論点があり、簡単には整理しがたい。まずプルードンの主張をそのまま列挙してみる。

①文学の全面的否定。「ある人びとが文学の堕落や腐敗として歎いている現象は、文学が無価値であるという事実の証明にほかならない。」「これらプロレタリアの詩神たちが、文学に無意味さを証明しようというのであれば、その努力にたいして心から拍手をおくろう。(4)」

②同時代の文学の否定。「かつて理性が、知識を経験に求めず理性それ自体からひきだし、偏見と錯誤をばらまいていたあいだは、……文学は最高の権威をもっていた。だが今や世界は変った。理性は想像力を征服し、……文学は娼婦のようなものになった。」レアリスムは「懐疑の文学」であり、ロマンチスムは「宦官の歌」であり、芸術のための芸術は「偶像崇拝」にしかすぎない。(5)

③文学の自律性の否定――労働への依存。「自分の手で働く人は、同時に考え、話し、そして書く。精神の共和国にすぐれた知性のための席があるとすれば、文体の人は行動の人に、その席をゆずるべきである。(6)」

④文学の自律性の否定――理性と諸科学への依存。「文学は、それだけでは何ものをも生産することができない技術である。」「真面目な文学とは何か？　それは歴史学であり、哲学であり、倫理学であり、自然科学であり、……人間理性が働きかけ、発見する一切のものである。(7)」

⑤文学の予言的、教育的機能の肯定。「〔真の作家〕は、完全に自立した存在として、いわばその神聖な性格を否認してはならない。真の作家はつねに、崇高なことがらの予言者であり、公衆の教育者なのである。(8)」

⑥民衆の思想や感情の解釈者としての文学の肯定。「人びとのために書く者は、……人びとの思想、感情、情念、風習など、人びとが漠然と感じていながら、表現し定義しえないでいるすべてのことが

らを、明示しなければならない。……作家はつねに、集合理性の解釈者であり、民衆の生活のもっとも奥深くにありながら、明確には意識されていないことがらの解釈者でしかありえないのである。」(Justice III, 9e, ch. 7, XXXVI)

以上の各論点は、たとえば次のように整合させることはできよう。⑤の予言者的な自立性は、⑥の解釈者としての役割に限定されれば、③の労働への依存性と結びつくことができる。民衆の奥深くにある「集合理性」は、いいかえれば「正義」であり、「正義」は働く者の側にある。「労働する者こそ哲学者」(Justice I, Philosophie populaire III) なのである。しかもプルードンは、「正義とは最高の神であり、生きた神である」(Justice I, Philosophie populaire VIII) とさえいう。それに適切な形式と表現を与える文学者は、神聖な予言者ということになろう。さらに、この⑤⑥③には文学の自律性を主張する論点はないと考えれば、それを②④の想像力の従属性という主張に結びつけ、結局プルードンは、①のように文学を全面的に否定していたのだと考えることはできる。けれどもプルードンは、ホメロスを始め一七世紀までの文学の自律性と、その神聖性を明確に主張しているのだから、プルードンの意図を十分にくみとるためには、やはり想像力の従属性と文学の聖的な自律性を両立させるような論点を、どこかに求めなければならないことになる。

プルードンは、ある限度まで、想像力の自由な働きを認めている。「人間は、自由意志によって、すべての見えるもの、理解できるものを越えてみずからを高め、……現実のかわりに、光輝く純粋なイメージを創造する。……これこそ、われわれが理想化と呼ぶものにほかならない。」(Justice III, 9e, ch. 3, XVII)「理想化」は、「正義」の働きの一つの側面であり (Justice I, Philosophie populaire VIII)、したがって、「正義」の表現である文学の聖なる自律性は、「理想化」という想像力の働きそのものから生まれてくるのである。「正義」は人間社会を進歩させるが、その反面、「正義」の表現である各時代の「理想」は、時の経過とともに古び、「習慣や偏見によってのみ保護されている」ものとみなされるようになる（Justice III, 9e, ch. 4, XVIII）。そのとき、「聖なるイメージは力を失い、魂は〔正義以外の〕別の法を求める。いいかえれば人間は……エゴイスムに属するようになる。」（*ibid.*）。そして、このエゴイスムに属する「理想化」を、プルードンは「芸術のための芸術」の原理とみなし、攻撃する。つまりプルードンは、この自我化された想像力を否定しているのである。

要するにプルードンは、想像力を二つの種類にわけ、エゴイスムに属する個別的想像力は否定するが、民衆の「集合理性」に従属する――したがって労働にも科学にも依存する――普遍的想像力を肯定し、そこに文学の聖なる自律性の根拠を求めていたということができるだろう。

むろん、それにしても問題は残る。普遍的想像力というようなものが、はたして可能なのかという問題である。想像力は個人の自由な意識であり、そうでありながらしかも普遍的な意識――「集合理性」に従属する意識――であるためには、いずれか一方が他方を包摂していなければならない。つまり自由な意識が「集合理性」のありようを決定し、それを普遍的なものとしてそれに従属するか、それとも個人の想像力は、民衆の集団的表象として存在している客観的な「集合理性」に従属することによって、真に自由な意識となると考えるか、そのいずれかであらねばならない。前者のばあいは、判断者としての知識人の主体性が基準になり、「集合理性」の客観性が保証されず、結局は個別的な想像力に帰することになる。後者のばあいは、集団表象の客観性が基準になり、文学者はそれに適切な言葉と形を与える存在にすぎず、自由な意識としての意味が失われる。

プルードンが考えていたような普遍的想像力は、具体的には、語り手と聞き手が一体化していて想像力の個別性が無意味であった共同体社会——神話的世界——においてのみ可能だったのであり、そのような一体化が存在しえなくなった近代社会においては不可能でしかなく、実際、想像力の個人性と普遍性の問題は、今日の文学理論においても十全に解かれているということはできない(9)。プルードンはそのような文学理論の核心的な問題に、結果としては触れていたのであり、普遍的想像力という彼の考え方は、時代錯誤的ではあるが彼なりの解決のしかたであったといえる。つまりプルードンとしては、個別的な知識人の自律性による指導型コミュニケーションも、民衆自身の自然発生的な集団表象にそのまま依拠する迎合型コミュニケーションもとることはできず、一方では想像力の自律性を認め、他方では「集合理性」の客観性を承認しようとして、その両方を、予言者としての文学者という存在のなかに、統合せざるをえなかったのであろう。

けれどもそのような統合は、知識人の自律性と民衆の「集合理性」を、文学者という個的存在のなかに溶解してしまうものであり、プルードン自身のレトリックに見られたような知識人と大衆との独自なコミュニケーションが、そこに理論化されているとはいえない。実践的にはプルードンは、一方では彼自身の想像力による「正義」に依拠して、「習慣や偏見によって守られている」体制的な「正義」に対抗していたのであり、他方では大衆自身の自発的な反省作業を促し、「正義」の内実を変えてゆく触媒であろうとしていたのであった。いいかえればそこには、知識人と大衆がそれぞれ独立した存在として、たがいに主体性を保ちながら出会えるようなコミュニケーション形態があった。そしてそのような主体性の相互的な出会いにこそ、次に見るように彼のコミュニケーション思想の本領があるのであり、その点を原理とするような文学理論をあらためて構築する必要が今もあるのではなかろうか。

(3) 社会思想

プルードンは、同時代の共産主義や個人主義にたいして、彼独自の社会思想を対置していたが、そのいくつかの論点のうち、次の三つの主張――相互性の原理（principe mutuelliste）、社会的自発性（spontanéité sociale）、観念・現実主義（idéo-réalisme）――は、コミュニケーション思想にとってもきわめて重要な観点であり、プルードンのコミュニケーション論として、あらためて検討するに値する。まず、その三つの主張を要約しておく[10]。

①相互性の原理。プルードンは、社会の原理を個人にも共同体にも求めず、個人間の相互関係に求めようとする。

プルードンは個人の品位（dignité）を尊重し、共産主義を否定する。共産主義の社会は、個人間の差異を無視した均質な社会であり、異質な存在を許容しない。社会成員の均質性は、「聖職者の支配」によって成立しているのであり、その社会では聖職者のみが「正義」を代表し、人びとはそれに従属する。共産主義社会は、「指導者に管理された家畜群」の社会なのである。そのようにプルードンは、何よりもまず個人の異質性と、そのそれぞれの品位を尊重するのであるが、しかし他方では個人主義も認めない。個人主義の社会には、人間をたがいに結合させる原理がない。個人主義を原理とする自由放任の社会は、独占と収奪の社会でしかない。この社会が秩序を保とうとすれば、結局は人間を強制的に結合させる外的な力（国家権力）に依存するほかなく、したがって共産主義社会と同じように、集権的国家をつくりだすことになる。

これまで人間を結合させる原理は、「同情（sympathie）」や「社交性（sociabilité）」に求められてきたが、これらは「動物にも共有されている純粋な本能」であり、人間社会の結合の原理ではありえない。これらの本能は、もともと同質であるものを結合させているだけのことである。だが社会は、たがいに異質な存在、利害の異なる者同士を結合させてこそ、はじめて人間の社会になる。敵の品位を尊重してこそ、人間の社会といえるのである。敵の品位は、理性の力によって感じられるのであり、この力は人間に内在している。異質な人間同士は、たがいに対立し、つねに葛藤（conflit）をひきおこすが、理性の力によってたがいに品位を認めあえば、かえってその葛藤そのものから、「集合理性」があらわれてくる。この「集合理性」が社会を構成するのである。したがって、意見の自由、新聞の自由が、社会を成立させる基本条件になる(11)。

②社会的自発性。プルードンは、歴史的必然論を、個人の自発的行動を否定する宿命論として拒否するが、同時に他方では、個人の自発性をそのまま承認するのではなく、個別的自発性と、相互性の原理にもとづく社会的自発性とを、区別する。

この区別は、個別的理性と「集合理性」の区別に対応する。「集合理性」は、社会にとって外在的な絶対的理性ではなく、社会に内在する相対的理性であり、しかも個人に内在する個別的理性ではなく、個人を越えた公共的理性である。ただし、利害の一致した集団（党派やブルジョアジーの同盟）の公共的理性は、「集合理性」ではない。「集合理性」は、異質者——思想、感情、利害の異なるもの——同士の出会い、葛藤、討論、均衡から生みだされてくる。この出会い、葛藤、討論、均衡という人間関係それ自体が、「社会的自発性」である。

所有、宗教、政治は、それぞれの発生段階において「社会的自発性」が生みだしたものであり、その時点における「集合理性」の表現であった。しかしそれらが制度化され固定化されると、「社会的自発性」は、それらの集合理性の表現体と対立関係にはいる。「社会的自発性」から切り離されたそれらの表現体は、超越的理性（神の権威）や私的理性（党派やブルジョア階級のエゴイズム）によって補強され、社会を支配する。超越的理性も私的理性も、異質な他者との出会いが障害となることを許さない理性であり、他者を従属させる絶対的理性である。絶対的理性は、集合理性の表現体を、資本、教会、国家という人間を抑圧する疎外態に転化させる。そのように「社会的自発性」は、やがて自己を抑圧する疎外態を生みだすが、しかし絶対的理性の支配下においても、社会の内部に隠された力として存在しつづけ、絶対的理性に対抗する力となり、やがてそれ自身の新たな表現を見出し、みずからを解放する。[12]

③観念・現実主義。プルードンの哲学的立場は、観念論でも唯物論でもない。絶対精神を否定するが、無神論的唯物論もとらない。社会は、超越的原理によって動くものではなく、社会に内在的な法則によって動く。けれどもこの法則は、感覚を超越する形而上的概念（論理）であり、そして同時に現実に具体的に存在するものなのである。

従来の哲学の誤りは、「物それ自体」や「本質」を探究しようとしてきたところにある。人間の知性に接近しうるのは、事物や人間の「諸関係」までであり、哲学は、その諸関係の構造、自然や人間社会の内在的秩序である諸関係の論理的な構造を、解明しなければならないのである。人間社会の構造は、人間のさまざまな願望、意志、行動の総体（「社会的自発性」）が、社会に「内在的な思考」によって生みだす現実体であり、これは同時に「集合理性」の表現（社会的「観念」）でもある。

けれどもすでに述べたように、「集合理性」の表現は疎外態に転落するから、疎外態に批判的な意識をもつ存在、いいかえれば超越的理性や私的理性におかされていない自立した大衆（「人民」）と知識人が、疎外態の背後に隠されてしまった「集合理性」を、あらためて革命の「観念」として表現しなければならない。この「観念」は、疎外態に対しては非現実的であり、現実を解体し再構成する想像的なものとしてあらわれるが、疎外態が抑圧している「社会的自発性」に対しては、この「観念」のほうが現実的である。むろんその現実性は、「社会的自発性」に担われているのだから、革命の「観念」がそれに排反するものであれば——いいかえれば絶対的理性の表現になれば——その「観念」は現実から遊離し、逆に現実を支配する「偶像」になる。したがって革命の「観念」は、疎外態に対して否定的であり、それから自立していても、「社会的自発性」に対して肯定的であり、それに従属していなければならないのであり、この二重性によって、それは「観念」であると同時に現実性を獲得するのである[13]。

以上の三つの論点にみられるプルードンの社会思想は、人間の社会生活における意識活動、コミュニケーション活動にたいする深い認識をふくむものであり、コミュニケーション理論として再構成することができる。

第一の「相互性の原理」は、そのままで人間的コミュニケーションの原理にもなる。

プルードンは、同質的存在間の共感的結合を人間社会の結合の原理と認めないが、この主張は、コミュニケーションの観点によって支持されうる。同質者間のコミュニケーションは、いわば障害をもたないコミュニケーションであり、単純な記号によって成立しうる。よく知られているように、動物社会のコミュニケーションは単純な記号によるものであり、したがって同質者間の結合は動物的結合であるということができる。それに反して、異質者間のコミュニケーションは、対立や葛藤をふくむものであり、異質性という障害をのりこえる意識的な企てである。したがって、この場合の記号には、それを表出するものの主体的な企てが何らかの形で表現される。直接的で本能的な記号と指示物との連関に、意識の企てが介入することになり、記号は言語になる。人間社会のコミュニケーションの特徴は、異質な他者との結びつきが言語的企てによって可能になるという点にあり、プルードンのいう敵の品位の尊重とは、相互の自立性と対等性を条件とする説得・対話型コミュニケーションの尊重にほかならない。プルードンが社会成立の基本条件として、意見の自由、新聞の自由をあげているのは、その意味できわめて正当であり、彼のいう「集合理性」も、言語的企ての相互性を原理とすることによって、はじめて可能になるということができる。

第二の「社会的自発性」は、異質者間の出会い、対立、葛藤、討論、均衡という人間のコミュニケーション活動そのものを表現する概念であり、さらにこの主張には、人間のコミュニケーション活動は人間疎外をひきおこすという重要な論点がふくまれている。

異質者間の葛藤と均衡から生みだされる「集合理性」は、それが社会的に表現されるためには、一定の社会的な表現媒体に依存しなければならず、この媒体に疎外をひきおこす要因があると考えられる。社会的表現媒体は、人間社会の歴史的展開に条件づけられている。所有、宗教、政治は、歴史的時点における生産手段、意識の表現形式、集団の組織と管理の方式などのありように従って、たとえば土地所有、多神教、軍事組織として制度化されるが、それらの諸方式が「集合理性」の表現媒体である。プルードンは、社会に外在的な絶対的理性が権力や権威によって社会を支配するため、疎外態がうまれると考えているが、むしろ、より一般的にすべての社会的表現媒体には、超越的理性や私的理性（このなかに社会に内在的な私的理性――特定の利益集団や専門家集団の内部にあらわれる適応型理性、ウェーバーのいう「整合理性」もふくめうる）の働きを可能にする疎外要因がふくまれていると考えることができる。

その点については別に詳論しなければならないが、簡単にいえば次のようになる。プルードンのいう「社会的自発性」ないし「集合理性」は、人間の社会的活動の創造性の根拠であるが、それ自体は働きであるにとどまる。この創造性は、社会的表現媒体を通じて表現されることによって、はじめて自己が創造したものとして享受される。しかしそのばあい、創造活動は表現媒体の伝統的・慣習的性格――集団的に共有されているために必要な永続性――を通じて対象化されるので、その性格に規定されて、自己のものであると同時に自己ではないものとして享受されることになる。「集合理性」の表現体にあらわれるそのような自己であるものと自己でないものとの二重性が、疎外の始まりになる。「社会的自発性」のつねに変動、発展する性格が、表現体に対象化された自己であるものを時の推移とともに置き去りにし、しだいに自己ではないものにしてゆくので、表現体は全体として自己でないものに転化してしまう。自己でないものに転化したとき、表現体（諸制度）は「集合理性」から遊離し、みずからの成立根拠を失うが、それにかわって超越的理性や私的理性が働き、諸制度を維持、強化してゆくことになる。そのように考えれば、ジャーナリズムや芸術表現にあらわれる疎外態（プルードンのいう「デカダンス」）の原因をも、つきとめることができるであろう。

第三の「観念・現実主義」についてのプルードンの議論は、十分に説得的であるとはいえない。しかし、観念か現実か、主観か客観かという二者択一的思考をとらず、人間の精神活動もまた現実を規定するものであるという観点に立つならば、プルードンのこの問題意識は、とりわけ重要な意味をもつ。

人間の精神活動（上部構造）は物質的活動（下部構造）に制約され、物質的活動は生産力の発展段階に制約されるという、マルクス主義の公式的唯物論では、周知のように革命の主体性の問題が解決されず、弁証法の理性も物質的活動に還元されてしまうか、あるいは神の視点に立つ超越的理性や、党派性という私的理性に解消されてしまう。コミュニケーションの観点からいえば、マルクス主義のこの弱点は、指導・忠誠型のコミュニケーションと迎合・順応主義型のコミュニケーションのいずれかを無批判に採用し、政治的思惑によって一方から他方へ一八〇度転回するというところにあらわれてくる。

プルードンのばあい、いわゆる「系列弁証法」は、つねに新たな対立項の出現によって発展してゆくものであるゆえ、本来的に対話的であり、個別的理性によって同化されるようなものではない。したがって、弁証法理性のように、個別的理性がそれを私的理性（党派性）として形成したり、超越的理性（絶対的真理）として世界を包摂したりするような仕組みにはなっていない。彼のばあい、個別的理性が表現しうるのは、せいぜいが「集合理性」である。個別的理性（知識人）は、社会に潜在する「集合理性」を革命の「観念」として表現しようとする。けれどもこの革命的「観念」は、「集合理性」そのものではありえない。「集合理性」そのものは、民衆の「社会的自発性」が働いているところにあらわれるものであり、個別的理性が「集合理性」を自己のものとすることは、もともと不可能なことなのである。

プルードンは、ほぼそのように革命的知識を位置づけていると考えられるのだが、そこから次のような性格があらわれてくる。まず第一に、「集合理性」の根拠は「社会的自発性」にあるのだから、革命的知識は、民衆の自発的活動として表現されてゆくものであらねばならない。いいかえれば、「社会的自発性」がそれ自身の表現（革命の社会的「観念」）をみずから見出すことができるように、個別的な革命の「観念」は、「社会的自発性」の働きを蘇活する触媒的な役割にとどまらねばならない。第二に、しかしそのばあい、「集合理性」の既存の表現媒体は、すでに超越的理性や私的理性に独占されているので、革命的知識は、既存の社会的表現媒体を変革するか、創出しておかなければならない。いいかえれば、権力奪取の政治革命よりも、経済と文化の諸制度に対する闘争が、革命的知識の課題になる。そしてまた、社会的表現媒体はそれ自体のなかに疎外要因をもつと考えられるから、この革命は永久革命であらざるをえない。つまり革命的知識は、つねに疎外された諸制度に対する否定的対立者としてあらわれてくる。そして第三に、超越的理性や私的理性は、単に権力や権威によって体制を上から支配しているばかりでなく、社会的表現媒体を独占的に支配することによって、民衆自身にその体制こそがみずからの意志の表現であると信じさせている。支配された社会的表現媒体が、社会成員の意志の表現を変質させ、その結果逆に民衆を抑圧する働きをしているにもかかわらず、民衆にとっては、そこにしか自己の意志の表現手段がなく、またそれによってかつては自発性が表現されていたので、その抑圧的な表現体（支配の体制）が、依然として自己の意志の自由な表現であるようにに見えつづける。体制を下から支えるこの民衆の意識は、みずからすすんで自己を疎外する集団的、公共的な理性であり、「集合理性」のいわば倒錯的形態である。革命的知識は、そのような倒錯された「集合理性」に対しても、批判的対立者としてあらわれてくる。

プルードンの「観念・現実主義」の立場にたてば、革命的コミュニケーションには、以上のような三つの性格——社会的自発性に対する触媒的性格、疎外された諸制度に対する永続的な対立的性格、みずから自己を疎外する公共的理性に対する批判的性格——が、要求されるのである。

（1） Principe fédératif 451,491. Capacité 316-317, 321.

（２） Principe fédératif 448-449. Capacité 326.

（３） Principe fédératif 449,491-493. Capacité 316-317, 327.

（４） Ce que la révolution doit à la littérature, 28 mai 1848, Mélanges I 39,40.

（５） *Ibid.*, 40. Majorats 168-169.

（６） Ce que la révolution doit à la littérature, Mélanges I 39. cf. Majorats 27, La Réaction, 29 avril 1848, Mélanges I 14-15.

（７） Ce que la révolution doit à la littérature, Mélanges I 28-29, cf. Majorats 135, Justice III, 9e, ch. 7, XXXVI.

（８） Majorats 134. Justice III, 9e, ch.7,XXXVI.

（９） たとえば、サルトルの「独自な普遍性」という概念は、この問題を解こうとする一つの試みであると考えられるが、やはり答えが出ているとは言いがたい。その点については、拙論「想像界と現実界の媒介項」『文学』三六巻九号参照。

（10） 以下の三つの論点は、プルードンの社会思想をコミュニケーションの視角から要約したものであり、全体としては記述にバランスを欠いているかもしれない。プルードンの社会思想全体については、作田啓一「プルードンの社会理論」河野健二編『プルードン研究』岩波書店を参照されたい。

（11） Justice I, 1er, ch.2, VII-XI; I, 2^{e}, ch. 6, XXXII; III, 7^{e}, ch. 6, XLIX. cf. P. Ansart, ***Marx et l'anarchisme***, pp. 277-278.

（12） Justice III, 7^{e}, ch. 6, XLIX; III, 9^{e}, ch.1, I-II; III, 9^{e} ,ch. 2, VIII-IX; III, 9^{e}, ch. 3, XII-XVI. cf. Ansart, ***op. cit.***, p.275 et suiv.

（13） Justice I, Philosophie populaire VIII; I, 1er, ch. 4, XIX; III, 7^{e}, ch.1, VII; III, 7^{e}, ch. 2, XII; III, 9^{e}, ch.2, X. cf. Ansart, ***op. cit.***, pp. 143, 269-279, 295, 317.

おわりに

プルードンのコミュニケーション思想の独自性は、その「観念・現実主義」に見ることができる。それは、「相互性の原理」にもとづく「社会的自発性」を根拠とするものであるがゆえに、現実主義的であり、そして、現実的な「集合理性」の疎外態に対して自立的で否定的な立場をとるがゆえに、「観念」的で非現実主義的である。「集合理性」はみずからの表現体を創出するものであると同時に、その表現行為はつねに疎外され、「集合理性」を倒錯的形態におちいらせるので、「観念・現実主義」は、民衆の自発的な意識活動に対して、肯定的であると同時に否定的な、両義的性格をとる。この両義性は、プルードンのコミュニケーション活動において、自発的な対抗型と自発性の触媒型、知識人の立場と労働者の立場という両義性としてあらわれていたものである。

プルードンのコミュニケーション思想とコミュニケーション活動との関係は、理論が先行して実践を導いたとか、実践がのちに理論化されたとかいうものではなく、彼の人生経験、世界との体験的なかかわりかたが、やがて理論においても行動においても同じようにあらわれてきたと見るべきだろう。とりわけ、印刷職人としての経験や、リヨンの相互主義者たちとの交際が、彼の内部に、労働者の自発的活動に対する深い信頼をうえつけたのであろう。その信頼ゆえに、プルードンは六月暴動のとき、弾圧された民衆の側からの発信にためらうことなく答えることができたのであり、そしてまた、同じ民衆を弾圧する民衆（国民軍）や、ナポレオンを選出するフランス国民の姿が、彼をして倒錯された「集合理性」にたいする批判者たらしめたのであろう。プルードンは、労働者の自発性に信頼するがゆえに、あえて民衆の体制的意識に対立し、それを攻撃し刺戟する挑発的存在にもなったのである。

今日のコミュニケーションは、プルードンの時代にくらべて比較にならぬほど伝達手段を発達させ、伝達される情報量を無限に増大させているが、そのためかえって意識生産における疎外状況は、加速的に悪化している。けれども今日のこの状況は、基本的には依然としてプルードンの批判の射程内にある。資本と権力の圧倒的な力のもとでは、対話・説得型コミュニケーションの条件はなく、指導型と迎合型、あるいはその混合型のコミュニケーションが横行している。そのような状況のなかで、プルードンの対抗・触媒型のコミュニケーションは、疎外に抗する一つのジャーナリズムのありかたを示してくれている。

そしてまた、彼のコミュニケーション思想は、社会的表現媒体そのものを問題にしなければならないことを示唆している。現代のコミュニケーションは、表現媒体によって変質され、人間に敵対するようになる性格をもっている。革命的コミュニケーションもまた、このコミュニケーション・バイアスからまぬかれられず、民衆を指導しようとしてその自発性を圧殺している。倒錯された「集合理性」を否定し、「社会的自発性」にもとづく「集合理性」を蘇活しようとするプルードンの「観念・現実主義」は、少なくともそのような状況を克服する一つの手がかりになるのではなかろうか。

帝国主義への抵抗とガンジーのコミュニケーション論

世界史をつくりだしてきたいくつもの革命運動のなかで、インドの革命——独立運動——ほど特異なものはないだろう。ほとんどの革命が、暴力に対する暴力の闘い、あるいは物質的な力を背景にした闘いであったのに対し、インドの革命は、非暴力の闘いであり、物質的な力を持たないものの精神の力による闘いであった。

インドの独立運動を、わたしはあえて「革命」と呼ぶ。マルクス主義の公式によれば、それは生産関係の変革をともなわない、イギリス帝国主義からインド民族資本へのたんなる政権の交替劇であったかもしれない。けれどもマハトマ・ガンジー（一八六九～一九四八）に指導された反英運動は、被抑圧民族であったインドを解放するだけではなく、インド社会を構成していた差別の構造を根本から変革しようとするものだったのであり、社会的な意識の変革、あるいは意識の「交通関係」そのものの変革を目的とするものだったのである。そしてまたガンジーの非暴力抵抗運動は、自己の意志を暴力によって——直接的にであれ間接的にであれ——他人に押しつけ、人を服従させようとするすべてのコミュニケーション方式に対する反措定でもあった。その意味でそれは、これまでの革命運動の方式そのものに対する革命であったと言うこともできるのである。

1

ガンジーのコミュニケーション思想を検討するまえに、まず彼の政治運動の跡をたどっておこう。ガンジーの思想は、政治的な行動を通して固められ、そしてまた彼にとって政治活動とは、精神の活動の一つのあらわれであったからである。

ガンジーは、最初から反帝国主義的な思想をもって政治活動に入ったのではない。南アフリカで最初の非暴力抵抗運動――「サッティヤーグラハ」の運動（後述）――を組織したとき、それはインド人に対する極端な人種差別に反対する抗議闘争――「民族の自尊心のための戦闘」（『自叙伝』蝋山芳郎訳、「世界の名著」63『ガンジー、ネルー』中央公論社）――だったのであり、イギリス帝国の植民地支配に対する闘いを少しも意味していなかった。それどころかガンジーは、ボーア戦争のときもズールー族の反乱のときも、そして第一次大戦のばあいにも、イギリス帝国に協力している。「イギリス帝国は世界福祉のために存在している」と、ガンジーは信じていたのであり、「イギリス帝国の枠内で、またそれを通してのみ、インドは完全な解放を達成できる、という見解を持っていた」のである（同前）。

しかしイギリスは、第一次大戦に協力してくれたインドに対して、援助や改革をすすめるどころか、逆にローラット法という政治的弾圧立法をひそかに準備していた。それを知ったガンジーは、イギリスに対する態度をあらためる。彼は、「これらの法案が法律になった場合、撤回されるまで、われわれはこれらの法律、および非服従に適するとみなされるその他の法律に従うことを、市民として拒否する」という市民的非服従の運動をはじめるとともに、インド全土に一九一九年三月三十日（のち四月六日に変更）を期して「一斉休業《ハルタル》」をよびかける。そして同年末に開かれた会議派の大会に出席して、イギリス政府に対する協力をいっさい停止する「非協力宣言」を提案、翌年それを大会決議にするとともに、「できればイギリス帝国の枠内における、さらに必要なら、枠外における自治《スワラジ》の達成」を会議派の目標として決定し、さらに翌二一年の十一月、イギリス皇太子の訪印を全インドのハルタルで迎えるにおよんで、反英運動は最初のクライマックスを迎えることになる。

だが、ガンジーの政治的行為の特徴は、運動が盛り上がり、民衆の行動が過熱してくると、言わばそれに水をかけるようなところにあった。一九一九年のばあい、平和的なデモ行進に対する権力側の暴力的弾圧とガンジー逮捕の報に激昂した大衆が、暴動化する勢いを見せたとき、ガンジーは運動の停止をよびかけ、暴力に走った人びとがみずからの「過失に気がつくように」、三日間の懺悔《ざんげ》の断食に入る。ガンジーにとって反英運動は、あくまで非暴力による非服従運動でなければならなかったのだが、運動を中止させた理由は、それだけではなかった。彼の決断にはもう少し深い意味があったのである。ガンジーはこの運動を反省して次のように述べている。「わたしは、人々が市民的非服従をやるのに適した者になる前に、まず彼らはその深い意義を徹底的に理解しておくべきだった、ということを悟った。したがって、大衆的規模の市民的非服従を再出発させたいならば、その前に、サッティヤーグラハの厳格な諸条件を徹底的に理解した、試練に耐えた、心の純粋な志願者の一団をつくっておくことが必要であろう」（同前）と考えるのである。

一九二二年にもガンジーは、一農村で民衆と警官隊が衝突し、怒った民衆が警官数名を焼き殺したという話を聞き、いっさいの非服従運動を中止させる。一農村の少数者の暴力行為のために、国をあげての大運動を全面的に中止させたガンジーの意図を、ネルー父子や会議派指導者は理解することができず、憤慨し失望するが、ガンジーは次のように言った。「攻撃的プログラムを事実上すべて徹底的に放棄してしまうことは、政治的には不条理・無分別であるかもしれません。しかし宗教的には、条理にかなったものであることは疑いありません」（『わたしの非暴力』森本達雄訳、みすず書房、同氏の訳註による）。

さらに一九三四年、インド統治法の成立を前にして運動が盛り上がろうとしていたときにも、ガンジーは非服従運動の停止を宣言する。その理由は、「長い間尊敬していた友人」が、「刑務所の労役に服するのをいやがり、与えられた仕事よりも彼の私的な研究のほうを選んだということであった。これは、疑いもなくサッティヤーグラハの規約に反していた」（ネルー『自叙伝』前掲「世界の名著」63『ガンジー、ネルー』所収）。ネルーはそのことについて、「直接には何十万、間接には何百万の人間を包含するほどの大民族運動を、たった一人の人間があやまちを犯したからといって、停止してよいものだろうか。このことは、わたしにとって、奇怪な言いがかり、不道徳な言いがかりに思えた」（同前）と述べている。

ネルーの反撥についてはあとで考えることにしよう。ここではガンジーにとって、反英闘争は、たんに政治的な闘争――権力奪取を目的とした闘争――であってはならなかったことを確認しておけばよい。いや彼の非暴力・非服従運動は、たんにインド解放のための闘争でもなかった。彼にとってサッティヤーグラハは、何かの目的を達成するための手段ではなく、それ自身が目的であったのである。それでは、サッティヤーグラハ、あるいは「宗教的な条理」とは、何であったのか。

2

サッティヤーグラハについて、ガンジーは自分で次のように解説している。「真実〔サッティヤ〕は愛を包含する。そして堅持〔アグラハ〕は力を生む。したがって、力の同義語として役立つ。こうしてわたしは、インド人の運動を〈サッティヤーグラハ〉、すなわち、真実と愛、あるいは非暴力から生まれる力、と呼び始めた」（『自叙伝』）。「真実」とは、むろん心の外にある科学的な真理ではない。それは「私たちの真実に関する相対的な観念であるのみならず、絶対の真実、永遠の原則、すなわち神でもある」。けれどもガンジー自身「まだ神を発見するにいたっていない」。だから「絶対の真実を会得するまでは、相対的な真実と思ったものに固執していなければならない」（同前）。したがってそれは、自分の心のうちにある真実であり、同時に普遍的な永遠の真実にどこかで結びついているはずのものである。「世界は、〈サッティヤ〉あるいは真実の岩床のうえに成り立っている。……〈サッティヤ〉あるいは真実は、また、あるということを意味する。……そしてあるところのものである真実は、けっして破壊されえないものである。これがサッティヤーグラハの教義の真髄である」（同前）とガンジーは言う。

〈サッティヤ〉あるいは真実は、したがって「存在」そのものであり、だれの中にもある。けれども真実に生きようとすれば、「絶対の真実」である「神」に向かって、それを自己の中で実現してゆかねばならない。そこでサッティヤーグラハは、自己との闘い——「自己浄化」、「自己抑制」——を意味することにもなる。「それは敵に対してではなく、自分の自我に苦悩を与えることによって、真実を証明することである」(同前訳注)とガンジーは言う。「自己浄化」は、物質的、肉体的快楽を否定することから始めなければならない。ガンジー自身はそれを徹底するために、菜食主義とブラフマチャリア(禁欲生活)を実行する。欲望を捨てるために、精神は肉体から解放されねばならない。「肉体のなかの精神は、感覚を支配する代わりに、その奴隷になってしまう」(同前)からである。

ここまでくればサッティヤーグラハは、禁欲主義的な苦行僧の信条に見えてくる。だがガンジーはここでふみとどまる。彼の精神主義は、世俗的世界を離脱する方向には向かわず、逆にその禁欲主義をもって世俗世界に立ち向かってゆく。「普遍的な、そしてすべてに内在する真実の精神に直面するためには、人は最も微々たる創造物をも、同一のものとして愛することが可能でなければならない。しかも、それを追求する人は、あらゆる生活の分野から離れていてはならないのである。これが、真実に対するわたしの献身が、わたしを政治運動の分野のなかに引き込んだ理由である」(同前。傍点原文)。

すべてのものを「同一のものとして愛すること」、この原理が一方では、政治的な非暴力・非服従運動としてあらわれ、他方では、宗教的な自己浄化の禁欲的生活としてあらわれる。「自己浄化なしに守られた非殺生《アヒンサ》(非暴力)の法則は、虚しい夢にとどまってしまう……。自己浄化は、生活のすべての歩みのなかの浄化を意味するものでなくてはならない」(同前)。かくしてサッティヤーグラハは、政治的な非暴力主義と宗教的な自己浄化の鍛錬を一つのものにした運動としてあらわれるのであり、そのいずれの面が欠けても、サッティヤーグラハではないということになる。

そしてこの自己浄化は、「非常に伝染しやすい自我の浄化であるから、必然的にその人の周囲の浄化になっていく」(同前)。周囲の浄化にかぎられない。それは自己から周囲の人びとへ、そしてインド全土から世界中へひろがっていく。「インド解放のための全計画は、内なる力の発展にもとづいている。それは自己浄化の計画ともいえよう。……そして、わたしが伝えようとしている運動が、もしその内に生命力をもち、また神の祝福をうけているとすれば、わたしが各地を訪ねて姿を見せなくとも、おのずからそれは世界中に浸透するだろう」(『わたしの非暴力』)。

人びとの内なる浄化から、インドの浄化へ、そして世界の浄化へとおのずからひろがってゆくサッティヤーグラハの波及的伝染、ここに、ガンジーの非暴力運動をささえていたコミュニケーション思想がある。というよりも、サッティヤーグラハとは、そもそも一つのコミュニケーション思想なのである。

「真実〔サッティヤ〕は愛を包含する」と言われるように、サッティヤーグラハは、外に向かってあふれでていく心のはたらきであり、精神の伝達力である。しかもガンジーにとって、「真実」は「ある」ものであり、だれの中にもあまねく存在している。それは浄化されることによって、みずからをあらわすのを待っている。言いかえれば、人びとは自己浄化によって真実に至るのを待っているのである。そしてみずからをあらわした真実は、それ自身もまた一つの伝達力であり、その力はさらに周囲に及ぼされていく。だから、サッティヤーグラハの運動者の一人一人は、自分が真実を堅持〔アグラハ〕することによって、おのずから他の人びとの自己を浄化し、しだいに世界を真実の世界、アヒンサ(非暴力)の世界に変えてゆくことになる。サッティヤーグラハとは、真実の堅持であると同時に、世界を変革してゆく伝達の力でもあったのである。

そのようなサッティヤーグラハというコミュニケーションは、当然のことながら、「言葉(書かれたものにせよ、語られたものにせよ)の力よりも、思想の力を信じ」(同前)ることによって可能となる。「非暴力はお説教のできるものではありません」。それは、「目に見えない力の、無言の有効なはたらきによるものです」（同前）とガンジーは言う。この「無言の有効なはたらき」は、ガンジーが危機的な状況のときに繰り返し実践した「断食」に、典型的にあらわれてくる。

ガンジーの「断食」について、ルイス・フィッシャーは次のように述べている。断食がつくりだすのは、「断食の目標としている大義の重要性、必要性、緊急性、神聖さを彼らに伝える伝達の一手段である、一種の共通波長である。……西洋の橋はコンクリート、鋼鉄、鉄線、言葉でできている。東洋の橋は精神の橋である。伝達のため西洋は動くか、語るかする。東洋は坐し、瞑想し、忍ぶ」（古賀勝郎訳『ガンジー』紀伊国屋書店）。

3

しかしながら、サッティヤーグラハは、運動者個人の内面から波及していく精神の伝達力を意味しているだけではなかった。それは「インドの自己浄化」であり、インド自身の「内なる力の発展」をも意味していた。インド自身とは、インドの「もの言わぬ民衆」にほかならない。

一九三四年、ガンジーが非服従運動を停止したとき、その理由にネルーが憤慨したことについてはすでに述べたが、ガンジーが今後の仕事として提出した「積極的プログラム」もまた、ネルーをおどろかせる。それは、「個人的な手紡ぎと手織りを通じて手織布《カーディ》地を普及すること。あらゆる生活の面で、お互いに対して申し分のない個人的行為を通じて、心からの宗派間の融和を拡大すること。各自個人の心のなかにある、あらゆる形態の不可触賤民性を追放すること（以下略）」（ネルー『自叙伝』）というのであった。ネルーは、これが「私たちが実行すべき政治綱領であった」と慨嘆するが、むろんガンジーにとっては、それこそがサッティヤーグラハの積極的プログラムであったのは言うまでもない。

まず「不可触賤民性」の問題から考えていこう。南アフリカでガンジーは、白人の理髪屋に散髪を拒否されたことがあった。そのときガンジーは、「私たちも、私たちの理髪屋が同胞の不可触賤民の散髪をするのを許しておかない。わたしは、この報いを南アフリカで、一度ならず、幾度も受けた。そしてそれは、私たち自身が犯している罪の罰ではあるまいか」（『自叙伝』）と思うことで怒りから救われる。白人のインド人に対する差別は、ガンジーにとっては、自分のなかにインドの不可触賤民を発見することであり、不可触賤民を差別するインドを発見することであった。だから、インド人に対する人種差別に抗議し、インド人を解放することは、すなわちインドの不可触賤民を解放することでなければならない。そのことはガンジーにとって、一つのサッティヤであった。このサッティヤとは、差別されているインド人自身がまた差別する者であるという差別の構造の認識――それも自己の内なる真実として認識すること――であり、その最底辺に自己をおくことによってはじめて、すべてのものを同一のものとして愛するアヒンサ（非暴力）の教えに到達することができるという信念である。

けれども、自己を不可触賤民と同一視することほど、カースト（身分の制度）のなかに生きるインド人にとって困難なことはなかった。賤民に触れてはならないということは、カースト内のインド人の言わばもって生まれた皮膚感覚だったのである。この皮膚感覚を取り除くために、ガンジーは妻のカストゥルバにさえも「声を張りあげてどなりつけ」ねばならなかった。そこで、サッティヤーグラハをすすめていくために、いかにしてこの障害を取り除くかということが大問題になる。つまりコミュニケーションの方法があらためて問題になるのである。

最初のうちガンジーは、みずから率先して不可触賤民と生活を共にする方法をとっている。つまり「自己浄化」の伝染効果に期待しているが、やがて不可触賤民を「ハリジャン（神の子）」と呼びはじめ、一九三三年にはハリジャン奉仕団を創設し、週刊紙『ハリジャン』を発刊する。この「ハリジャン」という呼びかたには、「賤民」という語にともなうインド人の差別意識――皮膚感覚――を、「神の子」という語の神聖性によって洗い流そうとする意図がみられる。つまりことばの呪術的用法を利用するやりかたである。けれどもガンジーにとっては、この名称の変更は、たんにことばの使い方の問題だけではなかった。ハリジャンは、実際に神の子であった。それは、インドの自己浄化のためにインドのなかに存在している神の子――遍在する神――にほかならなかったのである。

ヒンドゥ教徒は、神の化身である者（聖者や偉人）に触れることによって神と一致できると信じている。ガンジー自身もつねに民衆に触れられ、人びとはそのために彼のまわりに集まってきた。これはインド特有の古来からの宗教的コミュニケーションの方式であると言うことができよう。だから、不可触賤民を神の子と呼ぶことは、インドの大部分の民衆にとっては、不可触賤民に触れることによって神――サッティヤ――に到達できることを意味する。このサッティヤとは、ガンジーにとっては、彼自身が南アフリカの人種差別を通じて発見した真実であり、すべてを同一のものとして愛するアヒンサ（非暴力）の教えにほかならない。つまりガンジーは、自分が発見した真実を民衆自身にもみずから発見させようと欲していた。そのために、ことばで教えさとし、指導しようとするよりも、インドに古くから伝わる宗教的なコミュニケーション方式をだいじにし、それをたくみに転用することによって、民衆がみずからの力で真実に到達できるように誘導していたのである。

そのように、ガンジーにとって不可触賤民の解放運動とは、真実をあらわにしていく精神の活動を、インドの民衆のなかに実現しようとする運動であった。言いかえれば民衆の一人一人が真実に触れることによって、みずからの意識のありようを変え、他の人びととの関係のありようを変革していこうとする運動であった。つまりガンジーの政治運動は、物質的、経済的な生活条件の変革であるよりも、むしろインドの民衆の意識の交通形態を、民衆自身の力で変革していこうとする運動だったのである。実際、不可触賤民の解放運動は、ネルーに言わせれば「生粋の宗教復興運動」（『自叙伝』）のような様相を呈しながら、全インドにひろがっていくのである。

4

宗派間の融和というガンジーの政治綱領についても、同じことが言える。ガンジーは、少年時代はごくふつうのヒンドゥ教徒であった。彼が「ギーター」（ヒンドゥ教聖典の一つ）を読むのは、イギリス留学中であり、そのときすでに、「ギーター」や『アジアの光』（仏陀の生涯の長編詩）の教えと、『山上の垂訓』の教えを一つに結び合わせようと試み」（『自叙伝』）ている。また南アフリカで出会った敬虔なキリスト教徒の友人たちが「わたしの心の中に宗教的な探究心を目覚めさせてくれた」（同前）ともいう。「普遍的な、そしてすべてに内在する真実」や「真実とはあるところのものである」という彼の思想は、たしかにヒンドゥ教の教義そのままのものではあるが、しかしそれは、彼自身が宗教を探求する過程のなかで、みずから獲得してきた真実であった。つまりガンジーは彼の真実をヒンドゥ教の教義のなかに見出すのであり、したがってまた自己の真実には受けいれがたい教義を否認し、あるいはその内容を読みかえてしまう。「ギーター」に描かれている戦争は、武力を人びとにすすめるものではなく、人間の魂を象徴するものであり、「心の中の葛藤を巧みな比喩により描写する」ものなのである（フィッシャー前掲書による）。

したがってガンジーは、神の遍在を説くヒンドゥ教の教義に依拠して、異なる宗教間の融和を説いたのではなく、彼にとって諸宗教は「同一の根本的な道徳性」を表現するものであるゆえに、宗教的寛容を説いた。それもヒンドゥ教の教義を通して説いたのである。「私は寛容ということばを好まないが、それよりうまい表現が今は見出せない。寛容ということばには、他人の信条が自分たちのものより劣っているという、まったくいわれのない仮定がふくまれている。しかし、〈アヒンサ〉は、他人の宗教的信条にたいしても、われわれが自分たちの信条に寄せているのと同じ尊敬の念をもつように、したがってまた、自分たちの信条の不完全さを認めるように教えている」（「道場《アシュラム》への手紙」、G・フリードマン『力と知恵』人文書院の引用による）。

ヒンドゥ教徒とイスラム教徒を対立させていた深刻な問題に、ヒンドゥ教の牝牛崇拝があった。イスラム教にこのタブーはなく、牛を屠殺する。ガンジーは、イスラム教徒に「ヒンドゥ教徒の宗教感情」を尊重してくれるよう要請する一方、他方では、ヒンドゥ教徒に対して、「事態の鍵を握っているのはヒンドゥ教徒である」と述べ、「われわれはイギリス人のために毎日行われている『牛』の屠殺については何も言わないのに、イスラム教徒が牛を屠殺すれば激怒する」（フィッシャー前掲書による）と、その矛盾をつく。ガンジーにとって、牛は争いの種ではなく、「憐れみについてのひとつの詩」であり、「神のつくりたもうたすべての無言の存在を保護することを意味している」（フリードマン前掲書による）存在でなければならない。したがって牛は〈アヒンサ〉の教えそのものであり、宗教的融和のシンボルなのである。そのようにガンジーは〈アヒンサ〉の教えを通して、牝牛崇拝を通して、言いかえればインドの大衆の心の中に生きている信仰を通路として、イスラム教と対立するヒンドゥ教から、イスラム教と融和するヒンドゥ教へ、そしてさらにはヒンドゥ主義から、すべての宗教の根本的同一性という真実へ、人びとを誘導しようとしていたのである。

反英闘争についても同じようなことが言える。一九三〇年の全インドをおおう大抵抗運動の火蓋を切ったのは、イギリス政府の塩専売法を無視する塩作りの作業であった。この「塩の行進」が提案されたとき、西欧的思考に慣れた会議派の指導者たちはおどろく。「塩のようなごくありふれたものを、全国的な闘争とうまく結びつけることができなかった」（ネルー）のである。けれども暑いインドに住む民衆にとっては、塩は生活の必需品であり、塩を自分たちで作り自由に手に入れることは、彼らの日々の生活の願望であった。民衆はガンジーにならって法を犯して塩を作りはじめたばかりでなく、他の不正な法律に対しても挑戦しはじめる。塩作りは、大抵抗運動をまき起こすために、民衆のなかに投げこまれた触媒のようなものだったのであり、実際それは、民衆の「魔法の覚醒《めざめ》」（『わたしの非暴力』）をひき起こすのである。

スワデシ（国産）運動については、もはや詳説するまでもないだろう。糸紡ぎ車《チャルカ》は、ガンジー自身でさえもサッティヤーグラハの道場をつくるまで、見たことのなかったものであり、すでに農村の「屋根裏に古材同様に投げこまれていた」（『自叙伝』）ものであった。しかしチャルカの思い出は人びとの心の中に生きていた。それは「東インド会社」の支配以来、イギリス綿布によって屋根裏に追いこまれていったインドの手であり心であった。ガンジーはその手と心をよびさまそうとしたのであり、経済的利益は第二の目的にすぎなかった。チャルカは、「非暴力の象徴《シンボル》」（『わたしの非暴力』）だったのである。

いずれのばあいもガンジーは、人びとの生活のなかに深く根をおろしている思想や感情の表現ルート、それもイギリス帝国主義と西洋文化の支配に覆われていた表現のルートを掘りおこすことによって、民衆自身の自発的な行動をよびさまそうとしていた。民衆自身がみずからの力で、インドの自己浄化、すなわちインドの解放を達成することができるように、民衆がなじんできた表現の仕方を用いようとしていたのである。ガンジーは、新たな闘争を開始するにあたって、つねに「内なる声」に耳を傾けたのであるが、その「内なる声」とはインドの「もの言わぬ民衆」の声であったとも言うことができるだろう。

ガンジーは、人びととの対話をだいじにしていた。彼の新聞は、一種の対話集のようなものであった。南アフリカで発行していた『インディアン・オピニオン』から『ハリジャン』に至るまで、その編集方針は一貫している。前者についてガンジーはこう述べている。「わたしは、つねに編集者と読者との間に、親密で清潔な紐帯《ちゅうたい》をつくりあげようとした。わたしの前には、通信員の心中を吐露した通信文が山と積まれてあった。それらは筆者の気質に従って、親愛的なもの、批判的なもの、痛烈にこきおろしたものと、さまざまだった。これらの通信文を研究し、熟考し、そしてそれに回答することは、わたしにとってすばらしい教育であった。ちょうど、居留民の考えがこの通信文を伝わって、わたしに聞こえてくるようだった」(『自叙伝』)。人びとの考えを理解し、それによってみずからを教育しようとする。それはガンジーにとって、インドが表現したがっていることがらを知ることであった。人びとの心の中にあって表現されるのを待っているもの、あるいは人びとの心の中に生きている表現の仕方を知ることによって、ガンジーは、彼の発見した真実に人びともまたみずから到達できるように、彼自身の表現方法を模索した。そこに、彼のコミュニケーション原理があった。そしてその原理を貫くことによって、ガンジーは「驚くばかりよくインドを表現する」（ネルー）ことができたのであり、「ほとんどインドそのもの」になったのである。

ところで、そのようなガンジーのコミュニケーションのありかたに対して、ネルーが疑問を提出している。ガンジーは、サッティヤーグラハを始めたときから、「何を考えるにせよ、固定した基礎をもつようになった。そして彼の精神は、開放された精神といえるものでなくなった。彼は、彼に新しい示唆を与えてくれる人々に対して、最大の忍耐心と注意力とをもって耳を傾ける。しかし彼の慇懃《いんぎん》な関心の背後に、人は閉ざされた石に向かって話をもちかけるといった印象を受けた」（ネルー『自叙伝』）。

そして、タゴールもまた、同じことを別の面から取りあげて言う。「（一九二一年）帰国して私が見出したものは私を落胆させた。圧迫するような空気が国にのしかかっていた。なんとも知れぬ外部からの圧迫が、人びとをそそのかし、みんなが同じ調子で話し、同じ道を進ませるように思われた。到るところで私が耳にしたのは、理性と教養に鍵をかけなければならないということであった。盲従することと以外にはもはや何も必要でなかった。表面の自由の名において、人間の自由を粉砕することはじつに容易である」（ロマン・ロラン『マハトマ・ガンジー』宮本正清訳、みすず書房からの引用による）。

タゴールが語っているのはイギリス帝国主義の圧迫ではない。ガンジーのサッティヤーグラハ運動のことなのである。すでに述べたように、ガンジーは一人の友人が刑務所入りを嫌ったという理由だけで、何百万人の参加する反英運動を停止した。これはその友人に対する、そしてまた運動参加者全員に対する精神的圧迫として作用する。人はすべてのものを同一のものとして愛すべきであるだろう。けれども、人びとをすべて同一のもの——だれのなかにも同一の真実が遍在している——とみなし、人びとに同一の行動——自己浄化——を求めるとき、そこに精神的強制が始まる。だれのなかに真実はあっても、その真実はそれぞれ異なるのであり、この真実の相対性は、あくまで尊重されねばならないだろう。異なる真実を無視することは、自己の真実のみを「絶対の真実」に結びつけることであり、ここに精神の全体主義が始まるのである。ネルーとタゴールが見たのは、サッティヤーグラハのそのような側面であった。

ネルーもタゴールも、ガンジーのすぐれた理解者であり、ガンジーを愛し、そしてガンジーとともにインドの解放を真剣に考えていた。それだけにこの二人の批判には重みがある。それではサッティヤーグラハは、失敗した革命であったのか。ここでは性急な答えを出すことはやめて、タゴールの次のことばを結びにかえておこう。「たぶんガンジーも、仏陀やキリストが人間に悪を捨てさせるのに失敗したように失敗するだろうが、生涯を今後の時代への教訓とした人として、永遠に記憶されよう」（フィッシャー前掲書の引用による）。

「意味の拡延方向」についてのノート

本稿は、中井正一の論文「意味の拡延方向並にその悲劇性」（『美学的空間』新泉社）の一節についてのノートである。ただし哲学的ノートではなく、格好をつけていえばコミュニケーション論的ノートであり、もう少し気楽にいえば素人のはす読み的ノートということになる。一九三〇年に書かれたこんな古めかしい論文を、なぜいまさら、しかも哲学には素人である者が取りあげねばならないのか。その疑問に答えることができれば、本稿は目的を達したことになる。前段はそのための準備ノートと考えていただきたい。

少しずつ見えてきたものを言葉になおして表現してみると、その言葉がせっかく見えかけてきたものをまた隠してしまうことがよくある。その失敗を、私は昨年暮れにやってしまった。ある講座の月報に雑文を書いたのだが、雑文に徹すればよかったのに少し気取って理論ぶろうとしたのがいけなかった。失敗した文章を採録するのは気がひけるが、あとの議論に関わりがあるので、必要な部分だけをそのまま次に写しておく。

学問や思想のことばと、日常のことばとのあいだには、とりわけ日本語のばあい、橋がかかっていないといわれる。とりわけ日本語のばあいといわれるのは、ヨーロッパでは思想のことばは日常言語から精錬されてつくりだされてきたと、一般に信じられているからである。この種の見方には、日常語は個々の具体的事実に即しすぎているので次元が低く、そこから精錬されてくる専門語は、個別性を離れて、その本性であれ法則であれとにかく一般的なものを指示するだけの抽象性をかくとくしているので次元が高い、というような価値的な判断がふくまれている。けれども、そういった高低の関係、あるいは上昇と下降の関係で求められる抽象と具体のほかに、それと交叉して水平の関係にあるような抽象と具体があるのではないか。

昨年、竹内敏晴さんの本（『ことばが劈かれるとき』思想の科学社）で、つるまきさちこさんの報告を読み、たいへん考えさせられたことがあった。つるまきさんは心身障害児の女の子になんとか声を出させようとして、「隣の教室の伊藤先生のおでこにアーの声をくっつける」とか、長靴のなかに「ナガグツサーン」という声を入れるとかいう練習をする。すると、その気になれば、子供たちは隣の教室の先生のおでこに声をとどかせ、長靴のなかに入れてしまう。そのような声こそが、ことばの根源なのだと竹内敏晴さんは言い、わたしもまたそう思ったのである。

ことばが隣の教室の先生のおでこに直接とどくということ、これが水平の関係でのことばの具体性であり、そのとどく距離が遠くなり間接的になるにつれて、ことばは抽象的になると考えてみる。そのばあい、抽象的なことばについてはいうまでもなく、具体的なことばでも、その気にならなければ、あるいは竹内さんの表現では「こえを発する衝動がからだの中に動かなければ」、向こうにとどかない。その気になること、衝動がからだの中に動くことが、この関係を成立させる。そしてその関係が成立していないかぎり、上下関係にある抽象も具体も、生きたことばにならない。日常のことばであれ、学問や思想のことばであれ、活力をもたない。だから、個々の具体性から離脱し上昇した抽象的なことばを支えることができるのは、もとの個々の具体性ではなくて、むしろ水平方向に働いている抽象性の方である。いいかえれば日常語と専門語のあいだの橋は、上昇と下降の運動でかけられるのではなく、水平方向での抽象と具体の結びつきとしてかけられるのではないか。

ことばの意味の豊かさを生みだしてきたのは、この水平の関係であった。その気になることで、ことばは相手のなかに入りこみ、その相互の出会いと浸透が、新たな意味の土壌になる。意味の豊かさは、それによって指示し表現しうる領域を広げる。その広がりこそが、水平関係におけることばの抽象性であり、その意味で、日常の日本語はすぐれて抽象的であるとさえいえる。

つるまきさんの報告で少し見えてきたと思ったのは、「水平関係」や「抽象」などという言葉で表現できることではなかった。声を出すためには、その声をとどける相手をイメージでもつこと、そこにことがらの焦点があった。この「相手」は、コミュニケーション論でいう「受け手」ではない。発声練習という実際のコミュニケーションの場では、子供の発声を聞きとっている教師（つるまきさん）が「受け手」である。とすると、隣の教室の伊藤先生のおでことか長靴とかは、何か。

現実の場でのコミュニケーションは、つるまきさんと子供の間で成り立っているにしても、その発声練習の瞬間に子供の頭の中で成立しているのは、伊藤先生のおでことか長靴とかを「受け手」にしたコミュニケーションである、という風に言えないわけでもない。だがこの「受け手」は、おでこであり長靴である。それは主体になりえない客体であって、その意味では、ここに成立しているのはまったく一方交通的なコミュニケーションだということになる。一方交通的なコミュニケーションが、ことばを発させる根源だといえるのかどうか。

　現代言語学でもっとも包括的な言語伝達論を提出しているのは、ヤコブソンの理論であろう。けれどもそこで示されている六つの要因と機能を参照しても、子供が頭の中で思い浮かべるような「相手」を位置づけることはできない。ヤコブソンのいう「受信者《マドレッシー》」は、文字通り伝達を受けて行動する人である。子供が思い浮かべる観念的な「相手」は、むしろ「コンテキスト」のなかにふくまれるべきものであろうが、しかし定義によれば、「コンテキスト」は、「メッセージ」がリファーしている対象であって、「発信者《マドレッサー》」がリファーしているものではない。もっともそのばあい、ヤコブソンの定義を無視して、「メッセージ」と「発信者」を同一視してしまえば、観念的な「相手」は、それがリファーしている対象として位置づけることはできる。「相手」は、「発信者」がイメージとして立てているものであり、そしてそれは、「発信者」の態度や感情として表明されるものではなく、「メッセージ」を成立させる一つの要因として「コンテキスト」のなかにふくまれていると考えられるからである。むろん科学的にいえば、「メッセージ」と「発信者」を同一視することなど、およそ考えるにも値しない馬鹿げたことになるであろうが、しかしヒントはやはりそこにある。

　そこで思い出されるのは、時枝誠記の主客融合論である。時枝説では、言語の構成要素は三つしかない。「主体」と「場面」と「素材」である。ソシュール学や情報理論でいう「聞き手」（受け手、受信者）は、時枝説では「話し手」（送り手、発信者）と同じく「主体」になる。「場面」のなかにも「聞き手」がふくまれるが、ただしこれは「主体の志向的対象となる処の聴手であって、客観的に見られた聴手（受容者としての聴手）ではない」。他の諸説との詳しい比較はここでは避けよう。「主体の志向的対象」として「聞き手」を立てたところが、時枝説の味噌であって、これなら頭の中で思い浮かべる「相手」にぴったり見合う。時枝はこの要素論をもとにして、主体化された客体世界というすぐれた意味論を提示することになる。けれどもこの意味論の意味は、時枝自身の定義ではまだ明確でない。意味とは「素材に対する言語主体の把握の仕方」即ち「客体に対する主体の意味作用そのもの」であるという定義である。ただしこれはトートロジーではない。意味とは主体的な作用であるという点に、彼の意味論の核心があるからである。不明確だというのは、「主体の志向的対象」としての「聴手」が意味構成においてどのような役割をはたしているか――あるいはなぜ意味構成の契機になっているか――という点が、問われていないことにある。

吉本隆明は時枝説を評価して自分の言語論を立てておきながら、そのもっとも重要なところを見過してしまった。吉本の定義では、意味とは「意識の指示表出からみられた言語構造の全体の関係である」ということになっている。彼によれば言語構造は、「指示表出」と「自己表出」の二重性によって成り立っていることになっているので、意味を成立させるのは「指示表出」だけではなく、「自己表出」もからんでくる。そのからみぐあいが問題であるわけだが、その点については、吉本はたんに「指示表出」は「自己表出」にささえられているというか、あるいは対他と対自の関係として説明しているだけである。後者の説明として次の文章をあげておこう。「言語としての最小の条件をもったとき、有節音はそれを発したものにとって、自己をふくみながら自己にたいする存在となりそのことによって他にたいする存在となる。反対に、他のための存在であることによって自己にたいする存在となり、それは自己自体をはらむといってもよい」。いうまでもなくこれはマルクスの『ドイツ・

イデオロギー』のなかの有名な言葉を言いかえたものである。あとの議論に関連するので花崎皋平訳で引用しておこう。「言語とは、実践的な、他の人間たちのためにあってこそ、はじめてまた、私自身のためにある現実的な意識である。そして言語は、意識と同様、まず他の人間たちとの交通の要求、渇望からうまれたものである」。

吉本の言いかえの特徴は、マルクスの言葉のあとの部分を、「〈自己自身との交通の欲望および必要から発生した〉と言いかえても一向さしつかえない」というところにある。マルクスの言葉の解釈としては一向さしつかえないのかもしれないが、言語論としてはこれは大いにさしつかえる。吉本のように言いかえるためには、その「自己自身」がいわば「自己のなかの他者」として「交通の欲望」の対象になっていなければならない。これはすでに、その分離を可能にする意識、つまり言語の発生を前提にしている。いいかえれば「他の人間たちとの交通の要求、渇望」が言葉を生みだし、その言葉が「自己自身との交通」を可能にしたということになる。したがってこの言いかえは不可能であり、同様に「自己をふくみながら自己にたいする存在となりそのことによって他にたいする存在となる」云々という説明にも疑義が生じる。つまり言語における対他・対自の関係は「指示表出」と「自己表出」に対応せず、したがって言語をその両者の二重性として規定することも無理になる。この点についてはマルクスのテキストにもどった方がわかりやすい。マルクスはあくまで吉本のいう「指示表出」の方の表出という点を問題にしているのであって、その表出が、他の人間たちのためであると同時に、そのことによって私自身に対してもあらわれてくる意識の働きであるということ——いいかえれば言語伝達はまた意識の産出行為であるということ——に、その主張の核心がある。そしてそのことは、動物のコミュニケーションと人間のコミュニケーションの連続性と質的差異の問題として見れば、より明確に確認できよう。

動物が放つ信号は、内的または外的な刺戟に対する反応であって、たとえば皮膚の色の変化や身体の運動形態の変化としてあらわれるが、そのばあい信号の受けとりは信号形成の条件になっていない。たとえば受け手であるオスの接近がメスの信号を誘発することがあるが、これは接近が一連の刺戟を形成するということであって、その相手に信号がとどくかどうかということとは無関係に発信が行われる。ここでは〈発信体↓信号↓受信体〉という情報伝達の図式が有効である。つまり信号形成と信号解釈の方式は生理・物理的に内在化されているので、発信体と受信体は、信号を通じてのみ関係することができる。認知されるのは信号であって発信主体ではなく、それゆえにまた信号が発信主体に対してあらわれてくるということもない。他方、言語伝達を行う人間のばあい、現代言語学の説明によれば、記号形成と記号解釈は言語コードを通じて行われるということになっている。いいかえれば言語コードが与えられているから、動物のばあいと同じ〈発信者↓メッセージ↓受信者〉という伝達方式が成り立つわけだ。けれども言語コードは生理・物理的な反射連関ではなく、共同主観的なものであるといわれ、そしてまた「初に言葉ありき」でもあるまいから、この伝達方式を成り立たせるためには、言語行為を前提としない言語コードの生成といった過程が要請されてくる。ふつうこういう場合、契約とか慣習といった概念がいとも簡単にもちだされるが、このプロセスは意識の芽生えのプロセスと同じ段階にあるわけであって、契約とか慣習という文化的行為以前にある契機、あるいはそれらをふくむ文化形成を可能にした契機が知られないかぎり、そんな概念だけでは何も説明していないことになる。まだ言語コードのないところで、しかも生理・物理的な刺戟連関を越えたところで、記号を通じてのコミュニケーションが成り立つためには、すでに与えられている刺戟連関を組みかえた記号形成とそれに応じて読みかえられた記号解釈が、自他の間で同時に成立するばあいに限られよう。そしてその相互性を保証するのは、組みかえと読みかえに際して介入してくる生活の場、あるいは生活経験の同一性ないし共同性でしかないだろう。反射的な信号音が意識的な音声に転換する契機は、そこにしか求められない。木の実を発見したときの信号音が、遠隔地への移動を誘発する記号として使われるとき、これはすでに言語行為であるが、その転換が成立するためには、記号によって仲間が木の実を思い浮かべることと同時に、周辺地における木の実の欠乏という共同経験が条件になっていなければならない。従来の記号学や言語学が取りあげてきたのは、この前の方の条件だけであった。つまり集団移動を誘発する記号が、はじめの反射的な信号の記号になっているといった説明である。けれども一つの記号がそれ以前の記号の記号になるためには、あるいは別の記号に結びついてその記号になるためには、それがそれ以前または別の記号（共有されている記号）ではないことが了解されなければならない。この否定の共有こそが言語の契機であるわけだ。共同経験がその否定の共有を成立させているのであり、その否定があってはじめて、組みかえと読みかえが自他の間で同時に成立することになる。そしてこの否定という契機が、言語を対自的にする。つまり、たとえ組みかえが無意識的な、偶発的な事件であったとしても、読みかえが同時的に成立したかぎりにおいて、その瞬間に発信者においてもそれは組みかえ――読みかえをひき起こした組みかえ――として意識されうるからである。いいかえればそれは「他の人間たちのためにあってこそ、はじめてまた、私自身のためにある現実的な意識」になる。ただしそのばあい、「他の人間たち」とは、少くともこの段階においてはまだ、だれでもよい類としての人間ではなく、生活経験を共有している私の仲間たちであり、その共有を通じて私が組みかえた記号を読みとってくれる者たち――あるいは読みとってくれると私が期待することのできる他の人間たち——である。

つるまきさんの報告にもどろう。心身障害の女の子が声を発するようになったのは、隣の教室の先生のおでこや長靴を、声をとどかせる相手にしたときであった。これはたいへん象徴的である。彼女はおでこや長靴しか相手にできなかったのだ。現実に周りにいる人びとは、彼女にとっては相手にならなかった。現実の人間はすでに拒否されていたのであり、それゆえに彼女は声を失っていたのである。彼女に残されていたのは非現実的な相手、空想の世界のなかにいる相手であった。おでこや長靴は、彼女が安心して交流できる童話のなかの人物であり、いうならば彼女はそれらと心を許した間柄にあった。心を許していることが、竹内敏晴さんの表現でいえば「ことばが劈かれる」条件であった。

この話を、さきの推論に重ねてみる。相手が空想の世界の人物であるということは、現実の人間を拒否している彼女にとってはもっとも重要な条件になるが、問題の核心は、自分が安心してその相手と関係をもつことができるかどうかという点にある。だから一般的にいえば、空想上の人物であることが必要条件ではなくて、声をとどかせようとする相手が、想像的にであれ現実的にであれ、自分と同じ世界のなかに生きているかどうかという点が、言葉を発する条件になっていると考えられる。ふつうこの条件は、子供が母親との親密な関係のなかにおかれているということによってみたされている（この女の子のばあい、母親はきびしい姑におびえていて、赤ん坊との関係をふつうにもてていなかったらしい）。つまり意識的に相手を定立する必要がないわけだ。生活経験を共有している仲間たちというのも、これに見合う。自他の区別がまだ明確でない未分化な主体意識が、条件になっているわけである。その条件が何らかの原因で欠如すると、発言主体は親密な関係にある相手を自分で定立しなければならなくなる。女の子のばあいは、おでこや長靴がそれであった。私たちのコミュニケーション――つまり自他の区別が成立している個人間のコミュニケーション――のばあいはどうか。

それを問うまえに、最初に述べた観念的な「相手」と現実の「受け手」の区別、および時枝の定義――「主体の志向的対象となる処の聴手」――に、もう少し限定を加えておかねばなるまい。ふつう母親は、子供にとって主客未分化な「相手」であると同時に、情報理論でいう現実の「受け手」（受信者）でもある。「相手」である母親は、主客未分であるような関係をとることのできる他者（空想上の人物をふくむ）となら交代できる、あるいはそのような他者としか交代できないが、「受け手」である母親の方は、子供との間に成立している特定のコードが知らされているかぎり、だれでもよい他人と取り替えが可能であり、またいくらでも人数をふやしていくことができる。また前者のばあい、主客未分であるかどうか、あるいは安心できる関係であるかどうかは、主体（子供）の意向だけでは決定できない。つまりこの「相手」は、たんに「主体の志向的対象となる処の聴手」であるのではない。子供は主客未分であるから、あるいはすでに安心できる関係であるから、それを「志向的対象」にするのであって、伝達行為によって、あるいは伝達の企てのなかで、その関係をみずから恣意的に設定するのではない。つまり「相手」との関係は、何らかのかたちで主体にまえもって与えられている関係なのであり、だからこそ、それは言語を構成する要件でありうるわけだ。この関係を、吉本の「対幻想」という言葉を借りて、以下「対《つい》の関係」と呼ぶことにしよう。言語表現は、この「対の関係」と、「素材」または「コンテキスト」の関係との二重性において成り立っているのではないか。最初に引用した雑文で「水平の関係」と「上下関係」と書いたのは、その両者を指そうとしてのことであった。

一般に言語の意味は「素材」ないし「コンテキスト」（または「指示項《リファレント》」）との関係において取りあげられるか、あるいは記号相互間の関係において論じられるかのいずれかであって、「聞き手」を単なる受信者としてではなく、意味を構成する主な要素として取りあげているのは、私の知っているかぎりではさきほど述べた時枝の「場面」論と、そして中井正一の「意味の拡延方向並にその悲劇性」だけである。その論文から、意味論に関連する部分をそのまま引用しておこう。

中井は、言葉を発する相手として「自我の内面なる聴取者」と「自我の外面なる聴取者」とがあるといい、次のように書く。

> そして内なる言葉としての確信の最も深き内底に畏るべき存在として、分離されたる自我即ち「自分」が涯なき無関心性をもって黙しているのではあるまいか、という悪寒に似たる疑を惹起せしめるものがあると同時に、外なる言葉としての主張の彼方に、亦更に永遠に聴く否定者、所謂「他人」があり、言葉はこの「二つの孤独」の中に、その意味の「間」の中に立つのではあるまいか。
>
> この内なる言葉即ち思惟としての意味領域はそれは意味の充足的作用であり、対象的論理構成への方向である。これに反して、外なる言葉即ち主張としての意味領域は、意味の充足方向への、充足不充足は別として、一つの確信をそれと同一意味をもって他に確信を要求するの方向である。人が一度発言したことは如何に謙遜であってもやはり対手の承認を要求している。その場合の命題に於ける「ある」は論理的エレメントであるSとPを複合せしめる連辞ではなくして、寧ろ社会的エレメントであるAとBを複合せしめるモメントであることとなる。例えばここに嘘言の構

造を顧みれば、或人が「ＳはＰである」と確信せざる場合、しかも「ＳはＰである」と主張する場合、即ちそれが嘘言である。同一命題が、意味充足方向を指す場合と、意味拡延方向を指す場合とが発言作用と聴取作用の何れにも、その方向を異にして内在する。それが同一であるか、否か、そこに嘘言の構造がある。かかる意味で「ＳはＰである」の命題が意味の拡延方向を指すとは、それが他の人の関心に於て同方向への意味充足を予想して手渡すことである。ここに一つの例をとるとするならばラグビー球戯に於て、発言と聴取の両型態を二つの対立するチームと考え、常にゴールを志向する球を意味の志向性とするならば、競技者によってゴールに運ばるる球は即ち意味の充足作用であり、その方向と直角にパスして他の競技者に球を渡すこと、そして彼をして更にゴールに突進ましむること、そこに即ち意味の拡延方向に於ける作用がある。

私がこの箇所に注目したのは、「永遠に聴く否定者」である「他人」と、発言者に対する「聴取」者が、同じものでありながら区別されていると思われたからであった。文面は難解で、はじめて読んだときにはそこのところに思いがおよばず、何を言おうとしているのかよくわからなかったが、そのように理解してはじめて、ラグビー競技の比喩の妥当さに気づいたのである。むかいあう二つのチームが「発言」と「聴取」の両主体であり、それぞれの側における味方の競技者（パスを受ける者）が「他人」であって、それゆえこの「他人」はそれぞれのチームのなか、いいかえれば「発言」と「聴取」のそれぞれの形態のなかにふくまれている。実際のラグビーと言語行為のちがいは、後者のばあい味方の競技者（「他人」）が同時に相手のチーム（「聴手」者）でもあるというところにあるわけだが、これは比喩の限界というべきだろう。嘘の例で私の解釈を示しておこう。たとえば「Ｔ先生はハンサムである」と私自身は思ってもいないのに、「T先生はハンサムである」と主張するばあい、私がそれを嘘と思いながらあえて主張するのは、私のなかの否定者である「自分」の否定によってずるずると後退しながら、「聴く否定者」としての「他人」に言葉を手渡すことで、その否定を押し返してもらおうとしている状態であり、聞き手がそれを嘘だと思うのは、自分のなかの「聴く否定者」である「他人」が押しもどされているのを見て、その言葉を受けた自分のなかの否定者である「自分」(「分離されたる自我」)の否定によって、ふたたび押し返そうとしている状態であるということになる。もっともこれではますます話がこんがらかってくるようなので、いったん「聴取」(相手チーム)のなかでおこる状態については無視して、議論をすすめよう。前段の文脈にもどしていえば、「永遠に聴く否定者」である「他人」が、「対の関係」にある「相手」であり、チームとしての「聴取」主体が、だれでもよい「受け手」にあたる。

むろんここまではまだ、中井のいう「他人」と私が述べてきた「相手」とでは、概念の内容に開きがありすぎる。最大の問題は、「相手」が主客未分または安心できる関係であったのにたいし、中井の「他人」は、「永遠に聴く否定者」であるという点にある。このちがいは、中井論文では主客が分離した個人間のコミュニケーションが、主題とされていることに由来している。主客の分離は、ふつう個の意識の生成として語られている。分離が意識の媒介化をひきおこす——いいかえれば言語として表出される——ので、自分に対して「自分」があらわれてくるからである。吉本のいう「交通の欲望」の対象としての「自己自身」とは、この「自分」であった。けれども、主客の分離は同時にまた、未分である「相手」の他者化でもある。そしてこの他者性は、主体の意識において志向されている他者性であって、それゆえそれは中井のいう「他人」にあたる。主客未分であった「客」が分離されて、意識の志向対象としての「他人」になり、そのとき主客未分の「主」はそのまま主体としてありつづけるのではなくて、それもまた分離されて、意識の志向対象としての「自分」になるといってもよい。いずれにせよ「他人」と「自分」は、あくまで私の意識の志向対象として対等なのである。発言という意識の働きは、そのように「他人」と「自分」が「対の関係」にあることによって、成立しているといえよう。

ところで、主客未分であった発言主体とその「相手」は、否定を共有するものであった。とすれば、その主客の他者化である「自分」と「他人」が、その否定性の対象化であることも当然の帰結といえよう。「自分」が「涯なき無関心性をもって黙している」のも、「他人」が「永遠に聴く否定者」であるのも、そのもともとのありようが、与えられている記号連関の否定的契機であったからなのだ。記号連関が反射的な信号体系から言語的なコード体系にかわっても、それらが否定的契機であることにかわりはない。発言によってそこに新たな意味が生まれでようとしているかぎり、それ以前の発言の沈殿物であり形骸である体系が否定されねばならないことについてはくりかえすまでもないだろう。一つだけ例をあげておけば、中井は別の論文「気（け、き）の日本語としての変遷」で、古代から中世にかけての「気」――目には見えないがそこはかとなく存在の感じられるものとしての「気」、気配、気色など――が、仏教語の「機」との交流を通じて、近世に入ると個人の意識をあらわすようになる――「きつかひ」の「気」になる――過程を分析している。外界において何かしら存在の感じられるものと結びついていた「気」が、自分の内面において存在の感じられる意識に結びつくためには、当然のことながら前者の記号連関にあった外的世界が否定されて、内的世界に取りかえられる必要がある。この転換のプロセスは、木の実の発見信号を遠隔地への移動合図に用いる場合と同様であり、近世の日本の民衆のなかに共同経験として、個人的な意識への自覚があらわれていなければならない。その経験が、記号連関の組みえと読みかえ――否定の共有――を可能にしているわけだ。

　そしてここで強調しておかねばならないのは、その否定的契機は、発言の側において、ただたんに組みかえを成立させる契機として、「自分」にあるのではなくて、同時にまた読みかえをひきおこしうる組みかえの契機として、「他人」にもあるという点である。誤解をおそれずに言ってしまえば、理性的な言語に反撥して自己表現を求めているのは、私の感性や情念だけではなくて、「他人」の感性や情念でもあるということである。つまり、「自分」と「他人」とは経験の相互性を構成する「対の関係」として与えられているのであって、それゆえ「自分」と「他人」を意識の志向対象とすることは、経験の相互性について問いかけることでもあるわけだ。組みかえられた発言が意味をもちうるかどうかを決定するのが、この問いかけであるのはいうまでもない。時枝が「主体の志向的対象」としておきながら明確にできず、また吉本が時枝を評価しながら見落としていたのは、この「他人」の否定性だったのである。本稿で書いておきたかったのは、この点につきる。

それにしても前段で紹介した女の子のばあいと、「自分」と「他人」の否定性による発言行為とでは、まだあまりに開きがありすぎるといわれるかもしれない。その点についてはこういっておこう。おでこや長靴は、現実の人間を拒否していた彼女にとって安心して交流できる想像上の人物であった。彼女のなかで起きていたのは、現実の「聞き手」と「相手」との分裂である。中井のばあい、現実の「聴取」者と「他人」とは、同じものでありながら区別されていた。そのちがいに注目したい。中井の「他人」は、現実の「聴取」者でもあるがゆえに、否定者であらねばならず、彼女の「相手」は、現実の「聞き手」ではないために、心を許せるものであらねばならなかった。前者は、現実の世界における経験の相互性にたいする問いかけの対象として、意識が志向する否定者だからであり、後者は、「聞き手」の消滅による「相手」の不在を、母子関係に相当する原初的な共同意識によって回復するために、要請されたものだったからである。それゆえこの小さな女の子は、心を痛めた告発者である。むろん母親に対してではない。もっと一般的に、今日のコミュニケーション状況のなかで、「他人」を拒否して、与えられた記号体系に安住している幸せな文明人に対して、その告発は向けられている。

いま意味の産出が不可能であり、あるいは不毛であるのは、「他人」がグランドから消えてしまっているからである。中井が、「意味の拡延方向」における「『ある』は論理的エレメントであるSとPを複合せしめる連辞ではなくして、寧ろ社会的エレメントであるAとBを複合せしめるモメントである」と主張していたことを想起しよう。人と人とを複合せしめるモメントとして発言を構成している「他人」が、消えてしまったのである。そして、社会的なモメントとして発言が成立していることが、記号連関における意味エレメントを成立させる条件なのであって、逆ではない。これは、ラグビー競技において二つのチームがぶつかりあっていてこそ、競技者一人一人の行為に意味が生じてくるのと同様である。ゲームがあって一つ一つの動作に意味が生まれ、発言があって一つ一つの記号に意味が生じてくる。私たちはともすれば、そこのところを逆転させる。ボールを追っかけたり、パスしたり、タックルしたりする一つ一つの行為に意味があるから、ラグビーはゲームとして成立するのだと言えば、これはだれでも話が逆だというであろうが、一つ一つの記号に内包や外延という意味があり、あるいは記号間の差異によって意味の素が形成されているから、その各エレメントが集まって言語表現になり、人と人とを結びつける役割をはたすのだと言えば、これはほとんどの人がそのとおりであるというだろう。そして実際に、今日のコミュニケーション状況においては、そのような言語表現と伝達行為が通常の言語行為になっている。社会的なモメントとしての「発言」と「聴取」が、公教育とマス・メディアによって、人と人とを複合させるどころか離反させ、あるいは同じ方向に系列化させるモメントになっているからである。「発言」と「聴取」のゲームとしての性格が、私たちの社会のなかではぼやけてしまっているからだといってもよい。

ゲームとしての性格とは何か。それは敵対性か、それとも遊戯性か。中井の論文の題は「意味の拡延方向並にその悲劇性」であった。「悲劇性」というのは、人類にとっての悲劇、つまり敵対性をさすのか、それとも演劇としての悲劇、つまり関係の遊戯性をさすのか。ここから主題が変る。機会をあらためて書いてみたい。

第二章　批判的記号論
——ルソーの『言語起源論』とデリダの『グラマトロジーについて』——

はじめに

昨年私は『言語起源論』の改訳をした。七年前、白水社版『ルソー全集』に訳したものが、今回、同社版の選集にも収められることになり、全面的に見直したのだが、その作業をすすめながら、私はようやく『言語起源論』を理解したように思った。旧訳では、いくつかの誤訳もさることながら、全体にたいする読みが決定的に不足していて、訳者として恥ずかしかった。本稿は、いわばその罪滅ぼしである。

旧訳と改訳の大きな違いは、「シーニュ（signe）」の訳語を「何かのしるし」から「記号」に変更した点にあらわれている。本文で述べるように、文脈上からいえば「シーニュ」は、たいていのばあい「しるし」と訳すほうが適切である。とうぜん「記号」と訳せば、そこに何ほどかの違和感が生じる。その違和感は、むろんフランス語と日本語の違いから派生することでもあるが、それ以上に、「しるし」こそ「記号」だというルソー独自の考えに、根ざしてもいる。訳語の問題である以上に、思想の問題であり、それゆえ改稿ではできるかぎり「記号」で通すことにした。

「しるし」こそ「記号」だという考えは、いいかえれば、「記号」は「記号（しるし）」ではないという考えにもなる。これはわかりにくい言いまわしだ。ところが、本文で述べるように実際に『言語起源論』のなかにそれに類する表現があって、そこに「記号」に対するルソーの批判がこめられているようなのである。本稿の目的は、その「記号」批判を論理的に明らかにしてみることにある。

ルソーの批判は、もちろん一八世紀の記号論に向けられている。一八世紀の記号論は、簡単にいってしまえば、記号と、それによって指示されているものとの非連続性（いわゆる記号の「恣意性」）を基本にしている。その観点から、いわゆる言霊論が否定されたわけだ。それに対して、今世紀の記号論は、記号相互間の関係性（いわゆる「示差性」）を基本にし、その観点にもとづいて、いわゆる記号的世界の物神化が、批判の対象にすえられている。したがって現代の記号論からみれば、ルソーの批判は、すでに古くなった近代的観点に向けられているのであって、問題とするに足りないことになる。

実際ルソーには、とうぜんのことながら、関係の物神化に対する理論的な批判は、見られない。けれども、記号相互間の関係性という現代記号論の原理そのものに対しては、十分論議に値する批判的視点がある。この原理に立つ記号論のアポリアは、記号の生成と変動の動機を説明することができない、あるいは生成と変動の動機を記号活動そのものに求めることができない点にある。そしてルソーの『言語起源論』は、なによりもまず記号の生成と変動を、問題関心としている。いささか古ぼけた『言語起源論』をあえてここで取りあげるのは、それゆえである。

『言語起源論』を現代的観点から取りあげたものとしては、J・デリダの『グラマトロジーについて』がある。デリダは、記号の始源にすでに「エクリチュール（文字、書きこみ）」があるという考えを示すことで、音声言語に無批判に依存してきたヨーロッパ思想を、「音声論理主義」として告発しているが、彼によればルソーは、「音声論理主義」の枠組みのなかにありながら、みずからは意識せずに、その枠組みをのりこえる視点を示していることになる。そこで、本稿の第Ⅱ部では、デリダの説を検討するとともに、現代思想にとって、ルソーの問題関心がどのような意味をもちうるかを、あらためて考えてみる。

文中の引用・参考文献と指定の仕方は、以下の通りである。

一、『言語起源論』については、Charles Porset 校訂のテキスト（A.G.Nizet,Paris,1968）により、ここからの引用は、ポルセの校訂に関する部分のみ、（P 000）と指定。本文については拙訳（白水社版選集6）により、（T 000）と指定。

一、『言語起源論』以外の著作については、プレイアード版全集を参考にし、引用は、白水社版『ルソー選集』により、（SX 000）と指定。選集にない場合は、同社版『ルソー全集』により、（ZX 000）と指定。X にあたる部分は巻数。

一、『グラマトロジーについて』については、足立和浩訳（現代思潮社）を参考にし、引用は Jacques Derrida,De la grammatologie,Ed.de Minuit,1967 により、（D 000）と指定。

一、文中に出てくる古典の文献については、すべて拙訳の注に明記してあるので、ここでは省略する。

一、参考文献については、『コミュニケーション物語』（人文書院、一九八六）ですでに述べた事柄については（K 000）と指定し、それ以外についてのみ別に注記する。

I 『言語起源論』の分析

1 『言語起源論』の成立事情とルソーの視点

(1) 音楽論との関係

『言語起源論』は、完成された著作ではない。出版されたのは死後三年目で、原稿はいちおう清書されていたが、章の構成は不揃いのままである。それでもルソーはそのままの状態での出版を考え、一七六三年には、この作品と『演劇的模倣』と『エフライムのレヴィ人』を一冊にまとめて刊行するつもりで、その本の序文を書きかけていた。下書きに次のような文章がある。

第二の小品(『言語起源論』)も、はじめは『不平等論』の断片にすぎなかったが、あまりに長すぎるし、場ちがいでもあったので、そこから削除しておいたものである。音楽に関するラモー氏の誤り——これは、それを表題とする作品によって(省略した二語をのぞけば)完全に満たされるタイトルである——がはっきりしたとき、私はそれをあらためて取りあげた。けれども一つの言語しか知らないのに、諸言語について論ずるのは滑稽で、とまどいがあったし、この小品にあまり満足できないという気持ちもあり、読者の注意をひくにたりないものとして、見捨てる決心をしていたのだが、知識を修めその保護者でもある一司法官が、私よりも好意的に評価してくれた。（P 011）

文中の挿入部分（「これは……タイトルである」）は、あとから付け加えられたもので、ヴァリアントもあり、意味がとりにくい。ラモーは当時の一流の作曲家、音楽理論家であり、ルソーはそのラモーに対して、すでに『百科全書』の音楽の項目を執筆したときから批判を加え、ラモーもそれに対して、くり返し匿名でルソーへの反批判を公刊していた。一七六一年のマルゼルブあてのルソーの手紙には、「ラモーが卑劣にも私を悩ませつづけ、私にはまったくその気のない直接の返答を、首尾よく私からひきだそうと目論んでいる」（P 009）と書かれていて、両者の対立のはげしさと根深さがよくわかる。そんな関係のなかで、ルソーはラモーに反撃するために『言語起源論』を公刊したがっていた。しかも音楽論で「直接の返答」をするのではなく、言語の起源を論じた本のなかにラモー批判を含ませることで、いわばからめ手からラモーを攻めようとしていたことになる。

そのあたりの事実関係に深入りするのは、本稿の目的ではない。ここでは『言語起源論』が、ラモー批判と密接に結びついている点さえおさえておけば、それで十分である。実際に『言語起源論』の約三分の一は音楽論であり、副題には「あわせて旋律と音楽的写生について論ず」と明示されている。また、その音楽論のなかには、絵画との比較論も含まれていて、言語論として読めば、やはり話が横道にそれた感じがいなめない。

一般に、一八世紀の思想家は、今日風にいえばきわめて学際的であるから、言語論のなかに音楽論や絵画論があっても別におかしくはない。けれども、ラモーという当代一流の音楽家による批判に対して、音楽ではなく言語を主題にした論文でもって答えるのは、いささか異常である。ルソーは異常な性格だから、それでよしとしていたといえないわけではないが、そういうのであれば、もう一歩進めて、ルソーは異常な思想家だから、それでよしとしていたというほうが、より事実に近くなるのではないか。

ルソーにとっては、言語と音楽と絵画を一つにたばねて論ずることが、思想的に必然のことであり、一つにたばねること自体が、ラモーへの反論であったのかもしれない。音楽論は、音楽論のなかでのみ、その主張の当否が問われることではなく、言語とも絵画ともあわせて論じられてこそ、その当否が明らかになる。そんなふうにルソーは考えていたのではないか。もしそうであれば、言語も音楽も絵画も文化的な記号表現であるのだから、ルソーの考えは、すでに一つの文化記号論的な立場を表明するものであったかもしれないことになる。これは、あらためての検討に十分値する問題であろう。

(2)『人間不平等起源論』との関係

序文の下書きにはまた、『言語起源論』は、「はじめは『不平等論』の断片にすぎなかったが、あまりに長すぎるし、場ちがいでもあったので、そこから削除しておいたものである」とあった。『不平等論』の執筆当時は、ラモーとの関係はまだ表立って悪化していないから、はじめのうち『言語起源論』は、音楽論とは直接的な結びつきをもたないまま、かたちをもちはじめていたにちがいない。そのかわりそれは、「不平等の起源」という社会科学的なテーマに結びついていた。

そこまでは、ルソーの言明ではっきりしているのだが、それではどのように結びついていたかという点になると、研究者のあいだで意見がわかれる。

「はじめは『不平等論』の断片にすぎなかった」という下書きの表現は、二様にとれる。つまり、『不平等論』の全体がほぼ完成してから「断片」が書かれたとも、それよりもっと早く、発想か粗書きの段階で、すでに書かれていたとも考えられるわけだ。前者の考えでは、『言語起源論』は『不平等論』と同様、ルソーの思想が成熟してからの作品になり、後者の考えでは、逆にまだ未成熟の頃に書かれたことになる。

後者の考えで、いちばん新しいものとして、スタロバンスキーの説をあげることができる。彼によれば、ルソー思想の基本概念である「憐れみ」についての記述が、『不平等論』以降と『言語起源論』とではちがっている。「憐れみ」は「あらゆる反省作用に先立つ」人間自然の美徳であるというのが、『不平等論』以降のルソーの決定的な考え方である。ところが『言語起源論』では、ルソーは自然状態において「非反省的な同情が躍動する可能性を認めておらず、むしろ万人の万人に対する戦いといったホッブズ的な思想を支持している」(P 018) というのである。

この点は、あとで何回か問題として取りあげるので、とりあえずここでルソーの文章をそのまま引用しておこう。「初めの頃、地表に散在していた人間たちには、家族のほかに社会はなく、自然のほかに法はなく、身ぶりと若干の未分化な音のほかに、言語はなかった。彼らは共有されたいかなる友愛観念によっても結ばれていず、また力のほかにどんな調停者もいなかったので、たがいに相手を敵だと思っていた。そんなふうに思いこんでしまったのは、彼らの弱さと無知のせいであった。何も知らなかったので、彼らはすべてを恐れ、自分を守るために攻撃した。人類の運命のままに地上にひとりほうりだされていた人間は、狂暴な動物であらざるをえなかったのだ」(T 163)。この文章をふつうに読めば、だれでもスタロバンスキーの説に同意するだろう。

ところがそのスタロバンスキー説に対して、デリダが詳細な反論を提出している。彼の議論はたいへん細かい点にまでおよぶので、あとでゆっくり取りあげることにしよう。ここでは、スタロバンスキーのいうホッブズ的な表現は、デリダによれば、そのままで自然状態についてのルソーの基本思想をあらわすものになる、という点だけを言っておけばよい。つまり「狂暴な動物であらざるをえなかった」人間が、同時にまた「憐れみ」の感情をもつ存在でもあり、そうであるからこそ人間は社会形成へ向かうことになる。それがルソーの基本思想だとデリダはいうのである。

両者の説のどちらが正しいかという議論は、いまのところ必要ではない。スタロバンスキーの説をとるにしても、デリダの説をとるにしても、ルソーは単純な性善説の思想家ではなく、その思想のなかにホッブズ的なテーマをかかえていたことになる。とすれば、社会形成について考えていくさい、「たがいに相手を敵だと思って」いる者たちがどうして結びつくかという問題に、なんらかのかたちで答えざるをえなくなる。その点が、ここでは重要だ。たがいに敵である者どうしが結びつくとき、必要なのは両者を媒介するコミュニケーション手段であり、とうぜんそこに言語起源の問題がからんでくるからである。

実際に『言語起源論』のなかで言語の発達は、つねに社会状態との関連のもとにとらえられているし、また結びの章は「言語と政体との関係」と題されている。言語に関するルソーの問題関心のなかに政治があったことは明白であり、あるいは言語と政治との関係を明らかにすることが、『言語起源論』の目的であったともいえそうである。

『言語起源論』は文化記号論であると同時に、社会記号論でもあり、あるいは政治記号論といってもよいような側面がふくまれている。以下、それぞれの面を『言語起源論』に即して具体的に明らかにし、そのうえで両面の関連を考えてみたい。

2　文化記号論の視点

(1)　非言語記号・その1「動作」

①人間的記号活動の始まり

『言語起源論』が文化起源論でもあるといえるのは、音楽と絵画という芸術的な非言語記号がテーマになっているからだけではない。ルソーの関心は、身ぶりや動作などの日常的な非言語記号にも向けられている。しかもそれは、人間の記号活動の始まりについて述べられているところ（第一章）で、言及される。まずその部分を引用してみよう。

ある人間が他の人間に、自分が感じ考える存在で、その人の同類だと認められると、すぐに感情や考えをその人に伝えてみたいという願望や欲求が起こり、自分でその手段を求めることになった。この手段は、感覚からしかひきだすことができない。……そこで、思考を表現するための感覚記号が確立されてくる。……私達が他人の感覚に働きかける普通の手段は、二つに限られる。すなわち動作と声である。動作のばあい、触れることでは直接的に、身ぶりでは間接的に作用する。前者は腕の長さが限界だから、離れていては伝えられないが、後者は視線のとどくかぎり遠くまで送ることができる。かくして視覚と聴覚だけが、散在している人間どうしの言語の受容器官として、残ったのである。(T 137)

引用のはじめのところは、意味がとりにくい。字義通りにとると、伝達の欲求よりも、「感じ考える存在」であることが先行しているように受けとれる。だが、「感じ考える存在」であるためには、なんらかの記号活動(伝達行為)が条件として必要だともいえるので、この文はナンセンスということにもなりかねないが、そういった議論は、卵が先か、にわとりが先かというのと同じであろう。もちろんそれでは、文意を汲みそこねる。

この文の重点は、「ある人間が他の人間に……その人の同類だと認められると……すぐに……その人に伝えてみたいという願望や欲求が起こり……」という叙述にある。他の人間に同類だと認められること、そこがポイントだ。そのことが、自然状態のなかにありながら、動物的な伝達とはちがう人間どうしの伝達の欲求がおこる契機になっている。

一般に、記号活動について考えるばあい、まず記号の性質や働きが、記号相互間の関係において問題にされ、そのうえで記号活動を行なう人間が、記号の送り手と受け手の関係において取りあげられる。けれどもここでは、まず人間と人間の同類としての出会いが条件になっていて、そのうえでの相互関係として記号活動が問題にされる。これは単に、記号活動を現在形で問題にするばあいと、起源において問題にするばあいとの違いであるだけではなく、人間の記号活動についての認識の相違に関わっている。

記号相互間の関係から始めれば、その関係は、初めから人間と自然とを遮断するものとして現われる。人間相互間の関係から始めれば、記号は、むしろ人間と自然を深く結ぶものとして現われる。そのちがいは大きい。もちろんこの問題は、本稿全体のテーマに関連しているので、やがて少しづつ明らかにされていくはずである。

引用文に見られるもう一つの特徴は、「動作」と「声」が、伝達の手段として、対等に並べて挙げられている点にある。

現在、非言語記号について考えるばあい、ふつう「動作」は言語行為の補助手段、ないし代替手段として取り扱われている。けれどもここでは、補助（代替）手段としての動作は、少しあとで「現代の身ぶり」の例として言及されていて（「話をしながら身ぶりをするのはヨーロッパ人だけである」）、本来の動作（「パントマイム」）とは明確に区別されている。

「動作」記号は、二つの角度から評価されている。まず「声」との比較において、「動作」の形態的な表現力が、高く評価される。「耳よりも目のほうにたくさんの事物が訴えてくるし、音よりも形のほうがはるかに多様だからである。形はまた、より表現力に富み、短い時間でより多くのことを言い表わす」（T 138）。この角度から、以下の文化的な「動作」記号論が展開される。

もう一つは、動物との比較において、「動作」記号を評価する視点である。「動作」記号は、動物にも認められる。動物はそれによって社会を形成し、「共同で働き、生活している」。同様に、人間も「動作」記号だけで、「完全に理解しあうことが、十分できていただろう。そしていま現にあるのとほとんど変わらない社会をつくりだしていたであろうし、あるいはその社会のほうが、目的によりかなった方向に進んでいたかもしれない。法律を制定し、首長を選び、技術を産み、交易をはじめ、要するにいま私達が言葉にたよって行なっているのとほとんど同じことをしていたであろう」（T 141）とルソーはいう。普通では考えられない可能性だが、考えられないというところに、むしろルソーの独自な視点が隠されているようでもある。この点については、次章の社会的記号論のところで考えることにする。

以上の二点——人と人との出会いにおいて記号を見る視点、「動作」を「声」と同様評価する視点——は重要である。これまでルソーの言語論については、理性的言語よりも情熱的言語を賛美したという点のみが、評価され、あるいは批判の対象にされてきた。私自身もその見方であった。しかし彼の主張の出発点には、以上の二点がある。その出発点との関連を明確にしないかぎり、ルソーのいう情熱的言語を、正当に評価することも批判することもできないだろう。以下、分析の目的をその点にしぼり、「動作」記号について述べられていることがらに深く立ちいって、検討をすすめてみたい。

②「動作」記号の事例

「動作」記号の表現力を、ルソーは古代の例に求める。本文にしたがってその記号活動をまず列挙してみよう（以下の例には事物もふくまれるが、いずれも動作の手段と見ることができるので、ここではそれぞれを一つの「動作」記号とみなすことにする）。

（a）若い娘が恋人の影を土の上に細い棒で描く。

（b）ローマ皇帝が道端のけしのなかで、ひときわ高く育っているものの頭を打ち落とす。

（c）アレクサンドロスが寵臣の口に封印を押す。
（d）ディオゲネスがゼノンの前を歩く。
（e）遊牧民がペルシャ王ダレイオスに「一匹の蛙、一羽の鳥、一匹のねずみと、五本の矢」を贈る。
（f）エフライムのレヴィ人が妻の死体を十二の部分にわけて、イスラエルの仲間（十二支族）に送る。
（g）サウル王が牛を引き裂いて仲間に送る。
（h）アテナイの弁護士が、陪審員の前で遊女に着物の前をはだけさせる。

現代の私達には、これだけでは何を意味しているのかよくわからないが、いずれも古代史（『旧約聖書』、ヘロドトス『歴史』、プルタルコス『英雄伝』など）に出てくる話であり、一八世紀の知識人にはよく知られていることであっただろう。いいかえれば『言語起源論』の読者には、いずれも意味の明瞭な、表現性に富む記号活動として、ただちに了解されるような事例であったはずである。このばあいには、書き手と読み手のあいだに共有されている教養が、記号解読のコードになっているわけだ。

けれども、それぞれの事例が発生した時点においては（実際にあったことかフィクションであるかは、ここでは問題ではない）、当然まだそのようなコードはなく、別のコードが働いていたと考えなければならない。そして、その発生時のコードは、かならずしも明瞭なかたちで、送り手・受け手間で共有されていたとはかぎらない。

まず（a）のばあい、ルソーの文では恋人が記号の受け手になっているが、出典によれば、父も受け手である。恋人も父も、娘のおかれている状況と彼女の想いをよく知っていたので、描かれた影から、娘の気持ちを明瞭に読みとることができた。けれども、受け手が娘となんの関係もなければ、あるいは恋人や父が無情であれば、それはただの男の影にすぎず、それ以上なんの意味も待たなかっただろう。ここでは親身であることが、記号の意味を了解する条件になっている。

（b）の「高く育ったけし」は、植物の生育状態と人間の社会的関係（有力者と普通人の関係）が、類比されることで意味をもち（有力者は倒されねばならない）、（c）のばあいは、公的に「封印」のもっている意味が、私的な行為に転用されている（その件について口を開くな）。どちらのばあいも、その類比と転用が受け手の側でも起こりえたので、意味が明瞭に通じたとみなすことができる。もし受け手の社会的条件のなかに、類比や転用を引きおこす要素（社会的役割、教養など）がなければ、「けし」も「封印」も意味をもちえなかったであろう。

（d）の例は特殊である。ディオゲネスの「歩く」動作が、明瞭な意味をもつためには、ゼノンの論理（アキレウスは亀を追い越せない）を知っている必要があり、哲学の知識が記号解読の条件になっている。

（e）のばあい、ルソーは、この記号は「ただちに理解され、ダレイオスは大急ぎで帰国の途につくしかなかった」と書いているけれど、ヘロドトスの『歴史』によれば、贈り物の意味をダレイオスは初めのうち理解できず、評議が重ねられたことになっている。のちになって彼は、一人の重臣の解釈（「鳥となって天に舞い上がるか、鼠となって地中に潜るか、さてはまた蛙となって湖中に跳びこむかせぬかぎり、必ずやこの矢に当たり、無事帰国することはかなうまい」）を正しいと判断し、退却する。したがってこの例は、送り手側のコードが受け手側に共有されておらず、ただ経験の深い

〈相手の文化に多少とも通じていた〉重臣にのみ、解読可能な記号表現であったということができる。

（g）のばあい、ルソーは無視しているが、『旧約』の記述には、送り手の側からの言葉による説明がある（「だれでもサウルのあとにしたがって出陣しない者は、その牛がこのようにされるであろう」）。「引き裂かれた牛」は、それ自体で受け手に強い反応を引きおこすが、それだけでは意味は不明瞭である。

（f）と（h）も、同様に「女の切断された死体」や「遊女のあらわにされた乳房」が、それ自体で直接的に受け手の反応を引きおこしている。けれどもこのばあいは、どちらも言葉による説明がなくても、それだけで意味が明瞭に受けとられる。「切断された人間の死体」を見れば、ふつう人間ならだれでも残酷だと感じるだろう。感情的反応が、すでに一定の意味を形成しているわけだ。「あらわにされた女性の乳房」を見れば、ふつう男性ならたいてい性的反応を引きおこし、同時に美しいとか触りたいとか思うだろう。感情的反応と性的反応は、人間（あるいは男性）にとって自然なことであるけれども、事例は自然的記号ではない。〈人間にとって自然〉ということのなかに、すでに人為的に意味を形成する要素が含まれている。この点については、あとでもう少し詳しく考えよう。

以上のように、例にあげられている「動作」記号は、（f）と（h）を除いて、だれでも簡単に了解できるようなものではない。意味が明瞭に現われるのは、受け手が送り手と特定の関係にあるばあいか、言葉による説明が付加されたときにかぎられる。にもかかわらず、それらはいずれも表現力に富む。どうしてなのか。

③「動作」記号の表現性

たとえば「高く育ったけし」は、自然の風景のなかでよく目立ち、育ち過ぎとか、実りの早さとかを意味している。ただし風景であるかぎり、それはただそれだけのことで、自然の在りかたの一部として意味づけられているだけである。けれども、領地支配のことを念頭においている当事者のあいだで、その頭部が打ち落とされると、その瞬間、育ち過ぎて目立っていることが強調され、打ち落とされねばならないものとして、あらためて意味づけられる。この新たな意味づけは、風景そのものに由来しているわけではない。領地支配のことを念頭においていることが、新しい意味の発生源になっているわけだ。

そのばあい、送り手（ローマ皇帝）にとって、けしの頭を打ち落とすことは、たぶんその場でのちょっとした思いつきであっただろう。ただの思いつきだから、関係のない者には、その行為は理解しにくい。関係が深ければ（領地支配のことが念頭にあれば）、意味は一瞬で明瞭に浮かびあがる。風景のなかでの一定の記号が、その場には不在の対象を思い浮かばせる特別な記号に、転化する。この一瞬の転化が、記号の表現力の源である。いまや「高く育ったけし」は、風景のなかで以上に、多くのことがらを語っている。

ほぼ同じようなことが、事例の記号活動すべてについていえる。日常生活のなかでごく普通に見られる行為（または動物、事物）が、送り手のその場での思いつきを通して、それまでになかった新しい意味をになう。もとの行為（または動物、事物）は、日常的、社会的に一定の意味をもっていて、それはそれで一般的に記号として通用している。送り手のその場での思いつきが、その一般的な記号を、特別な記号に転化させるわけだ。

思いつきだから、送り手にとってその行為は、その場かぎりのことであるとはいえ、ひとつの創造的な行為である。とりわけ（a）の事例は、示唆的である。出典によれば、描かれた恋人の横顔は「造形芸術の最初の作品」であった。描き手である娘は、もちろん芸術作品を作ろうとしていたわけではない。彼女は思いあまって、恋人の横顔を自分のもとに残そうとしただけである。その線描を見た父親が、彼女の心情をあわれと思ったのであろう。線描の上に粘土を押しあて、浮彫りを作った。父親の行為がなければ、その線描はやがてすぐに土の上から消えてしまったであろうけれど、逆にまた、娘の行為がなければ、粘土の浮彫りも残らなかったであろう。娘の想いあまっての行為が、「造形芸術」の源泉にある。

事例の「動作」記号が、当事者間でのみ明瞭であるのは、その行為のなかに創造的な要素が含まれているからだと考えられる。いずれもその場で思いつかれた一回かぎりの表現行為であり、表現されたものは、わかる者にはわかるといった特性をもつ。送り手（表現者）の心のなかで起こったことを、その場かぎりとはいえ、受け手（享受者）の側でも積極的に追経験するわけだ。この追経験は想像的行為であり、その想像力の働きが、記号の表現力の内実である。

したがって、動作記号の表現性は、送り手と受け手の出会いであるということもできる。娘と父親は、親身である。ただし親身であることと親子関係にあることとは、かならずしも同じではない。親子関係は制度的であるが、親身であるためには、心と心が出会わねばならない。娘の心情をあわれと思う父の心の動きが、一つの出会いである。あわれと思うことが、想像力による自己転移であることについては、あらためて問題にされるだろう。いまのばあい、その自己転移は、線描を媒介にしている。

（b）については繰りかえすまでもないだろう。同様に、（c）は「寵臣」であること、（d）は知識を共有していること、（f）（g）は怒りを共にできる仲間であること、そして（h）では、陪審員が男であること、男はだれでもエッチであることが、それぞれの記号表現を通じて確認される。（e）のばあいは少しちがって、送り手と受け手が敵対関係にあるけれど、記号が了解される時点では、受け手は送り手の文化を共有する者であり、その次元で敵と仲間関係にあるということができる。要するに、なんらかの意味で送り手と受け手が「同類」であり、記号を媒介にして出会えることが、記号の表現性の条件になっているわけだ。

ここで①で引用した文を、もう一度思いだしてみよう。「ある人間が他の人間に……その人の同類だと認められると……すぐに……その人に伝えてみたいという願望や欲求が起こり……」。人間的記号の発生と、「動作」記号の表現性とは、どうやら無関係ではないらしい。この文では、送り手が受け手に同類だと認められることが、記号表現を生みだす条件であるように読める。事例のばあいは、受け手が送り手と同類であることが、記号を明瞭に了解できる条件であった。これは記号活動を送り手と受け手のどちらから見ているかの違いであって、実質的には同じことだと考えてよい。受け手が送り手と同類であることが、送り手にとっては、受け手に同類だと認められることになるのだから。

そういった意味での「同類」どうしの記号活動と、もっぱらコードにもとづいて行なわれる記号活動とは、異質である。次にその点をはっきりさせておこう。

④「動作」記号とコード

ルソーは、「動作」記号（「身ぶりの言語」）と「声の言語」を比較して、「どちらも自然に生まれたものではあるが、前者のほうがより簡単であり、約束事によるところが少ない」（T 138）という。

「少ない」のであって、「約束事」がないわけではない。また動物の言語は「身ぶり」であって、「目に訴える」点では人間の「動作」記号と似ているが、「自然のままのものであり、それゆえ習得されるのではない」（T 143）という。ルソーの考えを現代風にいいなおせば、次のようになる。

まず、言語記号はコード（「約束事」）に大きく依存する。これは人間だけのもので、動物界にはない。非言語記号は、動物と人間に共通しているが、人間の非言語記号のなかには、動物言語とは異なるコードが含まれている。このコードと、言語記号のコードとが同じ性質のものであるかどうかは、ルソーの文面でははっきりしない（コードへの依存度が非言語記号のほうが小さいという点だけで区別されている）。動物の非言語記号には、その種のコードはないが、「自然のまま」コードはある（「自然の言語を語る動物は、生まれたときからその言語を所有し、また種全部が、どこでも同一の言語をもっている」（T 143））。以下それを〈自然的コード〉と呼ぶことにしよう。

動物の非言語記号は〈自然的コード〉に依存しているので、つねに明示的である。人間の言語記号もコードに大きく依存していて明示的である。人間の非言語記号は、いわばその中間にあって、当事者間でのみ明示的であることになる。当事者間でのみ働くコードとは何か。

まず（f）と（h）のばあいから考えていこう。事例では、死体を切断したり、乳房をあらわにしたりする「動作」が記号活動の主役であるが、死者そのもの、女性の裸体そのものも、すでに記号である。死者は、放置されているだけで、見る者にしのびがたいという感情を引き起こし、裸の女は、程度の差はあれ、男たちに性的な反応を引き起こす。いずれも〈人間にとって自然〉な反応である。

この〈自然〉な反応は、動物の記号行動（生得的な誘発信号に対する反応）とは、次元が異なる。女性の裸体（とりわけその第二次性徴）に示される関心は、人間がその社会生活の始まりにおいて開発したものであり、その関心とともに、発情期の誘発信号による乱交が、一対の個体間における時期を問わない関係行為に変わる(K 039)。この関係行為を支えているのは、芽生えたばかりの社会的な意識である。簡単にいえば、メスに対するオスの反応が、家族を形成しつつある意識によって規制されるようになるわけだ。もちろん性衝動そのものは相手を選ばないので、この衝動は社会的意識のもとで、禁止あるいは抑圧の対象になる。禁止、抑圧があるにもかかわらず、男は裸の女に対して性的に反応する。これが〈人間にとって自然〉ということの中味である。

いうまでもなく禁止は、コード(法)である。神も立法者もいない「法」だから、これは、相互行為のなかで各人の意識のなかに書きこまれてきたものとみなしていい。したがって記号活動のコードでもあるが、いまのばあいこのコードは、それだけで裸の女を意味づけているとはいえない。逆に、禁止するコードにもかかわらず、〈人間にとって自然〉な反応は、男たちの身体のなかでおこる。

事例の「乳房をあらわにする」行為は、男たちにその反応をおこさせることを意識的に狙った記号活動である。もちろん性衝動がそこでそのまま解放されるわけではないから、男たちの身体的反応は、関心の強さとしてしか現われない。禁止するコードと、にもかかわらず反応する身体、その相克(といっても、要するに助平な気持ちになること)が、事例の「動作」記号の意味を形成している。禁止するコードは、いわば意味形成のための否定的契機であり、そして、それを否定的契機として反応が現われてくるプロセスが、ここでの記号活動のコードであるということができる。とうぜんこのコードは、各人によって変異し、コードとしては不安定である。

「死体」のばあい、人類の初期の段階で、埋葬と食人がほぼ並行して現われており、どちらも共同体の集団的な危機を乗り越えるための行為であったと考えられる(K 076)。どちらの行為においても、死者が記号として、共同体の意識を強める意味をになっているわけだ。死者を放置することは、共同体的意識に対する侵犯行為であり、禁じられる。これもコード（法）である。ただし共同体のコードだから、その成員の死者以外の死体に対しては、このコードは及ばず、放置される。共同体がやがて国家へ、あるいは人類へと拡大されるにつれて、とうぜんこのコードの及ぶ範囲も広がるが、他方ではコードの及ばない人種の死体に対して、平気で凌辱さえ加えられる。それが、死体に対する〈人間にとって自然〉な反応である。

事例の「死体を切断する」行為は、このコードに対する意識的な侵犯である。その行為は共同体の成員以外の者（敵、あるいは非人間）による加害を暗示する。事例のばあい切断したのは同族の者であるが、「切断された死体」を見る仲間にとっては、暗示された加害が、この記号の意味になる。ここでも禁止するコードが、「動作」記号の意味を形成する否定的契機になっている。

以上の二つの「動作」記号が表現性に富むのは、コード（法）を否定的契機にしてしまう積極性が、当事者それぞれのなかで強く現われるからである。前者（h）の条件は、制度のなかに閉じこめられた男たち（弁護士、陪審員）にあり、後者（f）の条件は、敵にかこまれている民族（イスラエルの民）にある。つまり前者のばあいは抑圧からの解放願望が、後者のばあいは強迫的な危機感が、積極性の内実である。

禁止するコードは、それ自体として発達する。死体の埋葬と女性裸像（「ヴィーナス」像）は、人類最初の文化といわれているが、記号論的にいえば、いずれも禁止するコードにもとづくシンボル表現である。この種のコードは、広く一般的に習俗や慣習法として、社会生活を規制しつづける。以下それを〈習俗的コード〉と呼んでおくことにしよう。

他方、事例の記号活動のコードは、禁止するコードを否定的契機にしてしまう積極性が各人のなかに現われてくるプロセスそのものであるので、不安定であり、それ自体として発達することはない。ただし、同じような条件があり、同じような積極性が働けば、この種の記号活動は再現されうる（祭り、あるいは劇場でのストリップ、戦死者への凌辱行為の報道など）。以下そういった特殊なコードを〈限界的コード〉と呼ぶことにしよう。

（e）の「蛙、鳥、ねずみ、矢」のばあいは、それぞれの形態と指示項《リファレント》の結びつき（蛙↓水にとびこむ、鳥↓空をとぶ、ねずみ↓地にもぐる、矢↓死ぬ）が、日常的な風景や出来事としての意味連関から切り離され、あらためて相互に関連づけられることで、新しい意味をになうようになったものと考えられる。一般的にいえば、それはレヴィ＝ストロースのいう「野性の思考」に現われてくるような記号活動である。

「野性の思考」は、自分たち自身と自分たちをとりまく世界についての思考であるから、一つ一つの記号表現（動物、事物）は、思考された世界全体のなかでたがいに関連づけられている。そのような関連のありかたが、このばあいのコードである。そこでは動物や事物が、一つずつはじめから比喩（人間である「蛙」）として与えられているのではなく、一つ一つの記号は日常的な風景や出来事のなかでの結びつきをそのまま保ちながら、全体として人間的世界の寓意になるように関連づけられている。だから、その全体的な寓意のありかたがコードであるといってもいい。そのような全体のなかから、時と場合に応じて、たとえば事例のような記号表現が取りだされて、社会的なコミュニケーション行為のなかで比喩として活用される。

起源的にいえば、動物の種類を人間社会の分類に当てはめる例が、クロマニヨン人の洞窟絵画に見られるから（K 092）、この種の記号活動は、埋葬や生殖呪術に次いで古いものとみなすことができるだろう。この種のコード形成には、共同体の長老や呪術師が指導的な役割をはたしていたと推定できる。ただしそのばあい、長老や呪術師は共同体の意志を一身に集めているので、ルソー風にいえば彼らは「一般意志」の体現者である。いいかえれば「一般意志」の主体としての能動性と成員としての受動性が、集団のなかにあり、それがコード形成の条件になっている。そのようなコードのもとで、やがて神話が成立してくるので、以下それを〈神話的コード〉と呼ぶことにしよう。

事例のばあい、記号表現の受け手は、そのコードを共有していない異民族の人間である。ダレイオスは、始めのうち一つ一つの記号を切り離し、自分のコードに従って、表現全体を敵（スキタイ族）の降伏の意思表示と受けとっている。それなりに筋は通るけれど、自信が持てない。やがて重臣の解釈のほうが、敵の別の行動によって裏書きされる。ダレイオスがそこで重臣の解釈に従う決心をするのは、その裏書きによって彼にも相手の神話的コードが見えたからである。そのコードは共同体の「一般意志」、このばあいは敵の集団的な意志結集のあらわれであり、だからダレイオスは恐怖を感じる。

そのばあい記号表現の受け手としてのダレイオスは、自分たちの神話的コードではなく、敵の神話的コードに服従している。彼の内部で思考を秩序づけていたコードが、たとえその場かぎりとはいえ、否定される。それを否定するのは、敵のコードである。ただしそのコードのありかたは、敵（スキタイ族）のなかでのありかたと異なる。ダレイオスのなかでは、それは彼自身のコードを否定しながら現われてくる。否定するだけの積極性があり、その積極性が、記号の表現力とダレイオスの恐怖のみなもとである。

ダレイオスのばあいは敵との出会いであるが、一般に異文化と初めて出会うとき、同じようなことが経験されるであろう。自文化のコードが自分のなかで否定されないかぎり、異文化の記号表現は、異様なものでありつづける。異文化のコードが自分のなかに現われてきたとき、そこで新鮮な出会いが経験されるが、その新鮮さとダレイオスの恐怖とは、記号論的に同種のものと見なすことができる。新鮮さも恐怖も、自分のコードを否定してしまう異文化コードの積極的な現われかたに、その源泉があるわけだ。新鮮さや恐怖はやがて薄れるが、その時には自文化に回帰しているか、あるいは異文化に同化していることになるだろう。いずれにせよ出会いの時点では、自分のコードを否定する異種のコードの現われが、限界的コードとして働いている。

(a)の「線描」のばあい、記号の形態(描かれた線)は自然的存在(現実の恋人の輪郭)と直結していて、そのままで明瞭に恋人を指示している。そういった線描記号の働きかたは、初期の絵文字記号の働きかたと同様であり、そのコードは、現実的対象のアナロジカルな抽象化にある。ただし絵文字のばあいは、初期の段階でも単独で現われることはなく、したがってその抽象化は、つねにいくつかの現実的対象との相互関係に規制されているとみなせる。その関係に、さらに音声言語との関連が加わると、これはすでに〈文字コード〉である。

だが事例のばあい、その種のコードだけでは記号表現の意味は現われてこない。線描は、描き手である娘の手の動きの跡でもあり、恋人を想う娘の切ない心情が、そこに刻印されている。受け手である父親は、そこに刻印されているものから、娘の心情を読みとる。したがってこのばあいのコードは、そこに刻印されているものにあるということになる。

何がどのように刻印されているかをいうのは難しい。ただそういったことがらは、具象的な芸術作品に関してよく言われていることでもあり、そういった刻印による意味形成をここであえて疑う必要はない。いずれにせよその意味を形成しているのは、絵文字記号のコードとは別種のものであり、そのコードを否定し乗り越えてしまう意識がそこで働いているというだけで、いまは十分だろう。いうまでもなくその意識の働きも、限界的コードである。

残りの事例については詳述するまでもないだろう。（b）の風景、（c）の社会的慣習、（d）の日常的動作、（g）の家畜は、いずれもそのようなものとして、生活の意味連関のなかに置かれている。この意味連関も、ふつう意識されることはないが、日常行動を規制しているコードである。習俗的コードと神話的コードが文化的な場で働くとすれば、こちらのほうはより日常的な場にあるということができる。ここではそれを〈日常的コード〉と呼んでおくが、文化的シンボル行動と日常的行動が無関係でないように、日常的コードは、習俗や神話のコードと深く結びついていると考えられる。

事例の記号活動では、いずれのばあいもそういった日常的コードを否定する積極性が、なんらかのかたちで当事者の心のなかに現われている。いずれも一回限りの記号活動であり、個々の当事者にしか了解されないので、それを個別的コードと呼んでもいいが、それらに似た行為は、日常生活のなかで、記号の形態とコードを換えて、どこでもいつでも現われうる（例えば、破られた写真、満艦飾の黄色いハンカチ、茶色の小瓶など）。どこにでもある事物が、特定の個人のあいだで特別な意味をもつのは、それぞれ個人のなかで日常的コードを越えた意味連関のなかに置かれているからである。したがってこれも限界的コードといえる。

限界的コードは、それ以外のコードのように一定のシステムや自立性をもたない。それは個々の当事者のなかで、それらのいずれかを否定的契機にしてしまう積極性が現われたとき、当事者間を結びつけるものとして現われる。不安定であることが特質なので、コードとは呼び難く、ルソーが「約束事によるところが少ない」とみたのも、当然であったといえよう。だから、ふつうに想像力の働きといってもよいが、ただこのばあいの想像力は人と人とを結びつけるので、やはりコードの限界上にあるというのが適切である。逆にいえば、コードの限界上にあることが、人と人とを「同類」として結びつける。記号の生成と変動の問題は、そのような限界的コードのありかたに深く関わっているはずである。

(2) 非言語記号・その2　音楽と絵画

①記号としての音楽

現代の常識では、音楽と言語は別種の表現活動である。だがルソーにとってはそうではない。「最初の言語は、歌うような、情熱的なもの」であり、「詩と歌と言葉は、共通の起源をもつ」という。歌でなくなった言葉、言葉でなくなった音楽は、いずれもルソーにとっては、言葉の本性、音楽の本性を失っていることになる。彼の音楽論の特色は、まずその点にある。

現代の言語は、歌でなくなった言葉である。「分節と声だけしかもっていない言語は、それゆえ言語の豊かさの半分しかもっていないことになる。それはたしかにさまざまな観念を表現するが、感情や心象を表現するためには、そのうえにリズムや響き、つまり旋律が必要なのである。それこそがギリシア語にあって、私たちの言語には欠けているものだ」（T 185）（引用A）。言語についてはあとで考えることにして、ここではとりあえず、現代の言語には「旋律」が欠如していると述べられている点に、注目しておこう。

ルソーの音楽論のもう一つの特色は、旋律と和声を対立させ、旋律の側から和声の音楽（西洋近代音楽）を批判する点にある。近代音楽批判の内容に立ち入ることは、ここでの目的ではないので省略するが、次の二点は記号論として重要である。

「和声の美しさは、慣習的なものでしかなく、訓練を受けていない耳には、まったくといっていいほど快く響かない。和声を感じたり、味わったりするためには、長いあいだの慣れが必要なのだ。私たちの協和音も、素朴な耳には雑音としか聞こえない」（T 190）（引用B）。つまりルソーは、和声を「慣習的なもの」としてとらえ、それゆえに和声は音楽本来の美とは認められないと考えている。

「音どうしの関係や和声の法則を、何年かけて計算してみたところで、どうして音楽を写生の芸術にすることができるだろう。いわゆる写生の原理をどこに求めればいいか。和声とは何の記号であり、和声と情念のあいだにどんな共通点があるのだろう」（T 191）（引用C）。ここでは音楽が「写生」であり、何かの「記号」であることが、芸術であることの原理とされている。

引用（B）では、記号の一つの要素である「慣習的なもの」が、音楽本来のものとは認められていない。引用（A）でも、「分節と声」だけの言語、つまり常識的にいえば言語を記号にしているものが、音楽ではないとされていた。ところが引用（C）では、音楽は何かの「記号」である。したがって常識的に考えられている記号のありかたと、ルソーのいう「記号」とは、どこかでくいちがっているはずである。どうちがうのか、これが第一の問題である。

それに関連して、話が少し面倒になるが、もう一つ重要なポイントがある。ルソーは次のようにもいう。「音の美しさは自然のものである。（中略）世界中のすべての人は、美しい音を聞けば快いと感じるだろう。けれどもその快さは、自分たちの親しんでいる旋律豊かな調子によって生気を与えられていなければ、少しも魅力あるものにはならないだろうし、甘美な楽しみにもならないだろう。私たちの好みにあうどんなに美しい歌も、それに少しもなじみのない人の耳には、ほとんどなんの感動も与えないだろう。それは一つの外国語のようなものであって、辞書が必要なのである」(T190)(引用D)。音の美しさに辞書は不要だが、歌には「辞書」がいる。

引用(B)の「慣習的なもの」と、引用(D)の「辞書」とは、現代風にいいかえれば、どちらも音楽美を成り立たせているコードとみなせる。だがその二つをルソーは明らかに区別し、前者を否定し、後者を肯定している。「慣習的なもの」と「辞書」をルソーはどう区別しているのか、これが第二の問題である。

②旋律とデッサン

旋律は、記号表現である。「旋律のなかにある音は、ただたんに音として私たちに働きかけるのではなくて、私たちの思いや感情の記号として働きかける」(T 193)(引用E)。もちろん小鳥や蛙の鳴き声も記号表現である。ただしそれは、動物の「動作」記号のばあいと同様、自然的コードにもとづいている。小鳥の歌は美しいけれど、音楽(旋律)ではない。音楽では、「蛙を鳴かせようとするなら、蛙に歌わせねばならない」という。この一行に、ルソーの音楽記号論が秘められているようだ。「思いや感情の記号」という言いかたによく似た表現が、人間の記号活動の始まりについてのべた文にあった(「自分の感情や考えを伝えてみたいという願望がおこり……感覚記号が確立されてくる」(1)の①参照)。起源の言語はまた歌でもあるのだから、一致は同然であるけれど、一方の「感情や考え」、他方の「思いや感情」という微妙な言葉の使いわけに、ルソーが言語や動作記号を念頭においているばあいと、音楽記号について考えているばあいとの差が、読みとれる。引用（A）には、「分節と声」は「観念」を表現し、「旋律」は「感情や心象」を表現するとあった。つまり「感情」のところでは重なりながら、「考え」から「観念」におよぶ範囲にあるものが言語記号に、「思い」から「心象」におよぶ範囲にあるものが音楽記号に、割りふられているわけだ。その意味については、言語記号のところであらためて考えることにしよう。

引用（E）に続けて、ルソーはこういう。「音（旋律のなかにある音）は、そこに表現されていて、イメージとして感知される心の動きを、私たちのなかによび起こす」。この「イメージ」と、引用（A）の「心象」の原語は、いずれも image であるが、意味はちがう。（A）の image は、表現される心的なもの（「心象」）であり、ここでの image は、音に表現されているかたち（「イメージ」）である。

「旋律は音の調子を写しだすことで、嘆きとか、苦しみや喜びの叫びとか、脅しとか、うめきとかを表現している。声に現われてくる情念のしるしが、旋律の領分である」（T 191）（引用F）。「嘆き、苦しみ、喜び、脅し、うめき」が、表現される心的なものであり、「しるし」が、表現されているかたちである。「しるし」の原語は signe、つまり「記号」である。ここで signe をあえて「しるし」と訳したのは、表現される心的なものと、表現されているかたちとの連続性を強調したかったからであるが、さて、どう連続しているかということになると、その説明は難しい。

引用（F）に続けて、ルソーは「旋律は、諸言語の抑揚を写し、魂の動きに応じて現われる各民族に独自な声調を、写しだす。いやたんに写すのではなく、それ自身が語るのだ」という。この部分はわかりにくい。字義どおりにとると、旋律は言語の「抑揚」や「声調」を写す。「声調」は、「魂の動きに応じて表われる」もの、つまり「情念のしるし」である。したがって旋律は、「情念のしるし」である「声調」をさらに写していることになる。「写す」ことが二段階になっているわけだが、ルソーが厳密に論理的にそう考えていたかどうかは、疑わしい。引用（A）では「旋律」が声調と同じ意味で使われていたし、またここでも、「（旋律は声調を）たんに写すのではなく、それ自身が語る」と言い直される。「写す」ことが「語る」ことでもあれば、二段階にわけることの意味が消える。旋律それ自身が情念を語ることになるからだ。そしてむしろその点にこそ、ルソーがこの文にこめた主旨があるのではないか。

「写す」の原語は imiter（模倣する）である。引用（C）でも明示されていたように、ルソーは古典的な芸術模倣論の立場にたっている。芸術模倣論のことはよく知らないので、それとの関係はわからないのだが、少なくともルソーは imiter という言葉を二重の意味で用いている。たとえばこういう。「絵画が私たちの内部にひき起こす感情は、色彩によるものではないのと同様、音楽が私たちの魂に及ぼす影響力は、けっして音がつくりだしているものではない。微妙な色彩の美しさは眼に快いが、その快適さは純粋に感覚的なものである。色彩に命と魂を与えたのは、デッサンであり、写生（模倣）である。（中略）絵画においてデッサンがはたしている役割を、音楽においては旋律がはたす」（T 187）。

デッサンは、何かのかたちを写しとる。そのかぎりではそれは模倣である。けれどもそれは、色彩に「命と魂」を与える。もともと命も魂もないところにそれが表われてくるのだから、デッサンを描くことは積極的な創造行為でもある。もののかたちを写しとる行為のなかに、「命と魂」を生む産出力がある。

imitation（模倣）をあえて「写生」と訳したのは、ルソーがその産出力を強調しているからである。別のところでは、次のようにもいう。「感じることの力について思索を深めようとするものは、純粋に感覚的な印象と、感覚を通じて受けとるけれども、それはただの誘因にしかすぎない知的、精神的な印象とを、はっきり区別することからはじめなければならない。また、知覚される事物にはありもしない力、あるいは、事物に表われている魂の働きから出てくる力を、間違ってその事物にあるかのように思い込んではならない」（T 194）。デッサンでいえば、そのかたち（線描）は何らかの事物を表わしている。かたちが知覚されるだけでは、それは事物を示すだけである。ところがデッサンを見ていると、「知的、精神的な印象」を受ける。その印象をもたらすものを、ルソーは「魂の働きから出てくる力」（直訳すれば「魂の情動に由来する力」）というわけだ。

この「力」は、かたちの外から付与されるものではない。事物に関わっている「魂の情動」が、事物のかたちをとる（模倣する）行為のなかで、働く。事物のかたちをとることは、同時に魂の働きがかたちをとることでもある。魂の働きがかたちをとるとき、ばあいによっては事物のかたちを誇張し、あるいは歪めてしまうことだってあるかもしれない。「嘆き」や「苦しみ」が強ければ、むしろそのほうが自然であろう。それでもそれはデッサンである。

けれども、かたちをまったく無視することはできない。事物のかたちをとることに、魂の働きもあるからだ。その二重性に、ルソーの芸術記号論（「写生」論）の特色がある。旋律のばあいは、声調のかたちをとる（「声の調子を写しだす」）行為のなかで、「魂の働き」がかたちをとる。声調のかたちが誇張され、あるいは歪められても、それは旋律である。だが声調と無縁であれば、それは旋律ではない。蛙の鳴き声では、その声によって動かされた「魂の働き」が、鳴き声のかたちをまねるとき、まねがそのまま歌になる。まねが少しも鳴き声に似ていなくても、そのとき蛙は歌っている。

そして、「動作」記号の事例（a）で見たのも、それと似たようなことであった。娘は恋人の影をなぞる。これは模倣である。そのとき娘の心はゆれ動いている。そのゆれ動きもかたちになり、線描として表われる。第三者が線描のなかに、そのゆれ動きのあとをはっきりと見てとれるかどうか、これは定かではない。けれども父親は娘の心情をよく知っている。だから、線描を知覚するだけでも、それによって示されているもの（恋人）を思いうかべ、娘の心情を思って、彼自身の心がゆれ動く。そのゆれ動きとともに、彼は線描を見ている。線描にこめられた娘の心のゆれ動きが、彼自身の心のゆれ動きとともに表われ、線描のなかで、娘の心と父親の心が出会う。

芸術としてのデッサンと、事例（a）のばあいの線描とが異なるのは、デッサンを描く者と見る者とが、娘と父親とのように、親密な関係にはないということである。したがってデッサンを見る者には、父親と同じように心が動く条件はない。旋律を聞くばあいも同様である。にもかかわらず作品を享受する行為のなかでは、父親のばあいと同じような条件が現われる。限界的コードと同じようでありながら、それを越える何かが、そこで働いているはずである。

③旋律と和声

旋律が記号表現であったように、和声も記号表現である。「和声の美しさは、慣習的なもの」であり、その美しさを感じるためには「長いあいだの慣れが必要」である。また和声は「音どうしの関係」であって、その「法則」を「計算」することができるので（引用B、C参照）、和声の美は科学的に認識できる。「関係」が美の原理であるという考えは、この時期、哲学や美学の最新の学説であった。ルソーはその学説を、芸術表現の「物理的な面」しかとらえていないものとして、批判する。「関係」は、和声や色彩の「感覚的な印象」の原理であるかもしれないが、芸術表現を問題にするのであれば、「知的、精神的な印象」についても、原理が求められねばならない。ルソーはその印象のみなもとに「魂の働き」があると見て、そこから芸術の原理を「写生」に求めたわけである。

　厳密にいえば、そのような主張だけでは、ルソーの立場からいっても、批判としては不充分である。②で見たように、彼のいう「魂の働き」も、かたちをとることにおいて作品として現出してくるのだから、それもまた「感覚的な印象」として与えられるはずである。いいかえれば、「感覚的な印象」が「関係」に、「精神的な印象」が「魂の働き」にそれぞれ対応するのではなく、「感覚的な印象」が同時に「精神的な印象」にもなるので、印象の感覚的な面（「関係」）と心理的な面（「魂の働き」）を結びつけた分析が必要になるだろう。

　そしてルソーの記述のなかには、明確に意識されていたかどうかは疑わしいが、その結びつきを暗示している表現がある。和声は「慣習的なものでしかなく、訓練を受けていない耳には、まったくといっていいほど快く響かない」という（引用B参照）。これは和声批判である。ところが、同じように旋律もまた「それに少しもなじみのない人の耳には、ほとんどなんの感動も与えないだろう」ともいう（引用D参照）。このばあい旋律は美として肯定されている。「訓練を受けていない（ne pas être exercé）」と「なじみのない（ne pas être accoutumé）」とは、一見同じことのようでありながら、同一ではない。

二つの表現がよく似ているのは、和声においても旋律においても、同様に、心理的な面における何らかのパターン化が、美の原理として働いていることを、ルソーが認めていたからだと思われる。また、二つがよく似ていながら区別されているのは、心理的な面のパターン化が、和声のばあいと旋律のばあいとでは異なることを、たぶんルソーが感じとっていたからだと思われる。「訓練」と「慣れ」の使い分けには、ルソー自身の幼少期からの音楽経験が深く関係しているようだが、音楽批評家としてのルソーの眼には、文明論的な視点がふくまれている。和声法が成立してくるのは、西欧中世であり、そのころ音楽において「慣れ」よりも「訓練」が重視されてくるという見方である。

その部分（第一九章「いかにして音楽は堕落したか」）のルソーの記述は、古代ギリシアと中・近世フランスを、善悪二元で割り切っているので問題も多いが、要点だけを拾いあげれば、次のようになる。まずヨーロッパに「蛮族」が移動してくる。「北国が生みだしたこの粗野な人たち」の言語は、「固くてしかもたくさんある子音」で「分節音」を作っているため、その声は「よく響かず、騒々しいだけ」であった。他方、ギリシア後期からローマ帝国の時代にかけて、音楽は「劇場」で歌われるようになっている。ローマ文化を受け入れたヨーロッパ人は、「人びとに聞かせるため」に「音を長くひきのばし……できるだけ派手に響きわたらせるよりほかに」方法がなく、「響きをもっと良くする手段として、協和音の助けを借りることを思いついた」（T 204）。それが和声法（「対位法」）の始まりであるという。

分節音については言語記号論で、文明論については社会記号論のところで取りあげることにして、ここでは和声法の成立に、「劇場」という制度がからんでいることに着目しておきたい。ルソーは触れていないが、和声法が中世教会のなかで発達してくることを考えあわせれば、制度との関係はいっそう重要なポイントになるだろう。つまり劇場や教会という「人びとに聞かせるため」の制度が、音楽に「訓練」を要請するようになったと考えられるのだ。中世の修道士たちは、讃美歌の練習にあけくれ、十一世紀には複数声部の合唱ができるようになる。それは演劇とともに、重要な伝道の手段であった（K 173）。

他方、旋律の起源は原初の言葉にあり、言葉とともに発達してくる。それはまた「情念のしるし」でもある。「嘆き、苦しみ、喜び、脅し、うめき」は、人と人との日常的な触れあいのなか、労働と収穫のとき、そして恋と誕生と死とともに現われる。日常生活のひだに埋もれ、あるいは祈りや祭りのなかで解き放たれながら、情念はみずからを旋律として形成していく。情念と声の抑揚の結びつきに、しだいに一定のパターンが現われてくるわけだ。言葉と習俗のなかではぐくまれることが、そのパターンを民族に独自なものにする。旋律は「各民族に独自な声調を写しだす」。

和声は、人びとに聞かせるものとして、普遍化される。現世を超越したものへの感動を伝えるために、生臭い情念から解き放たれた音への志向が生まれる。音の協和はそれ自体が現実の音を超えて美しい。その魅力にとらえられることが、さらに「魂の働き」に現実を越えさせる。この「魂の働き」は、情念は情念でも、肉体と生活を越えて高められていく情念である。和声の美しさは、「魂の働き」に習俗と民族を越えさせる。とうぜん和声の法（コード）は、普遍的なものになる。

旋律は、人びとの生活のなかでおのずから育つので、民族に独自な旋法（モード）を生む。旋法は旋律のコードである。コードがちがえば、聞き手の心は動かない。「私たちにとってはとても感動的な音楽が、カリブ人の耳には意味のない騒音と聞こえる」。感動するためには、「辞書が必要」になる。

もちろん同じ民族であれば、わざわざ辞書を開いてみる必要はない。母国語と同じように、私たちはそれに「なじんで」いる。

旋律との「なじみ」はまた、人と人との触れあいの条件でもある。「音声記号が耳に達すると、それは自分に似た存在がいることを告げてくれる。その記号は、いわば魂を表わす器官なのだ。聞き手に孤独を描いてみせても、その声があなたは独《ひと》りではないという」（T 198）。「音声記号」の原語はsignes vocaux（声のしるし）であって、言語の分節記号のことではなく、ここでは歌っている声そのものと考えてよい。この文章に、⑴の①で引用した文章を、ふたたび重ねあわせてみよう。「ある人間が他の人間に……その人の同類だと認められると……すぐに……その人に伝えてみたいという願望や欲求がおこり……」。起源における人間的記号と、いま現在の歌う声とは、記号の働きかたとして、同じような面をもつ。

歌う者は、だれかに何ごとかを伝えるために歌うのではない。「嘆き、苦しみ、喜び」が、おのずから歌わせる。人は歌う存在である。歌う存在であることが、歌声を耳にした者に、「自分に似た存在がいることを告げてくれる」。歌う者にとっては、自分の声が、だれかを自分に似た存在にし、自分をだれかに似た存在にする。

「動作」記号の事例（a）のばあい、描く者と見る者は親密な関係にあり、そのことが記号活動における限界的コードを形成していた。いまのばあい、歌う者と聞く者は、旋律そのものを通して、たがいになじみの関係になるということができるだろう。歌声のなかに民族的な旋法があり、それが記号活動のコードになっているので、事例（a）のばあいと違って、記号活動としての一般性を同一民族のなかでもつ。

和声のばあい、記号活動としてのコードは、民族を越えて普遍的である。そのかわり日常の情念を越えるので、旋律によって導かれていなければ、訓練を受けていない耳には何の感動ももたらさないことになる。あるいはまた、和声の普遍性によって、旋律の独自性が殺されるということも起こりうる。ルソーが同時代の音楽を堕落として激しく論難したのは、そのような事態であった。「旋律が忘れられ、和声のほうにばかり音楽家の注意が向けられてしまったので、すべてのことがこの新しい対象を中心に考えられるようになった。（中略）各パートの進行を調整するのは、和声の連続性になった。そしてその進行が旋律という名称を独占してしまい、やがて人びとは、この新しい旋律に、それを生みだした親の特徴を認めないわけにはいかなくなった。かくして私たちの音楽は、しだいに全体として和声的なものだけになったのであって、それゆえ声の抑揚までがその影響を受け、音楽はその生命力のほとんどを失ってしまった」（T 205）。

そしてヨーロッパの音楽は、異民族の音楽を音楽とは認めなくなる。「（弦楽器のない）民族の歌の音調は、ただ私たちの楽譜に書き写すことができず私たちの音楽観のなかに組みこみようがないために、偽の音調と名づけられてしまったものになる。これは、アメリカの未開人の歌について指摘された」（T 200）ことであるという。ルソーに未開人の歌を評価させたものは、未開人に同化する能力であり、未開人の歌に、「自分に似た存在がいる」と感じとることができる感性であったのだろう。そしてその能力と感性は、超越的な普遍性とは異なるもう一つの普遍性のありかたを、示唆しているようである。

(3) 言語記号

①最初の言語

人間の「最初の言語は、単純で整然としたものであるよりさきに、歌うような、情熱的なものであった」(T 144) とルソーはいう。「単純で整然としたもの」とは、普通にいう人間の言語、音声有節言語のことである。それ以前にあった言語とは、何か。あるいは、それ以前にそれ以外の言語が、はたしてありえたのか。

動物の言語は「身ぶりと若干の未分化な音」で成り立っている。これはまず常識的に認められる。そして、この言語のコードと、有節言語のコードとは、わりあいに比較しやすい。一方は本能にもとづき、他方は「約束事」にもとづいているけれど、どちらも「単純で整然」としており、それぞれ集団の成員が共有することで、それぞれの社会を形成している。だから現代の記号論でも、その比較の上に立って、動物言語と人間言語の差異をたずねようとしている。

ところがルソーは、その両者のあいだに、もう一つの言語、歌でもある言語を置く。歌である言語を想定することで、ルソーは言語の感性的側面を強調したのだと言われることもあるが、そうではない。ルソーは、はっきりそれを動物言語と有節言語のあいだにある一つの言語と想定している。別の文脈では、この言語は「共通の言語」ともいわれ、「最初の社会とともに滅びた」(T 168) とされている。そのあと歌と言語が分かれ、共通言語は民族語に分化していくと考えられるわけだ。

分化とともに、歌はやがて旋法としてコードを形成し、民族語(有節言語)も明確なコードをもつことになるが、歌でもある言語そのもののコードは不明確であり、その点で、動物言語とも有節言語とも決定的に異なっている。コードの不明確な言語とは、常識的には考え難いものであるけれど、むしろそれゆえにこそ、そこに言語に対するルソーの基本的な視点があると見なければならないだろう。

動物の言語を人間の言語に飛躍させる契機は、動物としての在り方そのものに内在しているとは考えられない。「動物たちは自分の言語を変えないし、ちょっとした進歩でさえもそこには見られない」(T 143)。とうぜんその契機は、動物でありながら、動物から脱しつつあった人間の在り方のなかに求められなければならないことになる。

原初の人間は、動物として、食欲（自己保存）と性欲（種保存）の本能にしたがって生きている。「欲求は当初、自然の成り行きとして人びとを離れればなれにしたのであって、近づけあうものではなかった」。だから、そこに言語の起源はないとルソーはいう。けれども「生きていく必要にせまられてたがいに遠のいていく人びとを、あらゆる情念が近づける。飢えや渇きではなく、愛や憎しみが、憐れみや怒りが、人びとに初めて声を出させたのである」(T 144)。これが「最初の言語」である。

この考えは、いくらか修正すれば、現在の人類学によって支持することができる。初期の人類は集団（バンド）を組んでいたが、食物が不足する乾期には、家族単位に分散して暮らしていた。分散しても、他の家族、ときには異なるバンドの家族と遭遇する。この出会いは、敵意や恐れ、疑いとともに始まり、やがて親しさの感覚が取りもどされる。疑いを親しさに変えるのは、あいさつ行動（動作記号）であり、それにともなう発声（音声記号）である（K 032 sqq）。

もちろんこれはチンパンジーの記号活動から類推されたものである。したがって動物の言語ではあるが、しかしその動作と音声は、性的衝動による誘発信号や、本能的な警戒信号ではない。動作はすでにシンボリックな表現であり、それにともなう発声は、「問いかけと応答」による「個体関係の微妙なやりとり」を基本にしたものと考えられる（K 026）。やりとりされる音声の抑揚と、自分と相手との関係（情念的関係）との結びつきも、十分に考えうるわけだ。ルソーのいう「最初の言語」は、かならずしも虚構ではない。

「愛や憎しみ、憐れみや怒り」は、すでにあまりにも人間的な概念であるようだけれど、いずれも対人関係における同化、あるいは反発であり、そのようなものとして人類の初期の段階（離合集散の社会）でも、ごく日常的であったと考えられよう。そして同化と反発は、想像力による自己移入を前提としている。ここではその点が重要だ。自己移入がこのばあいの記号活動（コミュニケーション）を成立させているからである。

憐れみについて、ルソーはこういう。「憐れみは、人間の心に自然にそなわっているものだが、その働きをひきだす想像力がなければ、いつまでたっても活動しないままであるだろう。私たちはどんなふうにして憐れみに心を動かされるようになるか。自分自身の外に出て、苦しんでいる者と一体化することによってである。（中略）この自己移入のためには、まえもってどれほどの知識が必要とされるか考えてみてほしい。自分のまったく知らない苦痛を、どうすれば想像してみることができるだろう」（T 164）。ここでいう「知識」は言語的知識ではないから、「経験」と読みかえておくほうがよいだろう。経験にもとづく想像力が「一体化」の条件であり、したがってまた情念的相互関係の条件である。

想像力が働くきっかけは、出会いにおける何らかの記号表現以外にはない。その記号表現は、はじめは相手の身体的表情にとどまっていても、そこで想像力が働けば、自分の経験（苦しみ）に結びついている音声記号を表出させるだろう。そのばあいその音声記号は、自分の経験と結びつきながら、同時に相手の苦しみについての表出になる。音声が「問いかけと応答」のかたちをとれば、たがいに自分の経験を相手のなかにあるものとして、より強く確認することになるだろう。だからこの音声記号は、一体化のしるしでもある。一体化が、音声記号を通じて、自分と相手のあいだに現われる。両者のあいだで、情念的関係が意識化されるといってもいい。

経験には苦しみもあれば喜びもあり、敵意も恐れもある。だから「愛や憎しみ」あるいは「怒り」の関係もまた、音声表出を通じて意識化される。人間的な諸関係がつくりだされる。次に具体的に述べるように、ルソーのいう「最初の言語」は、人間的な諸関係をつくりだしていくための記号活動であった。

以上述べたことが、(1)の①で引用した文章（「ある人間が他の人間に……」）の意味である。「同類だと認められる」ということは、相手のなかに自分を見ることであり、そのことがあらたな記号活動を成立させる。あらたなというのは、動物的な記号活動ではないということであり、したがってそこでは、自然的コードではないコードが働いていることになる。

このコードは、相手のなかに自分を見ることにしかなく、したがって自分の経験と想像力にしか根拠をもたない。だからそれは、「動作」記号の事例で見たのと同じような限界的コードである。ただし事例の動作記号とちがって、その記号活動のたびごとに一回ずつ既成のコードが否定されるのではなく、ここではそれぞれの記号活動が、全体として自然的コードを否定している。

この記号活動によってあらたに立てられた人と人との関係は、しだいに制度化されていく。それに応じて、自分の経験と想像力にしか根拠をもたなかった限界的コードも、制度化される。言語コードの成立は、社会制度との関係を抜きにしては考えられない。その点については社会記号論のところで論じることにして、以下ルソーの記述にしたがって「最初の言語」の性格を、もう少し具体的に見ておこう。

②比喩

ルソーは「人間にものを言わせた最初の動機が情念であったとすれば、その最初の表現は『譬《たとえ》』であった。比喩的な言い方が最初に生まれたのであり、語の固有の意味は最後に見出された」(T 145)という。これはたいへん理解しにくい。

まずルソーのあげている例から考えてみよう。ひとりの未開人が他の未開人に出会ったとき、恐怖感から相手を自分より大きくて強い存在に見てしまい、「ジェアン」と叫んで、それがその名称になる。ところがしばらく経験を重ねているうちに、その連中がたいして大きくも強くもなく、自分たちと同じような存在であることに気づく。そこでその存在を指すために、「オム」という名称をつくり、「ジェアン」のほうは「錯覚のために彼をおびやかしていた偽の対象のほうに残す」。そのばあい「ジェアン」は比喩で、「オム」が固有の言葉だから、比喩がさきに生まれたというのである。

常識的にいって、この議論はおかしい。「オム」の固有の意味が〈男〉または〈人間〉であるように、「ジェアン」の固有の意味は〈巨人〉であって、これは比喩ではない。普通の背丈の人間をさして「ジェアン」といえば、これが比喩になるのだから、固有の意味がつねに先行していなければならない。「なるほどそれはその通りである」とルソーもいう。「けれども、語を置き換える〔比喩でいう〕ことのかわりに、情念が観念をよび起こすということから考えていけば、私のいうことが理解できよう」と続ける。理解できるよう努めてみよう。

　見知らぬ男Ａに出会って恐怖をおぼえたとき、音声ａを発したとする。その男とのあいだでは、この音声はまだ意味をもたない。自分の仲間が同じ恐怖を感じていれば、音声ａは、その共有された恐怖と結びつき、意味を形成する。結びつきが意識のなかに書き込まれれば、相手の在、不在にかかわらず、音声ａは男Ａを、恐怖とともに呼びさますだろう。ときがたって、男Ａやその仲間たちとの出会いがたびかさなるうちに、恐怖が消えたとしよう。音声ａは恐怖に結びついているので、別の音声ｂが、安心感や親近感とともに彼らを喚起させる。そのとき見知らぬ男Ａは、同じ存在でありながら、よく知っている男Ｂになっている。音声ａと音声ｂのちがいは、恐怖に結びついているか親近感に結びついているかにあって、比喩と固有の意味のちがいではない。

　けれども音声ｂは、親近感と結びついているので、自分の仲間の男たちを喚起することも起こりうる。あるいは自分の仲間と結びついていた音声ｂが、男Ｂたちと結びついたと考えてもよい。恐怖ではなく親近感と結びついていることが、音声ｂによって喚起される表象を、男たちと自分たちとのあいだで一般化してしまう。つまり音声ｂは、一般化された表象である〈男〉と結びつく。これがルソーのいう「観念」と理解できる。

　親近感は、つねに相互行為によって保たれているので、音声ｂが一般化された表象と結びつくといっても、その相互行為の範囲を越えてまで及ぶことはない。だから音声ａは、その外側にいるかもしれない男Ａたち（現在の男Ｂたちではなく、かつて恐怖と結びついていた男たち）を、いぜんとして喚起しつづける。喚起されるのは、自分たちにとってすでに存在しないもの、イメージでしかなく、したがって音声ａで現実の存在を指すとき、それは必ず「比喩」としてあらわれる。その時点で音声

aと音声bを比較すれば、音声aのほうが先だという議論が成り立つ。

以上の過程で重要なポイントが二つある。一つは、恐怖と結びついていた男Aが親近感と結びついた男Bになるとき、自分や自分の仲間の男たちと比較されて、共通性が認知されるという点にある。だからその認知は、自分たちにも及んでいる。男Bとその仲間たちは自分たちとまったく同一ではないから、その両方から共通である要素が引き出されなければならないからだ。つまり音声bは、たんに親近感と結びついているだけではなく、その共通性の表象である〈男〉と結びつくようになる。したがって自分と自分の仲間もまた、〈男〉として認知される。

ルソーはその点を、「憐れみ」に関連した文章で、次のように述べている。「比較を可能にしているのは、観念の多様さである。たった一つの事物しか見ない者には、較べるべきものがない。ほんの少しのものしか見たことがなく、子供のときからいつも同じものばかり見ているようでは、これもまた比較することができない。(中略)けれども新しい事物が眼に入ると、私たちはそれを知ろうとして、すでに知っているもののなかに、それとの関係を探し求める。かくして私たちは、自分の眼のまえにあるものについて考えることを覚える。自分の見知らぬものが、すでに慣れ親しんでいるものを検討するように仕向けるのである」(T 164)。自分の知っていることで、見知らぬものを判断するのではない。逆に見知らぬことが、すでに知っていることを、あらためて知るように仕向ける。

「慣れ親しんでいるもの」とは、このばあい自分の仲間(家族あるいはバンド)である。それを「検討」すれば、仲間の内部での関係が変わる。たとえば情念的な関係のもとで父であり夫であった自分のなかに〈男〉の観念が現われると、その観念に波及されて、〈男〉の在り方としての〈父〉や〈夫〉の観念もまた引き出されてくるだろう。たぶんすでに、慣れ親しんでいる関係のなかで父であり夫であることに、音声ｃｄが結びついているだろうから、音声ｂと〈男〉の観念との結びつきに応じて、音声ｃｄも〈父〉や〈夫〉の観念と結びつくようになる。いいかえれば仲間の内部での関係が、自分たちのなかに現われてくる「観念」に応じて、意識化される。情念的な関係にすぎなかった集団が、意識された関係（家族あるいはバンド内での社会的関係）として現われてくるわけだ。

第二のポイントは、男Ａたちが男Ｂたちになるとき、音声ｂによって男Ｂたちと自分たちとが関係づけられる点にある。そのさい、音声ｂが男Ｂたちのなかにも同じ観念を呼び起こすかどうかは、問題ではない。親近感が強ければ呼び起こされるだろうし、そのばあいには両者の関係は、〈男〉または〈人間〉の観念による結びつきとして、たがいに友好的であることが意識された関係になるだろう。呼び起こさなければ、自分たちと同じ人間でありながら、意志の通じない非友好的な関係として意識化されるだろう。いずれにしても男Ｂたちとの関係が、意識された社会関係になる。音声ｂは仲間の内部も変えるので、関係の変化は集団の内と外で同時的であるだろう。

「初めの頃、地表に散在していた人間たちには、家族のほかに社会はなく、自然のほかに法はなく、身ぶりと若干の未分化な音のほかに、言語はなかった」（Ｔ 163）。その状態が、ここで変わる。家族の内部にも、他の集団とのあいだにも、社会的な関係が生じ、そして法が生まれ、有節言語が生まれる。法と有節言語への契機は、「比喩」の言葉のなかにすでに含まれていたのである。

③諸言語の起源

ルソーは諸言語（民族語）の起源を、地域性に求めている。南の暖かい風土では「情熱」が人と人とを結びつけ、北の寒い地方では「必要」が人と人とを結ぶので、育成される言語も異なる。前者の最初の言葉は「愛して(aimez-moi)」であり、後者のばあいは「手伝って(aidez-moi)であったという。いささかばかばかしいような比較だが、ここにも重要な意味が秘められているようだ。「情熱」の原語は、これまで「情念」と訳してきたのと同じpassionである。「最初の言語」では「愛」とともに並んでいた「憎しみ」と「怒り」が、「南の言語」では消えてしまい、もっぱら恋の情熱のみが前面に押し出されてくる。恋に、ルソーは「民族」の生誕を見ていたからである。

第九章「南の言語の形成」の終わり近くで、泉のそばでの男女の出会いが牧歌的に描かれる。牧歌的であるけれど、それほど荒唐無稽ではない。すでに述べたように離合集散を繰り返していた初期の人類にとって、水場は出会いの場所であり、そこでちがう家族に属する若い男女が結ばれることは、多いにありえた。ただしそれは、「最初の言語」の生成を語る者ではあっても、民族語の形成を説明するものとしては、時期的に適切でないし、また内容的にも十分ではない。「南の言語」についてルソーが述べていることは、ほとんど「最初の言語」についての記述と重なってしまう。言葉の上では両者をはっきり区別しているので、いいかげんであると言わざるをえないのだが、ただ次の表現は、問題として取り上げるに値するようである。

「(泉で出会った)若者たちは、自分をわかってもらおうとして、思いを述べることを覚えたのである。そこで初めて祭りがおこる。足は喜びに跳ね、熱心な身ぶりだけではもう十分でなく、情熱にふるえる声がそれにともない、歓びと欲望とが一つにとけあって同時に感じられるのであった」(T 178)。若者たちは、すでに雄弁であろうとしているようだし、そこでは出会いが、「祭り」になる。「祭り」の意味は、「北の言語」と対比すれば、もっとはっきりするだろう。

「北の言語」の形成は、明確に記述されている。まず人類は「暖かい土地で生まれ、そこから寒い土地に広がっていく」（T 163）。そこでは「大地は何も与えてくれず、……情熱を育てるのどかさは、情熱を抑える労働にとってかわられ、……たがいに必要であることが、感情よりも強く人々を結びつけていた。……何かを感じてもらう必要はなく、すべてを理解してもらわねばならなかった。つまり熱意ではなく、明確さが問題であった。心情が声に抑揚を与えなかったので、強くて聞きとりやすい分節音がその代わりをした」（T 181）。要するに、協働という目的のために音声記号が用いられ、有節言語が発達したというのである。これはたいへん理解しやすい。

情念的相互行為と協働行為のちがいは、前者では行為の対象がコミュニケーションの当事者であるのに対し、後者のばあいは自然の事物（動物をふくめて）にあり、したがって相手に呼びかけるばあいでも、何かの目的に向かって行動を促すという点にある。とうぜん自然の事物が行動の目的として意識化され、そのことが「観念」をより発達させると考えられる。これがまず第一点。

第二に、協働は計画的な狩猟行為であって、そこでは記号活動が計画性のもとにおかれる。情念的相互行為では、記号活動は出会いによって現われ、したがって偶然性に支配されているが、ここでは記号活動が、全体として目的行動（狩猟）に従属し、それに導かれている。全体の枠のなかに組み込まれていることは、記号活動の秩序化を促すだろう。

第三に、協働は多弁を要しない。情念的相互行為はたがいに音声表出を促しあうが、協働の行為のなかでは音声表出はむしろ規制される。余計なおしゃべりは行動の妨げであり、音声表出は必要性のもとにおかれる。

以上の三点は、たしかに有節言語が形成されてくるための条件と考えられる。自然の事物の意識化は、生活環境の意識化であって、理念的にいえば、環境についての「観念」は無限に多様化される。

多様な観念の表現は、有節言語の特性である。けれども実際にはここではまだ、環境の意識化が目的行動に従属しているので、「観念」の多様化にいわばブレーキがかかっている。

他方ではまた、音声表出の必要性が、音声間の差異の明確化を促す。明確化は「単純で整然」としていることが条件である。「単純で整然」とした音声にしたがって、自然についての「観念」が組織化される。これはコード形成である。ただしこのコード形成は目的行動によって制約されている。「単純で整然」とした音声組織が、無限に多様化する「観念」を整序するとき、それが有節言語のコードになるだろう。

「北の言語」の「協働」にあたるのが、「南の言語」のばあいは、「祭り」であると考えられる。ただし祭りといっても、まだ祭祀ではなく、ここでは出会い（性）と豊猟（食）を楽しむ陽気な競演と考えておこう。競演ではたがいに「自分をわかってもらおうとして、思いを述べ」あう。楽しむことが目的だから、身ぶりを見せあい、音声を聞かせあうことが主眼になる。あるいは、記号活動そのものが楽しまれるといってもよい。「比喩」の言葉は、そういった場所でこそ開花する。協働の場とちがって、ここでは余計なおしゃべりが、自由に解き放たれる。

祭りはまた、全体として一つの行動である。情念的相互行為によって成り立っているけれど、その楽しみは、ふだんの生活のなかでも待ち望まれ、狩猟行動と同じように目的化される。偶然の出会いからではなく、楽しみそれ自体を目的として、身ぶりと声の競演が始まる。身ぶりと声が、祭りという全体の枠のなかに組み込まれる。

この枠組みのなかでは、見せあい聞かせあうことが主眼なので、演じることへの関心が高まる。動物のものまね、自分たち自身のものまねが展開される。環境世界がまねることの対象として浮かびあがる。食べるためではなく楽しむために、環境が様々なかたちで意識化される。このばあい、全体の枠組みは多様化への制約にはならず、むしろ促進するだろうけれど、まねることとの形態的な限界が、ブレーキになる。

まねることとは、対象を写し出すことであると同時に、「心の動き」のしるしでもある。いいかえればデッサンであり、歌であるわけだ。演技（身ぶりによるデッサン）と歌は、環境世界の写しでありながら、現実そのものではなく、別の世界をそこに現前させる。虚構の世界であり、創造された世界である。それは一つの世界として、それ自身のなかで秩序をもちはじめる。コードはまだ限界的にしか現われず、「心の動き」という不安定な要素に付きまとわれているが、やがてその秩序化が「心の動き」に取って代わるだろう。

以上のように、「北の言語」と対比してみれば、ルソーのいう「南の言語」は、「最初の言語」より質的に高いものと想定することができる。音声表出が出会いの偶然性から解放されて、祭りのなかで演じることの一環になる。記号活動が、単なる情念の表出ではなく、環境世界の何ごとかについて思いを述べる行為になる。表出が表現に転化するわけだ。

もちろん記号活動が何ごとかの表現であることは、有節言語ならあたりまえのことである。すでに「北の言語」も、環境世界についての何らかの「観念」を呼びさますものであった。だが「南の言語」のばあいには、記号表現は同時にまた「心の動き」のしるしであり、一体化のしるしでもある。その点では、「最初の言語」の性格をそのまま引きついでいる。だから「南の言語」は、「心の動き」のしるしであることにおいて意味をもつ。そうでなければ、それはたんに環境世界の何らかのかたちを示すだけで、その表現は少しも楽しまれない。いいかえれば享受されない。表現であるということは、ただ単に「観念」を呼びさますことではない。

そこで、「北の言語」と「南の言語」を、それぞれ「記号の言語」と「しるしの言語」と言ってみることもできるだろう。もちろんフランス語でいえば同じことである。そしてたぶんルソーは、「北の言語」と「南の言語」を、「signe の言語」として同じ範疇で考え、同時に「観念」に結びついた「記号」と、「心の動き」に結びつく「しるし」とに分け、それぞれの言語に対応させていたのではなかろうか。同じ範疇のなかでこの区分は、有節言語と音楽との区分にも対応するものであり(2)の②参照)、だから「南の言語」は音楽的であるということにもなる。

「とうぜん南の言語は生き生きとして、響きがよく、抑揚があって、雄弁で、しばしば熱意のあまり曖昧なものになった。とうぜん北の言語は響きがわるく、耳ざわりで、音節で区切られ、かん高く、単調で、すぐれた構文よりも単語の力で、明確なものになった」(T 182)とルソーはいう。「抑揚」と「音節」、「雄弁」と「単調」、「構文」と「単語」、「曖昧」と「明確」の対比は、「しるし」と「記号」の同一性と相違点を、よく表わしているように思われる。

ところで、実際に「南の言語」と「北の言語」が、人類史のなかにあったかどうかということになると、これは非常に疑わしい。いずれも、協働の場での記号活動と祭りの場での記号活動から、理念的に想定されたものであって、現実にはこの二つの記号活動は、同じ土地、同じ民族のもとで発達していたと見るほうが自然である。

そしてむしろそのほうが、有節言語の形成をより適切に説明してくれるように思われる。協働の場における「観念」の多様化の限界は、祭りの場では開放されているし、また後者の記号活動におけるコードの限界性は、前者に見られるコード形成によって解消されるだろうからである。しかし両者の記号活動の在り方は、以上見てきたように、基本的にたがいにきわめて異質である。異質であるものが、どうして一つに溶けあうのか。

「協働」と「祭り」は、人類の生活のなかで、社会的な制度の在り方を決める二つの大きな要因であったはずである。有節言語は社会制度をかたちづくるものであると同時に、それ自身もそのなかで形成されてきたものであると考えられる。以下、記号活動の社会的な側面に視点を移し、その二つの要因の働きかたをルソーの記述のなかに探ってみたい。

3　社会記号論の視点

(1) 法と言語コード

①禁止するコード

前回に引用しておいたように（2(3)②）、ルソーの考えのなかでは、有節言語の形成と、「社会」と「法」の成立とがセットになっている。それ以前の人類には、「家族」の生活と、「自然」の法と、「身ぶりと若干の未分化な音」しかなかった。それが同時に変わる。なぜ同時なのか。

「本物の言語は、家庭に起源をもたない。より一般的で、より持続的な約束事があってはじめて、言語は確立される」とルソーはいう（T 164）。「本物の言語」とは諸民族の言語（有節言語）であり、彼の表現ではそれは「北の言語」と「南の言語」から始まる。「北の言語」のばあいは、協働行為のなかに「一般的で、持続的な約束事」が成立する条件があるので、ルソーの考えは理解しやすい。「南の言語」のばあいはどうか。

ルソーの記述では、「南の言語」は「祭り」の場で育成されるが、そこに音声の分節化の条件はない。協働の場に現われるような「単純で整然」とした音声による「観念」の組織化の必要が、そこにはないわけだ。ただし、「祭り」の記述の直前では、「井戸からしか水を手に入れることができないような乾燥地では、井戸を掘るために力を合わせるか、あるいは少なくとも井戸の使い方でたがいに折れ合う必要があった。これが、暖かい地方における社会と言語の起源であったにちがいない」(T 177)と述べられており、またその前でも、「水飲み場」で「協定や争い」が始まったことが、『創世記』を典拠にして述べられている(T 175)。つまりルソーは「南の言語」のばあいにも、かならずしも協働とはいえないにしても、それに近い関係(協力、折れ合い、協定、争い)にともなって、「本物の言語」が成立してくると考えていたようである。

それらの関係と、「祭り」との関連については、少し複雑なことになりそうなので、あとでゆっくり取りあげることにしよう。ここではとりあえず、泉のそばでの「祭り」の記述に注目してみたい。その部分に長い注があり、そこで近親相姦の禁止について述べられているからである。

「初期の男たちは、自分の姉妹と結婚しなければならなかった。初期の素朴な風俗のなかでは、そういった習慣も、家族が孤立していたので、たいした不都合もなしに長く続いていた。……そういった習慣を廃止した法は、人間の制度であるとはいえ、やはり神聖なものである。ただし家族どうしのあいだに形成された結びつきという面でのみ、この法を評価している人々は、いちばん大事な点を見落としている。家族のなかで男と女は、必然的に慣れ親しむものだから、もしこの神聖な法が心に語りかけず、感覚にも畏れの念を起こさなくなれば、そこではもはや人々のあいだに羞恥がなくなり、やがて恐るべき風俗が人類の破滅をひき起こすにいたるであろう」（T 179）。

近親相姦の禁止が、ここでは「法（loi）としてとらえられている。この点は重要だ。「法」がなければ、家族のなかで男と女が「必然的に慣れ親しむ」ことを、ルソーは認めている。兄と妹、弟と姉であっても、性的関係は必然であり、「法」によってしか禁止されえないと考えていたわけだ（ルソーは母親との関係については触れていない。その点については第Ⅱ部で言及する）。

この「法」は、「心に語りかけ」、「感覚に畏れの念を起こす」ものであるという。契約や協定にもとづく法ではなく、義務あるいは理性的判断によって守られているものではない。それは、いわば心と感覚のなかに書きこまれているものであり、生理的、身体的な反応として現われる。身体的な反応ではあるけれども、動物の自然的コードにもとづくものでもない。それは動物的な性衝動を禁止し、「羞恥」の関係を兄弟・姉妹間で保持している（羞恥の原語は honnêteté であり、ふつうに「節度」と訳すべきであったかもしれないが、身体的な反応であることを示したくて、あえて羞恥とした）。

いつごろ、どのようにしてこの「法」が形成されたか、ルソーの記述はあいまいである。「太古の民族が形成されたあと」でも近親相姦は続いていたと書いているが、出典はたんに「法」がなければ相姦がありうることの例であって（P 124）、「法」の成立を語るものではない。そのことよりもむしろ、心と感覚のなかに書きこまれているということのほうが、その成立事情をよく語ってくれる。

ルソーの記述では、近親相姦は「祭り」の成立にともなって禁止される。まず、泉のそばでの男と女の出会いが、たがいに相手を「女」と「男」として意識させる。「心は、生まれて初めて見るものにふるえ、いままで知らなかった魅力にひかれ」る。それが「女」であり、「男」である。そして、「いままで知らなかった」ことは、比喩の項で述べたように（2⑶②）、「すでに慣れ親しんでいるものを検討するように仕向ける」。男のばあいでいえば、見知らぬ相手を「女」として意識することが、「すでに慣れ親しんでいる」女、つまり自分の姉妹を、「女」ではない女として意識させる。「女」ではない女とは、性的な「魅力」をもたない女である。そのときから、「すでに慣れ親しんでいる」女たちが「姉妹」になる。つまり「姉妹」の観念が現われる。

「女」との関係はまた、自分をその「女」に対する「男」として意識させる。この「男」は、比喩の項で述べた「男」または「人間」の観念に関連しているけれど、同じではない。それは「女」に対する「男」、つまり「夫」の観念を形成する。「夫」である自分はまた、他の家族の男たちに対しては、彼等と同様「男」（一人前の人間）である。その「男」たちは、自分と同様「夫」でありうる。自分の姉妹が、そのような「男」たちに対して「女」、つまり「妻」でありうるものとして現われてくる。家族意識の形成は、家族間意識の形成と同時的であったはずである。

近親相姦の禁止は、そのような家族間意識の形成とともに現われてくる。自分の姉妹との性的関係は、姉妹（慣れ親しんでいるもの）であるから禁止されるのではない。姉妹は、他の家族の「女」たちとの関係において、そして同時に他の家族の「男」（「夫」でありうるもの）たちとの関係において、はじめて性的禁止の対象になる。禁止は、家族間の相互行為の結果である。相互関係を維持することは、共同体としての結びつきを強めることであり、兄弟・姉妹間の相姦はその結びつきを弱め、解体する方向に働く。

はじめから共同体の形成を目的として、近親相姦が禁止されるのではない。禁止は、家族間相互行為にともなって、それぞれの成員のなかで身体化されていく。禁止が、心と感覚のなかへ書きこまれるのは、それが「男・女」、「夫・妻」、「兄弟・姉妹」などの観念形成にもとづいているからである。観念形成は、動物的な記号活動を否定しながら、そのなかで現われてくる。だから、否定において働いている積極性（想像力）が、身体的反応の源泉だといえる。「兄」という言葉、「妹」という言葉が、否定する積極性とともに現われ、兄である男、妹である女の心と感覚に、「畏れの念を起こす」。したがってここでは言語コードが、そのまま禁止する「法」になる。

②統制するコード

禁止するコードは、近親相姦のばあいに限らない。「動作」記号に関連して述べた習俗的コードもそうであった（2⑴④）ただし禁止の度合いは弱く、それに違反することもまた、記号表現として成立する。近親相姦の禁止が共同体を形成するものであったのに対し、死者の放置に対する禁止にしても、「妻」（または「夫」）以外の女（男）との性的関係の禁止にしても、共同体形成のあと、それを整備し維持していく「法」として現われる。その差が、禁止の度合いの強弱になるのであろう。

共同体を整備していくのも家族間相互行為であり、とうぜんその間での記号活動は活発になる。共同体の在り方は、基本となる労働の種類によって変わる。ルソーはそれを、狩猟と牧畜と農耕にわけ、そのそれぞれを三つの社会状態――「未開人（le sauvage）」の社会、「蛮族（le barbare）」の社会、「文明人（l'homme civil）」の社会――に対応させている（T 170）。この三つは発展段階を示すものではなく、彼によれば「初期の人間は狩人であるか羊飼いであった」（T 116）。狩人のばあいから見ていこう。

狩猟は、戦闘的集団を形成する。それは「力と早わざと走ることで身体をきたえ、勇敢さと策略において魂をきたえる」(T 169)。彼らは「いつも前へ前へと進んでいた者たち」であり、「世界の広大な無人の地」に散らばっていき、北方の寒い土地でも「強健さ」ゆえに受け入れられ、協力の必要から「北の言語」を形成する。そして「戦いの時代がくると、征服者になり、簒奪者になる」(ibid)。

戦闘的集団を支えているのは、集団的統制と行動の計画性である。前回に述べたように(2③)、そこではたとえば特定の動物が獲物として、石や棒が武器として観念化され、音声と結びつくだろう。そのさい記号のそれぞれは、狩猟行動全体の枠組みのなかに位置づけられる。石はただ石くれであるのではなく、行動のなかでの役割が明確に与えられた「石」である。記号として表現された「石」は、石くれを指示すると同時に、記号の受け手になすべき行動を示してもいる。それがここでの記号活動の特徴である。一つ一つの音声記号は、時と場所に応じての具体的な目標と行動を指示しながら、同時に集団を統制し、行動を計画的にするものとして現われてくる。いいかえれば一つ一つの記号は、行動のなかに組みこまれている他の記号との関連のもとにおいて、働きはじめる。記号表現が、同時に記号相互間での関係づけになる。

「北の言語」で分節音が明確に現われてくるのは、記号表現がつねに記号相互間での関係づけのもとに置かれているからである。必要が生みだす様々な観念を、分節された音が相互に切り離し、かつ関連づけることで、識別し表示する。切り離しと関連づけは行動全体を枠組みにしているから、その行為は一つの体系として現われる。それがここでの言語コードである。

男たちも、他の家族の男や女との関係において意識されているだけではなく、さらに集団行動のなかでの役割において観念化され、たとえば「リーダー」として記号化される。とうぜんその記号も、それに伴って観念化されている他のメンバーとの関係において現われる。それぞれが記号となることで、全体のなかに位置づけられる。家族もまたその関係のもとで、あらためて意識化されてくるだろうし、そして死者が記号として現われてくるときも、同じ全体のなかに位置づけられるだろう。

そのような意識化のプロセスが、狩猟集団を共同体として整備していく。そのプロセスを推し進めるのは、成員相互間の記号活動である。いいかえれば言語コードの確立にともなって、共同体意識が各人のなかで定着してくる。

もちろん自然環境は、狩猟行動の枠組みを越えてはるかに豊かであるから、記号活動はいわばつねに環境の脅威にさらされている。たとえば獲物の美しさにとらわれることは、行動を混乱させる。だから記号活動は、自然の魅惑に逆らって秩序づけられていると言ってもいい。とうぜんその秩序づけ(コード形成)には、それからの逸脱への禁止が含まれている。この禁止が、戦闘的集団としての持続性を保証し、集団を共同体として存続させているわけだ。各人はその禁止に従うことにおいて、共同体の成員になる。だからここでも、言語コードが同時に社会的な「法」になる。

③「誓い」のコード

牧畜社会は、狩猟社会と対照的である。牧畜は、「休息とひま好きな情熱の生みの親であって、それだけで十分に自給自足していける」(T 169)。だからここでは、「だれもが他人の助けなしに暮らすことができ、社会をつくりだす欲求がいちばんゆっくりと感じはじめられる」(T 171)。ただし、家畜のために「共同の水飲み場が必要であり」、「井戸を掘るために力を合わせる」必要もある。そこで「協定や争い」が始まる。「協定」は、出典(「創世記」)によれば、井戸の権利取得に対する小羊七匹の贈与という契約行為であり、それがそのまま当事者間での「誓い」になっている。「誓い」も一つの「法」である。

贈与は、価値の異なるものの交換である。使用価値の明確な物と物との交換とちがって、贈与のばあいは物の機能や役割だけでは、交換される価値は計れない。使用価値とは異なる価値が事物にそなわっていると考えられていて、それでもって他の事物や行為と比較されなければならないわけだ。そういった価値意識は、狩猟行動や牧畜労働そのものからは生まれてこない。

そして「水飲み場」は、「協定」の場所である以上に、「祭り」が起こる場所でもあった。そこでは記号活動が目的行動（協働）から解き放たれているので、生活環境のなかにふくまれている事物や動物、そして行為が、すべて記号表現の対象になり、そしてその記号表現は、使用価値とは異なる価値をもつものとして現われてくる。

「祭り」に現われる価値については、ルソー自身の記述が『不平等論』のなかにある。「恋愛と余暇から生まれる本当の子供である歌と踊りが、なすこともなく集まった男女の楽しみ、いやむしろ仕事となった。各人が他人を眺め、自分も眺められるのを望むようになりはじめ、みんなの尊敬が一つの価値をもったのである。もっとも上手に歌ったり踊ったりする人、もっとも美しい人、もっとも強い人、もっとも巧みな人、あるいはもっとも雄弁な人が、もっとも尊重されるように」なった（SVI 068）。これは「不平等への第一歩」として述べられていることだが、その点についてはあとにまわそう。ここではそういった価値意識が、人間社会のなかで無限に展開していくことに留意しておけばよい。

歌と踊りは、当初ただ楽しむだけのものであった。楽しむだけであったから、人はたとえば鳥の羽根を飾りにし、ラヴコールのものまねをした。労働の場ではなんの意味も持たないものが、そこでは記号表現になる。「恋愛と余暇」を楽しむ男女にとっては、鳥の羽根やラヴコールは心を魅惑するものであり、その魅惑が記号に表現されて、見る者、聞く者の心を動かす。心が強く動かされれば、その記号表現は人々に好まれ、「尊重」されることにもなろう。ただしそこで働いているのは限界的コードであり、これはまだ「法」ではない。

「楽しみ」はやがて「仕事」になる。楽しさゆえにふだんの生活のなかでも待ち望まれ、意図的に再演されるからである。そこでは以前に経験した楽しさがつくりだされる。つくりだすのは各自の記号活動であり、したがってそこでの一つ一つの記号表現は、演じられていることを指示しながら、楽しさをつくりだす役割をもになうことになる。一つ一つの記号が、つくりだされていく全体の部分になり、祭りに秩序が現われる。もちろんこの秩序は、協働のばあいとちがって、現実の行動を規制するものではなく、演じるという虚構の行動を方向づけるだけである。したがって現実的な禁止する「法」にはならないが、そのかわりここでは、いわば虚構を壊すことが禁じられ、その禁止が約束事（コード）として働きはじめる。

祭りの楽しさは、日常生活を活気づける。見せあい聞かせあうことが日常化されて、おしゃれとおしゃべりの風習になる。人類史のなかでも、おしゃれ（アクセサリー）の出現は、埋葬に次いで古く、おしゃべりもそれに誘発され、あるいはそれを誘発したと考えられる（K 077）。おしゃれの楽しさが、自分を見せあい反応しあうことにあるのと同様、おしゃべりでも、自分の思いを述べあい反応しあうことが楽しまれる。いずれも記号表現であるけれど、記号によって指示されていることは、あまり重要ではない。それよりもたがいに反応しあいながら楽しさを盛りあげることが、ここでの記号活動の主眼である。

演技の約束事が日常の記号表現に及ぼされてくる。祭りの演技で「美しい」ことだけではなく、日常の振舞いで「美しい」ことが楽しまれる。人も事物も動物も、日常世界のなかでいわば何かを演じはじめる。たとえば羊も、食用や羊毛として見られるだけではなく、人と同じように可愛がられ、「尊重」される。羊が一家の宝になる。もの言わぬものが何ごとかを語りはじめる。いいかえれば価値を表示する記号になる。

価値を表示する記号にしているのは、人々の思いであり、思いを述べあうおしゃべりである。アクセサリーも羊も、人々の心が動き、人の口にのぼるから、飾りとしての値打ちをもち、あるいは宝として尊重される。それらの価値は、実体的には捉えようがなく、虚構でしかないけれど、心が動き、口にのぼることによって、実質的に支えられている。虚構を支えているのだから、そこでは約束事が働いている。たとえば一つ一つのアクセサリーにケチをつけるのはかまわない（あるいはむしろ、場を盛りあげるものとして楽しまれる）けれど、アクセサリーで身を飾ること自体にケチをつけるのは許されない。それがおしゃべりの場での約束事（コード）であり、そのコードが、アクセサリーや羊を価値表示的な記号にしている。

おしゃべりそのものも、同じ約束事のもとにおかれ、価値表示的な記号活動になる。それがルソーのいう「南の言語」と考えられる。「南の言語」は、「音節」に対する「抑揚」、「単語」に対する「構文」、「明確」に対する「曖昧」によって特徴づけられるので（2⑶③）、言語コードとしての法則性や体系性が形成されるとは考えにくい。けれども、心の動きをあらわす「抑揚」、思いを述べる「構文」、たがいの反応に依存することから生ずる「曖昧」さは、おしゃべりの言語活動を定義している。とうぜんそのコードは曖昧であり、人と場に依存したものであるだろう。そのかわりそれは、非言語的な記号表現と一緒になって、労働の場には現われえなかった一つの世界、遊びがつくりだす虚構の世界を形成する。

遊びの世界は、人々をゆるやかに結びつける。アクセサリーを身につけ、羊を「尊重」することが、たがいに仲間であり、心の通う者どうしのしるしになる。価値表示的な記号とは「しるし（signe）」であり、「しるし」は、贈り物のかたちで伝達され、交換される。アクセサリーが愛を伝え、歌が愛の行為と交換される。

交換は人と人とを結びつけ、そして人と人とが結びつくために、交換がはじまる。娘と羊が交換され、井戸の権利と小羊七匹が交換される。娘は労働力や出産能力で評価されるだけではない。家族内で大事にされている分だけ、対価（羊）もそれに相応する心のこもったものであり、その交換が家族と家族を強く結びつける。

井戸と小羊七匹も、使用価値では釣り合わなくても、それらを「尊重」する心の動きにおいて等価であるから、交換される。小羊は心の動きの「しるし」（記号）であり、それを相手に送ることは、自分の心を相手に伝えることである。そして「しるし」（小羊）を相手に贈ることは、自分の心を相手に預けることである。だからそれは「誓い」である。「誓い」は、個人間でも家族間でも共同体間でもかわされる。愛の誓い、婚姻の誓い、友好の誓いである。伝達行為が、そのまま「法」になる。「誓い」は、贈り物を通して、その場で立てられる「法」であって、当事者間でしか通用しない。贈り物は「しるし」であって、当事者間でも価値評価に違いが生じる。したがって「法」として不安定であり、争いの種になる。「協定」には「争い」がつきものであり、「協力」はつねに「折れ合い」である。けれどもそれは評価をめぐる争いであり、「誓い」の行為そのものは尊重され、虚構は維持される。

「誓い」を破る行為は、贈り物を「しるし」にしている虚構の世界を壊すことであり、遊びの世界の約束事に違反することになる。いいかえれば、当事者間を越えて、人々の間に成立している約束事に違反する。「誓い」を破る者は、私的な復讐の対象になると同時に、おしゃべりの世界からも追放されることになるだろう。おしゃべりからの追放は、社会的な制裁である。「誓い」の「法」には、違反に対する制裁力が働いている。

④「一般意志」

農耕は、「文明人」の社会を形成する。それは、「あらゆる技術に結び」つき、「所有地とか政府とか法律とかをもたらし、そしてしだいに貧困と犯罪をつくりだす」(T 170)。「文明人」の社会は不平等社会でもある。

農耕社会の始まりにおいても、祭りが現われる。『不平等論』では、祭りが不平等の始まりであったが、ここでの祭りは、牧畜社会のばあいと同様、牧歌的に描かれていて、不平等とはまるで無関係のようである。「人々は定住しはじめると、自分の小屋のまわりのほんの少しの土地を開墾した。それは畑というよりは、むしろ庭であった。収穫されたわずかな穀物は、石と石のあいだですりつぶされ、灰の中やおき火の上、あるいは焼け石の上で焼き上げられて、数個の菓子ができあがる。それを人々は祝祭のときだけ食べるのであった」(T 167)。「祝祭(festins)」はまた、「人類にとっての聖体拝領(communion)であった」とも述べられている。不平等社会はあとにして、「祝祭」のほうをさきに追ってみよう。

「祝祭」は「男女の楽しみ」ではなく、収穫の祝いである。食は性と同じく、あるいはそれ以上に人々の楽しみであり、とうぜん北の狩猟社会にもそれは現われる。「(肉を)焼くために必要な火の使用には、火が燃えるのを見る楽しさと、熱が身体に与える心地よさがつけ加わる。……共同のたき火のまわりに人々は集まり、そこで宴をはり、踊る。……その粗末なかまどに神聖な火が燃えて、人々の心のなかに、人間らしさの最初の感情をめばえさせるのである」(T 174)。この「宴(festins)」の習慣は、「ホメロスの饗宴(festins)」にまでおよぶ。〈festins〉を祝祭、宴、饗宴と訳しわけてしまったけれど、ルソーがそこに同じ楽しさを見ていたのはいうまでもない。

「祝祭」では、収穫の豊かさと楽しさが同じことなので、楽しむことが、豊かさを意味するようになる。やがて人々は、豊かさへの期待でもって祭りを楽しみ、豊かになるために祭りを盛りあげようとするだろう。期待の実現が、祭りの目的になり、祭りが行事になる。行事を盛りあげるのは、各人の記号表現である。収穫への期待のなかで、労働の場での動作や事物、動物、そして音声記号も動員されるだろうが、それらはいずれも、ここでは行事を盛りあげる方向において、あらためて秩序づけられる。たがいの表現を楽しみあうだけではなく、それぞれの表現が期待を実現する手段として位置づけられる。位置づけられた記号表現の全体が、祈りである。

祈りは、それぞれの記号表現を通じて、それぞれの願いを一つにまとめる。それぞれが記号表現に熱心であればあるほど、祭りは全体として盛りあがり、祈りのクライマックスにおいて全員の一体化が経験されるだろう。祭りに向かわせるのが、ここでは日常のなかでの豊かさへの期待であるから、この経験は、各自の意識のなかで日常へ持ちかえられる。祈りの経験を通じて、集団としての結びつきが強まり、精神的共同体(communion)ができあがる。祈りは、だから「聖体拝領」でもある。

もっともルソーは、「菓子が最初に食べられたとき、それは人類にとっての聖体拝領であった」と書いているので、〈communion〉という言葉は、ここでは文明社会の始まりを象徴する行為を意味しているにすぎない。けれども、文明社会の始まりに「社会契約」を置こうとする彼の議論のなかにも、同じような精神的共同体が現われてくる。

『社会契約論』によれば、人類が自然のみに依拠できなくなり、その障害を越えねばならなくなったとき、「みなが集まって諸力の総和をつくりだし、これらの力をただ一つの原動力で動かして、共同の活動に向ける」方法が求められる。その方法は、各人が「身体すべての能力を共同のものとして、一般意志の最高の指揮のもとに置く」ことにしかなく、それに応じて各人が自分を「分割不可能な全体の部分として受け入れる」。そうすれば、「各人はすべての人に自分を与えるから、だれにも自分を与えないことに」なり、「以前と同じように自由のままでいられる」。これが最初の「社会契約」であり、それによって「一つの精神的で集合的な団体」が生み出される。その生誕は、人類にとって「幸福な瞬間」になるはずのものであった（SVII 017,sq.）。

行事としての祭りと、この「契約」行為は、基本的なところで相似している。[1] 参加者全員が祈り（「一般意志」）のなかに自分を投入し、そこでの一体化の経験を自分のものにする（各自が「分割不可能な全体の部分」になる）ことで、精神的な共同体として一つにまとまる。祈りにおいて投入されるのは、自分の願望（豊かさへの期待）とその表現であり、「社会契約」のばあいと違って、自分の所有物（「身体能力」と「財産」）が捨象されるけれど、集団的合意の形成としては、こちらのほうがむしろ現実的であるだろう。実際に人類史にあらわれる狩猟社会でも、祭りで醸成される共同体意識が、生産性を高めていたと考えられる（K 083,sq.）。

『社会契約論』では、この最初の契約によって、「義務の呼び声が肉体の衝動に、権利が欲望にとって代わる」ことになっている。この「義務」と「権利」は、まだ「法」とは呼ばれず、「道徳性」として現われてくるだけである。行事としての祭りにおいても、同じ「道徳性」が現われるだろう。豊かさのために共に働くこと（義務）であり、豊かさの分け前に共に預かること（権利）である。それを人々の意識のなかに書きこむのは、祭りを盛りあげる記号活動以外にはない。

この記号活動は、「誓い」を成立させた記号活動と同じではない。演技の約束事によってつくりだされる虚構の世界が、ここでは祈りの目的性によって貫かれているからである。豊かさの実現に向けて演じられる記号表現は、みのりの過程を観念的に構成するものでもある。自然界における動・植物の繁殖であれ、人為的な繁殖であれ、時間（季節）と空間（土地）の両次元に広がる様々な記号表現が、繁殖する自然のイメージとして全体化され、そのイメージが逆に一つ一つの記号表現を全体のなかにあらためて位置づける。現実的行動のなかに位置づけられていた労働と配分も、そのような全体のなか、いわば観念化された自然のなかに置きなおされる。

労働と配分にかかわる言語記号も、現実の行動から解き放たれ、祈りを構成しながら、祈りの全体性のなかにあらためて位置づけられる。現実の場での統制するコードも、それぞれの記号表現をかたちづくりながら、祈りを全体として秩序づけている働きのなかに統合される。一つ一つの言語記号が、観念化された自然のなかであらためて関連づけられる。観念化された自然とは、一つの虚構世界であり、そのような虚構のなかに位置づけられた労働と配分が、「義務」（共に働くこと）として、「権利」（分け前に共に預かること）として、あらわれてくる。

そのような位置づけにおいて働いているのが、ここでの記号活動のコードである。このコードは、

『社会契約論』では「理性」と呼ばれる。「義務」と「権利」が衝動と欲望にとって代わるとき、「そのときまでは自分のことしか考えていなかった人間が、以前とは別の原理によって動き、自分の好みに耳を傾けるまえに理性に問い合わせなければならなくなっていることに気づく」(ibid)。「理性」という言葉は、一見、祭りにそぐわないようだけれど、思考を一定の原理にもとづいて秩序づける働きと考えればよい。虚構(観念化された自然)が原理にあたり、位置づける働きが「理性」である。人類史のなかでいえば、その働きが神話を形成する。神話は、科学的思考においては非合理であるが、「野性の思考」においては合理である。

「理性」をコードとする言語活動は、おしゃべりの言語活動と原理が異なる。というよりも後者には原理がなく、思考を秩序づける働きもない。そこでは虚構(原理)は形成されるものであり、それを壊すことだけが禁じられる。環境の魅惑に対して開かれているので、「誓い」は自由に立てられ、「誓い」への違反は、結果的にしか制裁の対象にならない。それに対して、「理性」が働いているところでは、「義務」への違反は、そのままで「権利」の喪失を意味する。「義務」と「権利」の相関が、いわばすでに成文化されたようなかたちで、意識のなかに書きこまれているわけだ。

けれども意識のなかでの成文化は、それだけでは人々のあいだで「道徳性」としてしか現われない。「理性」による言語活動は、おしゃべりと違って楽しさをともなうことがなく、そのままでは人々の日常意識を支配することにはならないからだ。したがってまた違反に対する禁止に、社会的な制裁力がともなわれない。『社会契約論』では、それゆえに別に立法者が必要とされる。また人類史のなかでは、制裁する力をもつもの(自然の「霊」)が神話のなかに現われる。「霊」は、すでに観念化された自然のなかにあり、祈りの記号活動のなかで育成されてくるものなので、「霊」を無視することは、祈りを無視し、仲間を無視することになる。「霊」は、自然を正しく運行させているものであり、報復する力をもつものとして畏れられるが、報復する力の源は現実の集団にある。だからそこでは「道徳性」が「法」として働く。

「理性」をコードとする言語活動は、成文法を準備している。『社会契約論』では、立法者は「理性」に従い、人類史のなかでは、集団のリーダーが「霊」の代行者として（あるいは代行者と結びついて）、法を施行する。成文法が強制力としてあらわれ、その段階で、国家が形成される。

ただし『言語起源論』のなかでは、ルソーは「理性」に、以上のような積極的な意味を与えていない。逆にそこでの「理性」は、言語から生命力を奪うものである。「欲求が増大し、仕事が繁雑になり、知識が拡大するにつれて、言葉は性格を変える。それはより正確になり、情念を失っていく。感情にかわって観念があらわれ、心にではなく理性に語りかけるものとなる。そのため抑揚は弱まり、分節音が広がっていく。言語はより的確で明晰になるが、しだいに活気のない、響きのにぶい、冷たいものになる」（T 148）。

「祝祭」は、農耕社会にかぎらず、狩猟・牧畜社会にも現われる。ルソーは、狩猟・牧畜社会にまだ不平等はないと見ている。だが人類の「聖体拝領」であるはずだった精神的共同体は、人類にとって「幸福な瞬間」とはならず、逆に不平等の社会を準備する。「祝祭」のなかで生まれた「理性」が、言語から生命力を奪い、そして「貧困と犯罪」をつくりだす。どうしてそういうことになるのか。それが次章のテーマである。

（1）「一般意志」と「祭り」との関連については、すでにスタロバンスキーの指摘がある。「集合的な祭りの高揚は、『社会契約論』の一般意志と同じ構造をもつ。公衆のよろこびの叙述は、われわれに一般意志の抒情的側面を見せている。それは一般意志の晴れ着を着た側面なのだ」（松本勤訳『J・J・ルソー　透明と障害』思索社P.183）。スタロバンスキーが参照しているのは、『ダランベールへの手紙』で述べられているジュネーヴの祭りの回想である。この回想を媒介にすれば、『言語起源論』の「祝祭」は「一般意志」といっそう近くなろう。

このスタロバンスキーの考えをさらに進めて、作田啓一は、ルソーの「契約の理論が祭りのモデルの上に構築された」と考えられる可能性を示している（「ルソーの集団観」桑原武夫編『ルソー論集』岩波書店、P.140）。同様に言語の理論も「祭りのモデルの上に構築された」と考えることができそうである。なお、本稿での「一般意志」についての理解は、作田の『ジャン - ジャック・ルソー　市民と個人』（人文書院）によるところが大きい。

(2) 所有と文字コード

①文字・民族・社会

ルソーは、文字の発達を三つの段階にわけている。最初の文字は、「事物そのものを描き出す」もので、絵文字にあたる。「メキシコ人が直接的に、あるいはエジプト人が寓意的な形態を用いて行なっていたもの」といわれる（T 148sq.）。エジプトの象形文字（ヒエログリフ）には表音文字が含まれるので、ここでいわれているのは、その初期的な形態とみなしておこう。

二番目は、「約束事による字形で語や文節を表示する」（cor.）もので、「中国人の文字がこれにあたる」。「音を描き、また目に話しかける」ともいわれるので、漢字にかぎらず表音をふくむ象形文字、つまりヒエログリフや楔形文字もここに含められる。

三番目は、「話し声をある一定数の部分、母音であれ子音であれ基本となる部分に、分解してしまう方法」（cor.）で、アルファベット表記にあたる。「それを思いついたのは、いくつもの国を旅し、いくつもの言語を話さねばならなかった商業民族であったにちがいない」という。

この三つの表記法は、「民族（nations）として集合した人々を考察するさいの三つの状態に、ほぼ正確に対応している」とルソーはいう。「未開の民族（peuples sauvages）」、「蛮地の民族（peuples barbares）」、「開化した民族（peuples policés）」である。

この三つの「民族」の状態は、さきに述べた三つの社会状態（「社会の面から考察された人間の三つの状態」）とは、かならずしも一致しない。そこでは、「未開人」の狩猟社会と、「蛮人」の牧畜社会と、「文明人」の農耕社会とに分けられていた（3⑴②）。用語は同じようであるけれど、狩猟と牧畜が時期的に並行していて、そのあとに農耕社会が現われることになっていた。またここでは、絵文字は「情念言語に対応する」とされているが、「情念言語」は「南の言語」であり、それに対応していたのは牧畜社会であった。さらにまた、このすぐあとでは「ヒエログリフより不便な文字をもつメキシコ人」が「開化した民族」といわれるので（T 151）、いっそう論理的に混乱してくるが、「開化した民族」を農耕社会と読みかえれば、意味はとおる。そのかわり絵文字をもつ「未開の民族」（あるいは象形文字をもつ「蕃地の民族」）にも、農耕社会があるということになる。

以上をやや強引に整理すると、「未開の民族」には、文字のない狩猟社会と、絵文字をもつ牧畜、農耕社会があり、「蕃地の民族」には、象形文字をもつ牧畜、農耕民族があり、「開化した民族」には、アルファベットをもつ農耕、商業社会があることになる。

他方ではまた、ルソーはそれぞれの社会のなかにも、発展段階を想定している。狩猟社会には、協働の必要が言語を生む時期と、征服者（牧畜、農耕社会の征服者）として現われる時期があり（3(1)②）、牧畜社会には、祭りが言語を生む段階（2(3)③）と、「礼儀作法」が現われてくる段階（後述）がある。また農耕社会にも、畑が庭であるような時期（3(1)④）と、私有が発達し、商業が盛んになる時期がある（後述）。いずれも文脈を異にして言及されているので、体系的に述べられているわけではないけれど、それぞれの社会が現われてくるときの素朴な状態と、それが発達してからの状態とが、かなり意識的に区別されているように思われる。

その区別と関連させれば、文字表記と社会との関係が、もう少し明瞭に見えてくる。すなわち、絵文字をもつ「未開の民族」は、牧畜、農耕社会の比較的早い段階にあたり、象形文字をもつ「蕃地の民族」は、牧畜社会の発達した段階と、農耕社会のある程度発達した段階（私有が現われる段階）に相当し、そしてアルファベットをもつ「開化した民族」は、農耕社会の高度に発達した段階（商業民族が現われる段階）になる。

音声言語の形成は、社会が生まれてくるときの素朴な状態と関連していたが、文字言語のばあいはそうではない。「書く技術は、話す技術に直接つながってはいない。それは別の種類の欲求に発するものであって、その欲求は、各民族の存続時期とはまったく関係のない一定の状況によって、あるいは早く、あるいはゆっくりと生まれてくる」とルソーはいう（T 151）。ここでいわれる「別の種類の欲求」は、それぞれの社会の進展にともなって現われると考えられる。したがって文字について考えるためには、その「欲求」が何であり、「一定の状況」がどのようなものであるかが、問われなければならないわけだ。以下そこに焦点をあてて、文字の三段階を一つずつ追っていくことにしよう。

②絵文字と私有の淵源

まず絵文字のばあい、「この段階は情念言語に対応するものであり、すでになんらかの社会と、情念によって生じた欲求があったと想定される」（T 149）と述べられている。「情念言語」は「南の言語」であり、そこでは歌や踊りと同じように、絵も記号（「しるし」）である。

けれども、「しるし」である絵は、かならずしも絵文字ではない。第一に、絵が文字であるためには、それによって伝えられようとしている事柄が、受け手の心の動きによってではなく、描かれた形態を通して、集団のだれにでも明瞭に理解されるようになっていなければならないし、また、同じことがらを伝えるためなら、集団のだれもが同じ絵を描くようになっていなければならないだろう。そのためには、絵が事物や事象から抽象された特定の形態において描かれ、その特定の形態と、それによって表示されている事物や事象との結びつきが、集団のなかで共有されていなければならない。

第二に、「しるし」である絵は、それ一つで意味を持ちうるが、絵文字は単独では機能しえない。たとえば抽象化された「男」の絵は、「太陽」の絵との関係で特殊な人物をあらわしたり、「女」の絵との関係で、女に対する男一般（夫、恋人）をあらわしたりするだろう。だから、「しるし」である絵は無限でありうるけれど、絵文字は組み合わせが可能な関係のもとに制約され、その関係が集団の必要に応じて体系化されてくる。意識的であれ無意識的であれ、そのような体系を参照しながら絵を見る習慣が、絵を文字として読ませるわけだ。

「しるし」である絵は、そのような抽象化と体系化によって、絵文字になると考えられる。いいかえれば抽象化と体系化が、絵文字のコードを成立させる。したがって、そのようなコードを成立させる社会的な条件が、ルソーのいう「民族」内での「一定の状況」であり、その成立を促すものが、「別の種類の欲求」であることになる。

たぶんルソーはそのことを念頭において、「すでになんらかの社会と、情念によって生じた欲求があった」と述べたのであろうけれど、これだけでは曖昧すぎる。牧畜社会には誓いの「法」があるけれど、この「法」と絵文字のコードとは、そう簡単には結びつかないし、また「情念によって生じた欲求」がどのようなものであるかは、この文からだけではわからない。

「南の言語」についての章末に、次のような文章がある。「歓びの娘である最初の言語は、長いあいだその生みの親のしるしを身につけていた。心を魅するその抑揚が消え失せるのは、それを生み出した感情が消えてしまうときであり、それは新しい欲求が人々のあいだに入りこんできて、だれも自分のことしか考えず、心を自分のなかに閉じこめざるをえなくなってからのことである」(T 179)。ここでいわれる「新しい欲求」は、利己心であり、私有とともに現われてくると考えられる。『不平等論』でも同様に、「私有の最初の結果」として、「他人の上に立ちたいために、自分の相対的な財産をふやそうとする熱意」をはじめ、「無数の新しい欲求」が現われる(SVI 074sq.)。この文脈でいえば、絵文字の成立は私有の発生よりあとになる。

けれども、この「新しい欲求」の根は深く、すでに述べたように祭りのなかでの「楽しみ」にあった(3(1)③)。そこでは「上手に歌ったり、踊ったりする」ことが尊重され、「みんなの尊敬が一つの価値」をもつようになる。その「価値」のために、「一方では虚栄と軽蔑が、他方では羞恥と羨望が生まれ」、これが不平等への「酵母」になるというのであった。「虚栄」と「羨望」は、「他人の上に立ちたい」という欲求であるから、ここでは「新しい欲求」のほうが。私有の発生より古い。

「上手に歌ったり、踊ったりする」ことの尊重は、「南の言語」との関連では、誓いの「法」として現われたが、この「新しい欲求」との関連では、それとはちがった「法」のかたちをとる。『不平等論』では、「人間がおたがいに相手を評価しはじめ、尊重という考えが人間の精神のなかに形成されるとすぐに、だれもがその権利を主張し、もはやだれにとってもそれを欠いては、そのままではすまされなくなったのである。ここから、礼儀作法の最初の義務が、未開人のあいだにさえ生まれた」と述べられている（SVI 069）。「礼儀作法（civilité）」も、一つの「法」である。

誓いの「法」と、礼儀の「法」とは、同じく「尊重という考え」から発しているけれど、同じではない。前者のばあいは、贈り物が心の「しるし」であるから尊重されるが、後者のばあいは、それがしきたりにかなっているから尊重される。人々のしてきたことが心の動きにかなっていたので、してきたことに従うことが、心の「しるし」とされるようになる。そのため「しるし」が個々の心から離れ、してきたことの価値（しきたり）と結びつく。価値の参照体系が、それぞれの心から世間のしきたりにかかわるわけだ。

価値の参照体系が「しきたり」にかかわるということは、それにかかわる行為や事物が記号になるということでもある。つまり一つ一つの行為や事物が、しきたりを構成するものとして観念化され、体系づけられる。この観念化と体系化は、絵文字のコードと無縁ではない。

「礼儀作法の義務」を守ることは、自分が尊重されることの「権利を主張」することでもある。この権利主張は、自己表示をともなう。「しきたり」を構成する行為や事物が記号であり、それが人々に表示されることで、尊重の対象になるからである。自己表示は、はじめのうち物質的なシンボルによって展示されるだろう。羽根飾りや動物の毛皮が身につけられ、あるいは交換された品物に自分の護符などが押印される。けれどもそれらは、自分の存在や自分への所属性を表示しても、自分の経歴や家族の由来を語るものとしては足りない。「しきたり」が尊重される社会では、自分のしてきたこと、家族のしてきたことが尊重される。経歴や由来は述べられなければならず、したがって単独のシンボルではなく、シンボルを組み合わせて表示することが必要になる。そこでシンボルは抽象化された絵になり、絵と絵が組み合わされて展示される。

自己表示は、やがて自己顕示、つまり虚栄から権勢欲へと展開していくだろうけれど、そうなるのは、展示された記号が、相互的な交換の場から抜け出て、一方向的な伝達の場におかれやすいからである。送り手にならない受け手が多くなれば、それだけ権利主張の側面がより大きく満たされる。期待される受け手が、空間的にも時間的にも拡大され、その手段として役立つことが記号に求められる。より広く告知され、より長く記録されることが、記号の条件になる。絵文字が発達する。

③象形文字と「特殊意志」

象形文字についてルソーは、「これが成立するためには、言語が完全にできあがっていて、かつ一つの民族全体が『共同の法』によって統合されていなければならない。というのもここにはすでに二重の約束事があるからである」と述べている。

「完全にできあがって」いる言語とは、「北の言語」や「南の言語」のような想定された民族語ではなく、それ以後「いくども混ざりあい溶けあってできた」現実の諸言語のことである。これは「現代の諸言語」(T 182)ともいわれるが、アルファベットをもつ言語は次の段階になるので、ここではそれ以外の民族語(中国語、エジプト語、シュメール語など)をさすことになる。

「二重の約束事」とは、音声言語のコードと文字コードのことだろうから、その二つのコードを成立させる条件として、「共同の法（des Loix communes）」が想定されていることになる。音声言語のばあい、「北の言語」では統制するコードが、「南の言語」では誓いのコードが、それぞれ言語コードであると同時に共同体を成立させる「法」でもあったけれど、ここではそれらがすでに「混ざりあい溶けあって」いるので、音声言語と「法」との関係が変わり、社会のなかでの「法」のありかたも変わっていると考えなければならないだろう。

農耕社会に現われる「祝祭」は、「北の言語」を形成してきた協働と、「南の言語」を形成してきた祭りを一つに溶けあわせたものであり、そこに現われる言語コード（「理性」）が、ここでの「共同の法」にあたるると、いちおうは考えることができる。このコードは祈りを構成するものであり、祈りには、自然界の運行についての理解（記号による秩序づけ）が含まれる。その記号活動に、文字（絵文字、数を表わす線描など）が援用されることもありえただろうし、またその文字には、「霊」の力（自然を運行させている力）が現われていると見なされていただろう。そこでは文字は神聖なものであり、日常的な言語活動を越えたところにある。

祈りの「法」は、道徳性として人々の社会生活を律していく。農耕社会では、その道徳性（祭りで醸成される共同体意識）が、集団全体の生産力を高めていくが、同時にそれによって生ずる経済的余剰が、人々の生活意識を変える。祈りの「法」を生みだした社会的基盤に変化が生じ、それだけでは「共同の法」として機能しなくなる。絵文字を象形文字に進化させるのは、むしろその生活意識の変化であり、変化にともなって形成されてくるもう一つの「共同の法」であるように思われる。

農耕社会では私有が発達する。共同体の最初の段階では、労働と配分は祈りの「法」（「理性」）のもとにあり、したがって公的な所有が発達するが、これは、供物としての全体への贈与（理念的には

「全面的譲渡」）であり、自家消費のための収穫物が手元におかれる（理念的には「失うすべてのものと等価のものを手に入れる」）。そのさい土地の条件や各家族の力と才能などによって、収穫量に差があらわれ、自家消費のための取り分を増大させることが可能になる。祈りの「法」はこの所有にまでは及ばないので、すでに潜在していた所有欲（祭りに現われる「虚栄」と「羨望」）が、家族間の競争のもとで顕在化し、促進される。「自分の相対的な財産を増やそうという熱意」が、「一方では虚栄と対抗心、他方では利害の対立、そしてつねに他人を犠牲にして自分の利益を得ようという隠された欲望」をよびさます。

『不平等論』では、ここで『社会契約』がとりかわされる。この契約は、財産の略奪を恐れる者によって人々に提案される。「弱いものたちを迫害から守り、野心家を抑え、各人に属する所有物を各人に保証するために、団結しよう。すべての人が従わなければならず、だれも例外とはならず、強力な人も弱い人もおたがいの義務に従うことによって、とにかく運命の気まぐれを償う、正義と平和の規定を制定しよう。要するに、われわれの力を、われわれ自身に向けないで、賢明な法律によってわれわれを支配し、協同体のすべての成員を保護し、守り、共通の敵をはねのけ、永久の和合のなかにわれわれを維持するような一つの最高の権力に集中しよう」（SVI 077）。

この契約と、『社会契約論』の契約とは、一見したところ同じようであり、提言はそれ自体として非合理ではない。けれどもここには平等の条件となる「全面的譲渡」がなく、また最高権力が道徳的な「一般意志」ではなくて、功利的な「特殊意志」のもとにおかれている。私的な意志が公的な意志の顔をして、「法」を形成するわけだ。人類史でいえば、共同体の実力者が「霊」の代行者になることで、自己のもとに権力を集中する。

象形文字を成立させる「共同の法」は、この「特殊意志」にもとづく契約であると考えられる。『不平等論』では、この契約が「社会と法律の起源であった」といわれる。ここでの「社会」は「国家」を意味し、「法律」は為政者が制定する成文法である。契約が文字を必要とし、文字が契約を可能にする。法を書くに足る文字は、すでに契約にいたるまでの社会的成熟のなかで、準備されている。「特殊意志」にもとづく契約には、「自分の相対的な財産を増やそうとする熱意」と「利害の対立」が先行している。この「熱意」と「対立」のもとで、農耕社会は物品の交換を活発にする。一方では、技術の改良が収穫量の増大をもたらすので、たとえば「穀物と鉄」が交換され（SVI 072）、他方では、「存在」よりも「外観」が人々の尊敬を集めるので（SVI 074）、穀物と奢侈品が交換される。この交換は、贈与と返礼のばあいとちがって、利害関心にもとづく行為であり、交換のさいに参照されるのは、世間のしきたりではなく、それぞれの物品がどれだけの量の他の物品と交換されたかという取り引きの経験である。経験を有効に利用するために、交換された物品の絵と分量が記録される。交換の記録は、自己を表示する場合とちがって、物品を極度に抽象化しておくほうが便利である。絵文字の抽象化がすすむ。

交換の習慣は、公的所有（供物）の集積にも波及する。家族間の競合を背景に、だれがどれだけの物品を奉納したかが記録され、奉献物品表が作られる。私的な交換の場では、家族名は絵（印章）で十分であるけれど、物品表では、簡略化のために象形文字による表音も工夫されるだろう（K128）。ヒエログリフと楔形文字ができあがる。

そして「霊」の代行者が財を集めて実力者になり、他を圧倒する。はじめのうち彼は、礼儀の「法」に従って、自己の業績を展示する。王の碑文が作られる。「霊」の代行者であるかぎり、業績を展示する文字は、神聖なものでありつづけるだろう。けれども王は、やがて私的な交換にも介入し、「運命の気まぐれを償う、正義と平和の規定を制定しよう」とする。この「正義」は、祈りに現われる「理性」の正義（道徳的正義）の顔をしているが、実際には交換の場に現われた「均衡」の正義（功利的な正義）を内容としている。成文法は、そのような「正義」の両面性を表現するものとして完成され、国家の意志を示すものとして展示される（K 132）。

④アルファベットと理性

アルファベットを思いついたのは、「いくつもの言語を話さねばならなかった商業民族」であり、「彼らは、それらの言語すべてに共通して用いられるような字形を、なんとかして作りださねばならなかったのである」とルソーはいう。具体的にはフェニキア、シリア、コプト、ギリシアのアルファベットがあげられている。

ルソーのこの記述は、あまり正確ではない。アルファベットを作ったのは、たしかに商業民族であったフェニキア人であるが（その前史には原シナイ文字の試みがある）、はじめからいくつもの言語で用いられるような字形を求めていたわけではないからである。ただしこの章（「文字について」）でのルソーの問題関心は、文字が言語の「本質を変えてしまう」（T 154）という点にあり、アルファベットもその観点から追求される。

変質の原因は、「もっぱら時の力のせいである」（T 148）といういたいへん曖昧な言い方によって示されている。他方、アルファベットについては、「これはもはや話し言葉を描くのではなく、それを分析するものである」（T 149）と述べられていて、そのことと「時の力」とが関連しているのは明らかである。以下その関連に焦点をあてて、ルソーの記述を追ってみよう。「時の力」についてルソーはこう述べる。「欲求が増大し、仕事が繁雑になり、知識が拡大するにつれて、言葉は性格を変える。それはより正確になり、情念を失っていく。感情にかわって観念があらわれ、心にではなく理性に語りかけるものになる」(T 148)。これは章の初めからの引用だが、ほぼ同じことが、章の終わりでは文字のせいにされ、次のように言いなおされる。文字は「語を変えるのではないが、その本質を変えてしまう。正確さが、表現にとってかわる。話すときには感情が現われるが、書くときには人は観念をあらわす。書くばあいには、すべての語を共通の意味で取らざるをえない。けれども話している人は、音調で意味をさまざまに変化させ、自分の気に入るように意味をきめる。(声の響きや抑揚は)書けば一般的になってしまう文を、その発言の場においてこそふさわしいものにする」(T 154)。二つの引用を重ねると、「時の力」は「書くこと」の力でもあることになる。

書かれた言葉の特質は、一定の条件さえととのえば、「発言の場」から離れて、それだけで意味を通じさせることができるという点にある。その条件を、ルソーは「観念」(または語の「共通の意味」)と、「一般的」な文に求めているわけだ。「正確さ」はその結果として与えられる。

象形文字でも(楔形文字をふくめて)、この条件はほとんど満たされている。それらの文字で書かれた文は、辞書と文法の知識があれば、現代の我々でも読むことができるからである。つまり「共通の意味」とは、辞書に整理されるような語の意味であり、「一般的」な文とは、文法として整理されるような言い表わし方(統辞法)に従っている文ということができる。辞書や文法書はなくても、そのような語の意味と統辞法は、エジプトやシュメール(アッカド)の書記たちの頭のなかで整理され、書記の技能として教えられ、学ばれていたはずである。

アルファベットが象形文字と異なるのは、まず第一に、この書記の技能がいちじるしく容易になる点にある。商人にも書くことができるわけだ。とうぜん職業としての書記は消滅するか、あるいはさらに特殊化される（代書人、写本業）。けれども、「発言の場」から切れているという点では同じであり、「共通の意味」と一般的な統辞法が、文を理解する鍵になっている。この「共通の意味」と統辞法は、やはり教えられ、学ばねばならない。書きやすくなることは、文字教育がなくなることではなく、教育の場が書記職の外に開かれ、拡大されることである。読み書き（文字の技術）を学びながら、商人も「文法」（一般的な統辞法）を教えこまれる。「文法」とは、ギリシア語では「文字の技術」のことであった。

アルファベットが象形文字と異なる第二の点は、音声が表記されるので、書かれた言葉が話し言葉と同一視されやすいことにある。話し言葉はすべてイディオム（地域的な固有性をもつ言葉）である。つまり同一言語でも、地域によって同じようには話されないし、共通していない意味をもつ。象形文字のばあい、書かれた文は、書記がイディオムにいわば翻訳して、話し伝える。したがって書かれた言葉と話し言葉は、別の次元にありつつづける（いいかえれば文字は神聖なものでありつづける）。アルファベットでは、両者がたがいに置き換えられるものということになっているので、書かれた言葉と話し言葉の差は、読み書きの行為のなかで、一人一人が埋めなければならないものとして意識される。読み書きの教育を受けることは、「文字の技術」に従うことであり、各人の意識のなかで、話し言葉（イディオム）が、共通の発音と「共通の意味」と共通の統辞法に修正されるということになる。

以上の二点──文字教育の開放と、それによる言葉の共通化──は、「時の力」によって促進され、かつそれを加速する。「欲求の増大」は私有を拡大し、私有が拡大すれば、生産管理と商品売買で「仕事が繁雑」になる。商品売買では契約書や法律の「知識」が必要であり、農業生産では暦の「知識」も不可欠になる。法律が読め、暦が読めることが、財産を増やすことにつながるわけだ。「時の力」が、人々を文字教育に向かわせる。

法律や暦が読めるということは、環境世界（自然と社会）に対して、自分のほうから働きかける手段を獲得することである。もちろん環境世界は、神々が決定し、国家が支配するところであるけれど、家族間の競争に勝つためには、神々や国家の意志をよく知り、先を予測して行動するのが賢明である。「知識」への欲求が拡大するとともに、人々はいわば知識に対して主体的になる。知識をただ受け取るだけではなく、自らそれを整理し、体系づける。周知のようにアテナイでは、自然界の成り立ちについて個人が意見を述べ、国家の運営について市民が議論をかわすまでにいたる。

自然界について意見を述べ、国家について議論をかわす言葉は、「心にではなく理性に語りかける」。この理性は、かつて祈りに現われた「理性」ではない。ルソーの言葉でいえば、「一般意志」のもとに現われる「理性」ではなく、「特殊意志」のもとで発達してきた理性であり、あるいはもう少し丁寧にいって、専制的な国家意志（「正義」によって国家を支配している「特殊意志」、つまり神と合体した王）に対抗して、「特殊意志」どうしの競争のなかで、発達してきた理性である。

したがってこの理性は、それ自身を正当化してくれる根拠（神）をもたないので、自分自身を秩序づけの主体にする。すでに文字教育を受けながら、人々は言葉の分解と再構成（分析と綜合）の能力を育てている。その能力にもとづいて、相互に識別され体系づけられた観念（概念）と、主客や因果の関係を明示する論理が発達する。「正義」に頼らなくても、概念と論理が環境世界を解き明かしてくれる。「特殊意志」のもとで発達してきた理性が、環境（客体）世界に対する主体として、それにふさわしい力を獲得する。

理性は、「共通の意味」と共通の統辞法を基礎にして発達する。いいかえれば、文字教育を受けた者たち（商人と大土地所有者）のあいだで発達する。他方イディオムは、土地の言葉、日常の言葉でありつづけ、文字教育に縁のない貧乏人と、女、子供のお喋りのなかで生きつづける。これはいぜんとして情念の言葉であり、声の抑揚に頼る感情的で曖昧な言葉である。理性の言葉と情念の言葉とのあいだに格差が生まれ、その格差は、ヨーロッパの中世から近代にかけて、さらに拡がる。

(3) 不平等社会と言語

①自由の言語と隷従の言語

「自由のためにふさわしい言語がある。それは響きのよい、音律のある、調和のとれた言語であって、それを話す声は非常に遠くからでも聞きわけられる。私たちの言語は、長椅子での低いささやき声に向いている」。「古代人のばあいには、公共の広場に集まった民衆に、話を聞かせるのは簡単なことであった。……ヘロドトスは、戸外に集まっているギリシアの民衆に自分の歴史を読んで聞かせたが、称賛の声が響きわたった。今日ではアカデミー会員が公開の会場で論文を読み上げても、部屋の後方ではほとんど聞きとれない」。「ところで私は、集まっている民衆に聞いてもらうことができない言語は、すべて奴隷の言語であると言いたい。民衆が自由であるのに、そんな言葉を話すということは、およそありえないことである」（T 207）。

『言語起源論』は、以上のような古代の言語＝自由の言語、現代の言語＝隷従の言語という対比で締めくくられている。かつて「公共の広場」で語られていたのは、情熱的な話し言葉であり、いま「長椅子」（サロン）や「アカデミー」で語られているのは、理性的な、書かれるのにふさわしい言葉である。ルソーにとって、自由と隷従の対比は、話し言葉と書き言葉の対比でもあった。

この対比は、きわめて明確に主張されているが、問題も多い。なによりもルソーの時代の理性的な言語は、「自由のための」言語であったはずである。ヘロドトスは「民衆に自分の歴史を読んで聞かせた」という。彼の『歴史』は、すでに書かれている。同じように近代の理性の言葉も本に書かれ、そして、たとえ響きが悪かろうと民衆に読んで聞かせることで、フランス革命を準備し、あるいは推進したはずである。

同じ対比を、ルソーは次のようにもいう。アラブ語の読める現代フランス人は、「コーランのページを繰りながら笑ってしまう」けれど、マホメット自身が「よく響く説得力のある声で」語り聞かせたならば、その男たちはたちどころにその言葉を信じることになったであろうという（T183）。理性的な判断を捨て、声の魅力でアラーの神を信じてしまうことが、はたして「自由のためにふさわしい」ことといえるのか。ルソーの結論は、そういった現代の常識に、真っ向から対立している。

コーランを読んで笑ってしまった現代人について、ルソーはこういう。「（ヨーロッパ人は）理性にもとづいて彼ら（アラブ人）を判断しているると思っているけれど、ほんとうはただ彼らの偏見を、自分たちの偏見で見ているだけなのである」。問題は、現代の偏見がどこにあるかを知ることにあるようだ。

ルソーは、現代の「フランス語、英語、ドイツ語は、たがいに助け合い、冷静に議論する人々、あるいは怒りに逆上しやすい人々の、私的な言語である。だが神の司牧が聖なる教えを告げ知らせ、賢者が民衆に法を与え、指導者が群衆をひきいるときには、アラブ語かペルシア語を話さねばならない」という（T 182）。前者は「北の言語」の流れを汲み、後者は「南の言語」にその源がある。「南の言語」は、祭りのなかから生まれた言葉であり、「神の司牧」や「賢者」や「指導者」は、祈りの言葉を語る者である。いいかえれば彼等は、『社会契約論』でいう「立法者」と同じ位置にいると考えられる。「賢者」は、「一般意志」のもとに現われる「理性」に従っている。他方、民衆は「一般意志」を形成するものでありながら、かならずしも「理性」に耳を傾けない。「人民は、おのずから、いつも幸福《ビアン》を求めてはいるが、何が幸福かを、いつもひとりでにさとるとはかぎらない」（SVII 044）。同様に「神の司牧」には「霊」の言葉（自然と人間をつらぬく真理）がわかるが、民衆にはかならずしも理解できない。だからそこでは、「説得することが権力の代わりをしている」（T 206）ことになり、「説得」できる言葉が、「自由のためにふさわしい言語」だということになる。

「賢者」たちは「一般意志」の理性に従っているが、現代の知識人たちは「特殊意志」の理性に従っている。そのため彼らは「説得する」ことを知らず、ただ相手を「説き伏せる」。「ギリシアがソフィストや哲学者ばかりになってから……説き伏せる技術はうまくなったが、感動させる技術は失われた」（T 202.cor.）。「説得する（persuader）」とは、感動させて納得させることであり、「説き伏せる（convaincre）」とは、概念と論理を駆使して、相手を屈服させることである。

ルソーは、アラブの「神の司牧」たちにも「偏見」があることを認めているようである（「彼らの偏見を自分たちの偏見で見ているだけなのである」）。けれども、その「偏見」の内容を取りあげようとはしない。アラブの「神の司牧」の言葉は、アラブの民衆を納得させる。ヨーロッパの「哲学者」

の言葉は、ヨーロッパの民衆を屈服させる。ルソーにとっては、そのちがいが問題なのだ。

感動することが、なぜ納得することになり、概念と論理を駆使されることが、なぜ屈服することになるのか。ルソー自身の説明はないが、これまでの記述から次のように考えることができる。人が感動するのは、その言葉が理性に従って真理を語るものであるからではない。真理を語ろうとする点では、「賢者」も「哲学者」も同じである。人は、声によって心を動かされる。声は、心の動きの「しるし」であり、その抑揚が、聞くものの心を動かす。「賢者」が「理性」に従い、「神の司牧」が「霊」に耳を傾けるとき、そこには彼ら自身の心の動きがある。その動きが、声の抑揚として表われる。「理性」あるいは「霊」は、「一般意志」(祈りの記号活動)のなかに現われる。その「一般意志」を形成するのは民衆であり、現在の聴衆である。だから声によって心を動かされた聴衆は、自分自身でもある「一般意志」に動かされていることになる。語るものの言葉をそのまま受け入れるのではなく、「分割不可能な全体の部分」に成りつつある者として、自分のなかで「理性」に従い、「霊」に耳を傾ける。自分のなかに言葉が現われる。だから納得する。

それに対して、概念と論理は、それ自体で一つの全体を形成する。了解しがたい環境世界を、明瞭に識別された概念に分解し、論理によって再構成された全体、整然と統合されている全体を形づくる。それはいわば一つの身体をそなえた言語世界(言語的実体)であり、それ自体が語る主体になる。分解し再構成した本人(書き手)がその場にいなくても、書かれた言葉が世界を解き明かす。また本人がそれを声で語っても、声の抑揚や調子は夾雑物として取り除かれる。ここでは声も、文字と同様、概念と論理を指示する記号であり、指示する記号としての形態的明確性をもつだけで十分である。抑揚や調子はその形態的明確性をそこなうものである。

この言語的実体について、知的に対等な人々は、たがいに概念と論理を駆使して批判しあい、「議論する」ことができる。だが、そのことはすでに彼らを、「部分的結社である徒党」（SVII 033）、つまり党派的な「特殊意志」のもとに置いている。知的に対等でない民衆（聴衆）は、その「結社」を尊重しておれば、知識人の説くところに従い（「説き伏せられ」）、尊重していなければ背を向けるだろう。いずれにしても民衆の応答は沈黙でしかなく、「称賛の声が響きわたる」ことなど、ここでは起こりようがない。

「説得することが権力の代わりをしていた古代においては、雄弁は欠くことのできないものであった。だが権力が説得にとってかわった今日、雄弁はいったい何の役にたつであろう。……集まった民衆に語るべきどんな話が残っているのか。説教がある。だが聖職につかせるのは民衆ではないのだから、説教をする者にとっては、民衆を説得することなど、本当はどうでもいいことなのだ。だから民衆の言葉も、雄弁と同様、まったく不要なものになってしまった」（T 206, cor.）。同様に知識人にとっても、民衆を説得することは「本当はどうでもいいこと」である。「権力（force publique）」を意のままにしているのは、ルソーの時代には、まだ神と合体したままの王（「特殊意志」）であるけれど、それに批判的な知識人たちも、党派的な「特殊意志」のもとにあり、知的な「力」を発揮している。それは、公共の力の顔をした「権力」、理性として君臨している言語的実体であり、ここでも「民衆の言葉」は不要である。

「民衆の言葉」が不要になってしまったことが、「説得」を過去のものにし、「説き伏せる」技術のみをはびこらせることになる。「社会はその最終段階に達したのだ」とルソーはいう。社会の最終段階は、言語の最終段階でもある。「民衆に向かってはただ『金を出せ』という以外に言うべきことがないのだから、街角に掲示を出すか、家のなかに兵士を立ち入らせて、そう告げるだけですむ。告げるために人を集めてはならないのだ。反対に、国民はばらばらにしておかねばならない。これは現代政治学の第一の格率である」。民衆はその「格率」のもとでばらばらに孤立し、社会のなかで言葉を失い、それぞれの家のなかに閉じこもる。

これが『言語起源論』の結論である。この状態は、奇妙なことに、社会を形成する以前の人類の状態に似ている。ばらばらに分散していた初期の人類には、「家庭の言語はあったが、民衆の言語がまったくなかった」。民衆は自分たちで言葉を生みだし、社会を形成し、文字とともにたがいのあいだに不平等をつくりだし、アルファベットによって環境世界の主体になり、説得の言葉を失って権力に支配され、そしてふたたびばらばらになる。言葉の生成と発展と終末は、社会の生成と発展と終末をみちびき、かつそれによって押し進められる。ルソーにとって、言葉の歴史はそのまま人間社会の歴史であった。

②もう一つの問題

以上で『言語起源論』の読解を終わるが、今まで述べてきたことで、ルソーの結論のなかにうまく組み込まれていないと思われる点を、最後に取り上げておこう。

ルソーにとっては、泉のそばでの若い男女の恋が、民族と諸言語の始まりであった。たとえそれがルソー風に語られた起源神話であるにしても、言語の形成を、男どうしの関係だけではなく、男と女の関係に求めたのは、やはり一つの卓見であったと見なければならないだろう。男と女の関係は、言

語と社会の生成に深くかかわっている。(1)

けれどもこの観点は、それ以後の言語と社会の展開のなかでは、まったく問題にされない。歌と踊りの「南の言語」では、女たちが活躍していたはずであるけれど、以後ルソーの文面には表われず、農耕社会以降、言葉を発達させ、文字を作りだすのは、「仕事が繁雑に」なった男たちであり、女と子供は家庭のなかに置き去りにされる。

社会が「最終段階」に達し、民衆である男たちは社会的にばらばらにされて、それぞれの家庭に閉じこもるが、社会を形成する以前の人類と違って、そこでは女と子供たちがおしゃべりを楽しんでいる。地域に密着したままの言葉の世界、イディオムあるいは方言の世界が、そこにあるはずである。その言葉については、『言語起源論』のなかではホメロスの詩に方言が使われていたという言及があるだけで、それ以上の追求はない。

断片「発音について」に、方言についての記述がある。ただしルソーの立場は鮮明ではない。たとえばこういう。「首都から遠ざかるにつれて、……人々はもっぱらその地方のくずれた話し方に安んじている。……その結果、話し言葉においてはガスコーニュ地方のフランス語とピカルディ地方のフランス語は、二つの独自な言語と思われるほどであり、たがいに了解できず、真のフランス語を話す者にもほとんど理解できないほどなのである」(T 223)。ここではルソーは方言に対して否定的であり、地方間でのコミュニケーションが阻害されているという、きわめて常識的な見解を示している。

ところがこのあと、フランス語がこの百年間のあいだに変化しなくなったことに触れて、次のようにもいう。「(フランス語が変化しなくなったのは)、統治の形態に変化が起こり、パリが他のすべての地方に対して強い影響力をもちはじめ、いうならば王の法令と同じほど速やかに、言葉の規制を地方におしつけたからであり、パリの慣用に地方全体を従えさせ、地方の言葉が優勢にならないよう、自分たちの言葉で伝えあうことをおさえてしまっているからである」(T 224)。ここでのルソーは、パリ中心主義に対して批判的であり、方言の肩をもっている。

「統治形態に変化が起こり」ということは、いうまでもなく絶対王政の中央集権化を指している。集権化には、国内での言葉の統一がともなわれる。それはフランスでは一六世紀に始まり、一七世紀のアカデミー・フランセーズの設立によって、フランス語の規範が確立される。さらに一八世紀に入るとサロンで洗練された言葉が地方に波及していく。ルソーはその流れのなかにいたわけであり、その流れに抗して、アカデミー(国家)とサロン(知識人)の言葉を、「奴隷の言語」と論難していたことになる。とうぜん中央のフランス語に対して、方言を擁護する姿勢が鮮明に打ち出されていいはずだが、彼はその手前で立ち止まる。どうしてなのか。

一つの答えは、次の方向で求められる。ルソーが理想としていた政治形態は、「一般意志」にもとづく立法によって統治されている国家であった。そこでのコミュニケーションは、「公共の広場」での「説得」が基本になる。そのためには、「遠くの人に語りかける技術」が必要であり、「適切な話し方」と「適切な発音」が求められる。だが「地方のくずれた話し方」には、それぞれの「勝手な……自分独自の発音」が横行していて、「説得」の言葉にならない。だから理想的な政治のためにはまず、「適切な話し方と発音」をもつ「真のフランス語」が確立されていなければならないことになる。

もう一つの答えがある。ルソーはフランス語や英語を、書かれるのに適した理性の言語とみなすと同時に、「助け合う」ための言語、つまり協働の必要から生まれた「北の言語」に属するものと考えていた。この言語は、それが生まれた段階から、すでに抑揚に乏しく、響きが悪くて、「遠くの人に語りかける」のに不向きである。それどころか、この言語は音楽を堕落させた張本人でもあった。「ヨーロッパは蛮族に侵入され、無知な人間たちのもとに従属することになって、学問と芸術、そしてその両方の普遍的な道具である言語、すなわち調和のとれた完成された言語を、同時に失ってしまった。北国が生みだしたこの粗野な人たちは、いつしかすべての人の耳を彼らの荒れた器官に慣れさせてしまった。彼らのざらざらした抑揚のない声は、よく響かず騒々しいだけであった。ユリアヌス皇帝は、ゴール人の話し声を蛙の鳴き声にたとえていたほどである」（T 203）。ルソーはここでは、ローマの学問・芸術の側に立って、ゴール人の言葉を軽蔑している。とうぜんその流れを汲むフランスの各方言を、ルソーは評価できなかったにちがいない。

この文章の直前では、ルソーは「首都（ローマ）でもてはやされた歌が、地方（ギリシア）の歌を少しずつ変質させた」と書いている。それがここでは逆転して、地方（ゴール）の言語が首都の「完成された言語」を堕落させることになる。ギリシア文化の変質を語ることに文章の主眼があるとはいえ、変質させるのはここでは文明の言語ではなくて、未開社会以来の土着の言語である。文明が未開を堕落させるのではなく、未開が文明を堕落させる。明らかにここでのルソーは、自分の基本的な主張に背を向けている。カナダの未開人の歌を評価していたルソーが、どうして自分の足もとの「野蛮」な言語に耳を傾けようとしなかったのか、それに答えるのは、たいへんむずかしい。

③残された課題

『言語起源論』は、情念と理性、「南の言語」と「北の言語」、話し言葉と書き言葉、旋律と和声、公共（一般意志）と私利（特殊意志）の対立を骨組として成り立っている。対立項の前者は、未開と古代の社会に属し、後者は、「北の言語」を除いて、現代ヨーロッパの社会を形成している。それゆえルソーは、現代の文化的、社会的な悪の根源を「北の言語」に押しつけ、そのことによって、『言語起源論』に含まれているいくつもの問題に、決着をつけたということができる。

文化的な悪は、表面的には、旋律（デッサン）を変質させた和声（色彩）に求められていたが、その背後には、旋律の「なじみ」に対する和声の「訓練」という考え方があり、その考え方の基本には、民族的な独自性のなかにある普遍性と、民族を越えた超越的な普遍性の対立を読みとることができた。けれどもルソーは、和声を北国の「騒々しい」言語のせいにしてしまい、「なじみ」と「訓練」の対立がもつ問題性を、理論的に展開することができなかった。いうまでもなくその問題性は、音楽にかぎらず、民衆の生活のなかにある言語と教育される言語の対立にかかわっている。

また社会的な悪の根源は、公共性（一般意志）を侵した私的所有（特殊意志）に求められていた。だが私有は、すでに歌と踊りのなかに現われる「虚栄心」に養われており、したがって「南の言語」の社会のなかで芽生えていた。他方、「北の言語」を生みだしたのは協働であったが、そこにも公共的な意志（共同体としての自発的統制）が働いていたはずである。にもかかわらずルソーは、協働を北の貧しい風土のせいにしてしまい、二つの公共性（協働と祭り）がもつ問題性を展開することができなかった。この問題性は、社会的な結合の仕方と言語の在り方との関連に深くかかわっている。

そして言語的な悪は、情熱的な話し言葉を変質させた理性的な書き言葉に求められた。その書き言葉の起源は、絵文字にあり、したがって「南の言語」の範疇にある。またアルファベットも「商業民族」が作りだしたものであり、「北の言語」とは関係がない。理性的な言語は、むしろ文字教育と社会的制度（アカデミー、サロンなど）に深く依存している。ルソーはそこまで見ておきながら、結果的には理性の発達を、分節化の進んだ「北の言語」のせいにしてしまい、言語と文化的・社会的差別との関係を捉えきることができなかった。

以上の問題は、人間の記号活動全体の認識に関連している。ルソーは、非言語記号の表現性に着目し、非言語記号だけでも、人間は「完全に理解しあうことが、充分できていただろう。そしていま現にあるのとほとんど変わらない社会を作りだしていたであろうし、あるいはその社会のほうが、目的によりかなった方向に進んでいたかもしれない。法律を制定し、首長を選び、技術を産み、交易を始め」ていたであろうと述べていた(2⑴①)。『言語起源論』の最初に現われるこの記述は、最後に置かれた「奴隷の言語」を予告している。

概念と論理による理性の言葉は、文字であれ声であれ、記号としての形態的明確性をそなえていることが、その存立条件である。そして現代社会は、その形態的明確性によって、声の抑揚による説得を必要とすることなく、「法律を制定し、首長を選び、技術を産み、交易を」行なっている。ルソーにとって現代の言語は、非言語記号と同じ性質をもつ。それは、自然と人為のちがいこそあれ、「共同で働き、生活している動物、ビーバーや蜂や蟻」の言語と同じものである。人間は、理性的言語によって、蜂や蟻と同じように「共同で働き、生活している」。それが人間社会の「最終段階」であり、これ以後は動物社会と同じように、進歩することも消滅することもなく、永遠に同じ営みを繰りかえすことになる。

これが、最初と最後の照応から出てくるイメージである。照応は意図されたものでないにしても、やはり衝撃的である。衝撃的なのは、そのイメージのために、動物から現代にいたるまでの人間の営みが、ほとんど無に帰してしまうからであろう。『言語起源論』の初めと終わりを強調すれば、そんな結論になる。

けれども。ルソーが例にあげていた人間の非言語記号には、理性的言語には含まれない要素があった。限界的コードである。限界的コードによる非言語的な記号活動は、「しるし」として表現され、人と人とを出会わせる。出会いの条件は、その「しるし」が、既成のコードのもとで働かず、それを否定しながら、その場での意味を積極的に成立させるところにあった。いいかえれば「しるし」は、日常生活や社会生活のなかでそれを「記号」として成立させようとするコードを、みずから否定する。この積極性は、異文化のもとにある人間同士のあいだで働くと、民族的なコードを越えさせる役割をはたし、異民族間の出会いを可能にする。

そしてルソーのいう「南の言語」は、言語コードとしての明確性においては「北の言語」に劣り、むしろ歌や踊り、あるいはおしゃれや絵による自己表示と同じ範疇にあるものと考えられた。いわばそれは、非言語記号的な言語であった。「曖昧」であるにもかかわらず「雄弁」であるのは、非言語記号のばあいと同じである。おしゃべりのばあいも同様であり、そこでも非言語記号と同じような限界的コードが働いていると考えられる。各民族の言語が「いくども混ざりあい、溶けあって」きたのは、非言語記号と片言のお喋りを通じて、民族を越えさせる限界的コードが、そのつど働いていたからである。

文字が生まれる過程のなかでは、限界的コードが一般的なコードにきりかわっていく。そのプロセスについては考える余裕がなかったけれど、文字がまず、非言語記号の一つとして出発していることに着目すれば、人間の記号活動において非言語記号が占めている役割の大きさが理解できよう。文字が非言語記号から言語記号になる過程で現われるのが、国家である。その過程ですでに、イディオムが国家の言語に統一される準備ができていたのかもしれない。

現在でも人類の記号活動は、国家的言語のレヴェル、さらに地域内、家庭内、個人間のレヴェルへと降りていくにつれて、非言語記号に多くを依存し、また限界的コードによるばあいが多くなる。限界的コードが、既成のコードを否定する積極性のもとで現われてくるとすれば、その積極性は、個人から国家へとレヴェルが上がるにつれて、弱まる。ただしこの個人は、地域や家庭のなかに埋もれている個人、知的に劣っているとみなされている者たちである。そのような個人たちの出会いに、記号活動の変動の条件がある。

『言語起源論』に含まれていたルソーの考えを徹底すれば、そんな結論が浮かびあがる。ルソーはその方向へは進まず、方言の評価のところで立ち止まった。少年時代からギリシア・ローマの古典になじんできたことが、野蛮なゴール人への軽侮となって現われたのか、あるいは「南の言語」と「北の言語」を善悪で割り切ってしまったことが、民衆の言語への軽視をもたらしたのか、答えるのはやはりむずかしい。

以上、われわれに残された課題は、第Ⅱ部のための問題提起でもある。

（1）男と女の関係から言語と社会をとらえかえしたものとして、Ⅰ・イリイチの『ジェンダー　女と男の世界』（玉野井芳郎訳、岩波書店）がある。彼によれば、社会も言語も、男と女の「非対称的」で「両義的」な、「対照的補完性」によって成り立っている。この観点は、今後の記号論の展開にとって重要な課題となろう。

Ⅱ 『グラマトロジーについて』との対比的考察

(1)「グラマトロジー」とは何か

①「グラマトロジー」[1]の射程

グラマトロジーという語は、デリダの独自な用語であり、普通の辞書（ロベール）にはない。ギリシア語のグラム（文字、書かれたもの、フランス語のエクリチュール）とロギア（理論。フランス語で…学を意味する接尾語のロジー）を合成したもので、「文字学」と訳せるが、デリダのいうグラム（エクリチュール）には、グラフィックなもの、筆跡などの「跡」、さらには意識に「書き込まれたもの」まで含まれるので、ここではグラマトロジーもエクリチュールも訳さずにそのまま用いる。

『グラマトロジー』は哲学的著作であり、そして『言語起源論』の批判的読解でもある。全体は二部に分かれていて、第一部（「文字以前のエクリチュール」）でグラマトロジーの基本的視点が示され、第二部（「自然、文化、エクリチュール」）で『言語起源論』が、グラマトロジーを具体的に解き明かすものとして、綿密に検討される。

ここで『グラマトロジー』を取り上げるのは、『言語起源論』が問題にされているからであるけれど、動機はそれだけではない。デリダがこの本で批判の射程においているのは、ヨーロッパの思想と学問の根拠となってきたロゴスであり、プラトンからデカルト、ヘーゲル、ハイデッガー、そして諸科学まで貫いてきた思惟の基盤である。それは基盤であると同時に、彼の言葉でいえば思惟の「閉域」であり、その「閉域」からの脱出口を求めることが、この本の意図だということになる。

批判の焦点は、ロゴスを支配してきた言語観にある。とうぜんソシュールの言語学に照準が合わされる。周知のようにソシュール言語学は、今日の記号学の基本になり、さらに現代の尖端的な哲学、社会科学にも影響をあたえている。『グラマトロジー』の射程は、伝統的なロゴスだけではなく、ソシュールによってそれを越えたと称している現代の諸学にも向けられているわけだ。これは私の関心でもあるので、その射程の有効性を問うことが、ここでの二次的な目的になる。

とはいえデリダの用いる概念と論理はきわめて難解であり、私には、彼の考えを正確に理解したと言いきるだけの自信がない。自信がないにもかかわらず取り上げるのは、デリダの『言語起源論』読解と、私の『言語起源論』の読み方とを対比させてみれば、『言語起源論』そのものがもつ現代への批判的射程が、より明確になるのではないかと思われるからである。

そこでまず。彼の議論の要点を、私なりに解きほぐして整理してみることにしよう。そのことは、あるいは『グラマトロジー』についての私の誤解を暴露することになるかもしれない。そうであれば、『グラマトロジー』の射程を問う私の議論（二次的な目的）は無効になるだろう。けれどもその誤解は、私の『言語起源論』の読み方にまでは及ばないから、こちら側からの現代記号論への問いかけは、そのまま残される。あるいはまた、ここで「誤解する権利」を主張させてもらえば、誤解にもとづく対比によって、かえって『言語起源論』に含まれている問いかけを明確にし、現代の記号論と社会科学へ直射させることが期待できる。それが本稿の狙いである。

②『グラマトロジー』の要点

ごく常識的にいって、ヨーロッパの知性は、書き言葉（書物）を通じて育成されてきたと考えられる。にもかかわらず、ギリシア以来、すぐれた知性は書き言葉に対して否定的態度を示しつづけてきた。プラトンの「対話」、デカルトの「われ思う」、ヘーゲルの「精神」、ハイデッガーの「存在」などが、その指標になろう。文字は記号の記号、声の代理物にしかすぎず、それ自体としては真理と無縁だからである。

文字への不信は、声への信頼と表裏一体をなしている。声は「魂の状態の象徴」（アリストテレス）であり、声を通じて「最初の観念性（理念性）が開示され、現われる」（ヘーゲル）（AP 031,33）。ただし、この信頼は、日常的に話されている言葉への信頼ではない。声を発するとは、「自分が＝話すのを＝聞く（s'entendre-parler）」ことであり、人の声を聞くばあいも、聞く者は話す者と同じ資格において（「自分が＝話すのを＝聞く」者として）相対することになる。だから声とは、「本質」とか「今」とかの「現前（présence）」であり、また「コギト・意識」などの「自己への現前」、あるいは「他者と自己との共＝現前」であるとみなされる（AP 034）。

声が「現前」でありうるのは、声において、〈感覚的なもの〉と〈叡智的なもの〉が、〈意味するもの〉と〈意味されるもの〉として、ほとんど直接的に結びついているからである。〈感覚的なもの〉と〈叡智的なもの〉の結合は、ヤコブソンが言明しているように、「われわれの時代がよみがえらせた中世的定義」であり、「現代の構造主義的思惟」が確立したものである。デリダによれば、その「思惟」にこそ現代の「ロゴス中心主義」があるわけだ。

この〈叡知的なもの〉は、また世界のなかの〈叡知的なもの〉と結びついている。声への信頼、文字への不信は、世界のなかに書きこまれているもの、つまり隠喩としてのエクリチュール（文字）への信頼と、共存している。科学者にとっても哲学者にとっても、世界は解読の対象である。ガリレイにとって「自然は数学的言語で書かれている」。デカルトは「世界という偉大な書物を読む」。隠喩としてのエクリチュールの背後には、それを書いた「存在」が見え隠れしている。デリダは「記号の時代は、本質的に神学的である」とさえいう（AP 036）。

ソシュールの言語学も、同じ「神学的」性格をまぬがれていない。[2] ソシュールは話し言葉（パロール）を研究対象から遠ざけたが、それは話し言葉のなかに、言語の本質的な構造を見出すためである。この構造の中心にあるのが、〈意味するもの〉と〈意味されるもの〉との直接的な結合であり、声の「神学」である。その伝統にしたがって、彼は書き言葉（文字）も遠ざける。「文字言語《エクリチュール》は言語《ラング》体系の視界を覆い隠す。それは衣装ではなく、変装である」（AP 076）。

ソシュールが文字を遠ざけるのは、文字（エクリチュール）を成り立たせている「差異」を、文字ではなく、言語（ラング）の基本に据えるため、したがってまた声の神学（〈意味するもの〉と〈意味されるもの〉との結合）と、両立させるためである。〈意味するもの〉と〈意味されるもの〉の結合を、ソシュールは「恣意的」であるという。言語記号とそれによって意味されているものとの結びつきは「契約的」であるというのが、近代的な言語観の基本であったが、その「契約」観に含まれる社会的目的論を除去するため、動機のない契約として、「恣意性」の概念を代置したわけだ。

言語記号とそれによって意味されているものとの結びつきが無動機であれば、とうぜん結合を成立させる要因は、言語外的ではなく、言語内的であることになる。結びつきは、記号（signe）の両面としての〈意味するもの〉(signifiant)と〈意味されるもの〉(signifié)になり、結合の要因も、記号間の「差異」に求められる。「聴覚映像《イメージ》を他のあらゆる(聴覚)映像から区別する差異」が、意味される世界を差異づけ、記号の「価値」(単語間の相違)を作りだす。その差異づけの働きが、そのまま〈意味するもの〉と〈意味されるもの〉を結合させていることになる。

以上の二つの観点、「恣意性」(「無動機性」)と「差異」(「価値」)が、ソシュール言語学の二本柱として、「現代の構造主義的思惟」を支えることになるわけだ。そしてデリダは、この二本柱を解体して、そのうちの「差異」を、グラマトロジーを立てるために取りあげなおす。「恣意性」は、ただ〈意味するもの〉と〈意味されるもの〉を結びつけるために(したがって声の「神学」のために)要請された概念にすぎないからである。「今後我々が依拠するのは、記号の恣意性のテーゼではなく言語価値の源泉としての**差異**というテーゼである」(AP 108)。

「差異」は、ソシュール自身の意に反して、声のなかに文字(エクリチュール)を持ちこむ。わかりやすくいえば、音声「ア」がそれ以外の音声との差異で成り立っているのは、文字Aが、A以外の文字のどれでもないものとして、それらとの差異において成立しているのと、同じである。声でも文字でも、〈意味するもの〉は差異において成立しているのであり、声に特権的地位が与えられるわけはなく、むしろ逆に、差異が音に書きこまれていること、刻印されていることにおいて、声があると考えなければならないだろう。エクリチュールは声に先立っている。

差異は、ある「聴覚イメージ」と他の「聴覚イメージ」とのあいだにあって、両者を分けへだてるものとして働いている。だからそれは、分けへだてられた結果(感覚印象的な効果であれ、その抽象的形相であれ)として与えられるだけではなくて、分けへだてる動きそのものでもある。フランス語の〈différer〉という動詞は、あるものと他のものとが「異なる」ことを意味するとともに、あることがらを「延ばす」ことも意味している。だがその名詞化である〈différence〉には「差異」の意味しかなく、そこでデリダは、後者の意味を名詞として概念化するために、〈différance〉という新語を作る（「差延」と訳されている）。この概念が、グラマトロジーのキー・ワードになる。

「差延」は動きであるとともに、その状態でもあるので、そのものとしては捉えにくい。ある時点にあるものが、時間をおいて現われるとき、その間が状態である「差延」と言えようか。だからそれは、意識のなかではなにごとかの「痕跡」として現われる。いいかえれば「痕跡」として現われるように、それは意識のなかに書きこまれる。書きこまれるのが音声であれば、その「痕跡」が「聴覚イメージ」間の「差異」として現われてくる。

言語記号の分節化とは、そのような書きこみ（エクリチュール）にほかならず、したがってその根源には、「差延」がある。言語記号に限らず、記号は一般に「差延」をその生成の源泉にしていると考えられる。ただし「差延」はすでに動きであるわけだから、その動きの根源を求めれば、それは根源ではない。というよりもそれは、根源とか起源とかいう概念で、その発生をどこかに位置づけられるようなものではなく、記号が記号として現われてくるときに、いつでもすでに働いているもの、あるいはその状態にあるものということができる。だからそこでは、動因や動機を別に求める必要はなく、それ自身が動因であり動機である。したがってまた、それは記号を産みだす働きであるけれど、創造とか生産とかの目的意識的な働きを意味するのではない。それは、いわばそれ自身に対する働きかけであり、目的のない働き、つまりは「戯れ」だということになる。

記号活動を「戯れ」としてとらえることは、創造する主体、つまり神と人間（もちろん、たがいに持ちつ持たれつの関係にある神と人間）を追放することである。創造行為も記号活動の一つである。遺伝子の働きから生物の繁殖、人間の思惟の働き、社会的行動のすべてにおいて、その活動主体が自然と見られていようと人間と見られていようと、主体の働きを成り立たせているのは記号の活動であり、したがって「戯れ」なのである。

ただし記号活動は、これまでもすでに「戯れ」であったのだから、創造する主体を追放したところで、そこから新たな時代が始まるわけではない。ただ意識化された「戯れ」、いわば戯れることを楽しむ「戯れ」は、すべての記号活動を声の神学のなかに追い込んできたロゴス中心主義に、ゆさぶりをかけ、その楽しみを抑圧してきたロゴスの呪縛から、身を振りほどこうとするだろう。グラマトロジーは、時代の記号活動のなか、ロゴス中心主義の「閉域」のなかにありながらも、その身の振りほどきに手をかすことになる。

③『言語起源論』に対する視点

ルソーの『言語起源論』は、文字への不信と声への信頼を語ることで、明らかに「ロゴス中心主義」に加担している。だがデリダによれば、ルソーの表現行為のなかには、「ロゴス」の呪縛から身を振りほどこうとする「戯れ」が認められる。それは文章として言明されることはないけれど、文と文、あるいは語と語のあいだにあって、その矛盾やずれとして顔をのぞかせる。その垣間見られるものにこそ、ルソーが言おうとしていたこと、あるいは彼自身の意に反して言ってしまったことがある。エクリチュールの「戯れ」とは、およそそのようなかたちで現われてくるものなのである。デリダは『言語起源論』を、その一つの範例として読むわけだ。

解読の鍵は、〈supplément〉(補足、訳書では「代補」。以下の理由でそれに従う)という概念に求められる。頻度を調べたわけではないが、確かにルソーはこの語(とりわけ動詞〈suppléer〉)、あるいはそれに類する語を多用しているようである。デリダによれば、そこにルソー的エクリチュールがあると同時に、その「代補」がエクリチュールにほかならないということになる。

〈suppléer〉(補う)には、二つの意味が含まれている。一方ではそれは、補うことによって不足しているところを「充たす」意味になり、他方では、補うことで不足しているものの「代わりをする」意味にもなる。「充たす」ばあいは、それで充足されることになるのでプラス価値をもつが、「代わりをする」ばあいは、代役ということになるのでマイナス価値になる。そしてルソーは、この語を用いるとき、文面で言明されているかぎりではマイナス価値の方を意味しながら、無意識のうちにそこにプラス価値を忍びこませる。

たとえば次の文章が典型的である。「音声が単調になればなるほど子音の数がふえ、抑揚が消えて長短が平均化し、その代わりに文法的な組み合わせと、新たな分節音が用いられる。……感情にかわって観念があらわれ、心にではなく理性に語りかける」(T 148, AD 198)。訳文の「代わりに……用いられる」が〈suppléer〉に当たる。「感情にかわって」のほうは、代役であることを示す〈substituer〉が使われていて、前者のもつ「充たす」の意味が意識的に消されている。だからこの文脈では、「抑揚」の代わりに用いられる「文法的な組み合わせと分節音」は、マイナス価値を強くあらわすことになり、したがって文意としては、その代用によって言語の堕落が始まったことになる。

ところがこの文章は、『言語起源論』全体のなかでは、「諸言語の起源」以前のところで語られていて、全体からみれば諸言語は、「南の言語」を含めて、その代用から、あるいは代用とともに始まることになる。つまり言語の堕落が、人間の言語社会の始まりになる。「代わりに用いられる」こと（「代補」）は、社会の始まりとして、自然状態には不足していたものを、言語で「充たす」。堕落は、充足である。そこに、ルソーが言わずして語っていることがあると、デリダはいうのである。

　ところでデリダは、『言語起源論』の読解に入るまえに、ルソーの生涯における二つの「代補」に注目している。一つは、本を書くという行為である。よく知られているように、ルソーは社交界のなかでうまく話すことができず、「馬鹿あつかい」される。けれど彼は、「人並みに社交は好きなのである」。どうすれば自分を本当の姿で見てもらえるか。スタロバンスキーの表現を借りれば、「ジャン＝ジャックは、不在であることと書くこととを選ぶ」。その限りでは、書くことは話すことの代用である。けれども彼は「他者と関係を断つが、それは書かれたことばのなかで彼らに姿を見せるため」である。デリダはそれに加えて、書くことでルソーは「生き始める」のだという（AD 004）。

　もう一つは、自慰の経験である。ルソーは一七歳のとき、「健康や元気や時には生命さえ犠牲にして、種々の放蕩をまぬがれさせるところの、あの自然をあざむく危険な手段を知った」（KI 155）と告白している。「手段」の原語は〈supplément〉である。ルソーにとってそれは「危険な手段」にすぎなかったけれど、同時にまた「異性を自分の意のままにあつかうことができ」るので、「熾烈《しれつ》な想像力をもつものにはたいへん魅力がある」ものでもあった（ibid.）。四五歳でドゥドト夫人に熱い想いを寄せたときも、この「魅力」が暗示される（KII 256）。現実の行為よりも、「熾烈な想像力」のなかで、ルソーは「生き始める」のだ。

　デリダによれば、本を書くことも自慰も、同じ「代補」の構造のなかにある。日本語でなら、「書くこと」は「掻くこと」でもある。いささか品の悪い言い方だが、駄洒落ではない。どちらもデリダの言葉でいえば「自己触発」であり、話すこと、交わることに「代わる」ことで、「充足」として、あるいはむしろ「充溢」として現われてくる。次に述べるようにその「自己触発」こそが、デリダにとっては記号を生成させる働き、つまり「差延」の作用なのである。

とはいえ、ルソーの生涯に即していえば、この「自己触発」には動機がある（いいかえれば「差延」が「無動機」ではない）。彼は社交と恋愛に挫折している。たとえその挫折がルソーという人間の必然であり、内因的であるとしても、その彼の内部を形成してきた経験を無視することはできない。それに人間だれもが挫折するとは限らないのだ。彼の挫折は、どちらも対面性における挫折である。社交の相手と話を交わすこと、異性と交わることがうまくいかない、あるいはその気にならないのであって、そこにはかならず相手がいる。その相手は社交界、あるいはすでに制度化されている男女関係の在り方のなかにおさまっている。だから挫折の動機は、制度化されている人間関係に深く結びついているはずである。ルソーの経験は「代補」という概念を、人間社会の在り方のなかに、あらためて送り返す。

ルソーは『ダランベールへの手紙』のなかで、ジュネーヴの市民が昔からの「寄り合い」でのびのびと話しあい、あるいは祭りで男と女が踊り、抱きあい、そして戯れながら家路につくさまを、なつかしそうに記述している。それは、ルソーがもはやそこにはいない対面性の世界である。その世界にまで「代補」の構造はおよぶといえるのだろうか。互いにどちらからともなく触発しあっている戯れがあるとすれば、その戯れと、「自己触発」の「戯れ」とどうちがうのか。そしてまたそのどちらが、記号の生成と変動に関わっているのであろうか。『言語起源論』と『グラマトロジー』との対比は、そのあたりに軸をおかなければならないようである。

（1）以下、書名『グラマトロジーについて』を『グラマトロジー』と略記する。また『グラマトロジー』からの引用は、最初に示した方針を変更して、足立和浩の訳書により（P,D は上巻、下巻を示す）。ただしルソーからの引用に関しては、最初の指定に従う。そのさい、デリダのイタリックによる強調は原文どおりにもどし、また訳語の違いについては、そのつど本文で説明する。

（2）デリダのソシュール批判に対しては、すでに丸山圭三郎氏の反論がある。ソシュールは音声言語と文字言語を対等に扱っており、「音声中心主義」ではない。音声にも文字にも「形相」と「実質」があって、ソシュールは「形相」に言語の本質を求めた。その点をデリダは理解していないという主旨である（『ソシュールの思想』岩波書店、p.55,130 sq.）。けれども、以下本文で述べるように、デリダは「形相」と「実質」という西欧の「古典的論理」を越えようとしているのだから、氏の反論は、的をはずしている。

それに関連して、以前に私が書いた文章も、ソシュールに対する無理解の好例として、槍玉にあげられている（同書 p.56,214 sq.）。私のばあいは浅学なので、無理解を承認してもいいけれど、議論の土俵はまるでちがう。人間の記号活動は、言語だけに限られるものではなく、私が問題にしているのは、言語的認識と非言語的認識の違いと関連である。なお本稿では、ソシュールに対する評価の仕方を除いて、氏のソシュール理解に従っている。

(2) 生成する記号・自然と社会

①最初の契機

ルソーにとって「最初の言語」は、分節のない自然のままの声であり、音の豊かな変化と、多様な抑揚で成り立っているものであった。だがデリダは、その声のなかに、すでにエクリチュール（分節化である「差延」）があるという。しかもそれを語っているのは、ルソー自身である。次の『不平等論』の一節を読んでみよう。

「憐れみは自然の感情であるのはたしかで、各個人において自己愛の活動を和らげ、種全体の相互保存に協力している……自然状態において、法律や習俗や美徳の代わりに、だれもがその優しい声にさからう気にならないというあの長所をもっているのも憐れみ」である（SVI 053）。「憐れみ」は「優しい声」であり、「法律」（足立訳では〈法〉、以下それに従う）の「代わり」をつとめる。その原語は〈tenir lieu de〉で、同じ位置について、それに相当する役割を果たしていることを示す。つまり「憐れみ」は、自然状態のなかにあって、〈法〉が社会のなかで占めているのと同じ位置にある。

ただ社会の〈法〉は文字に書かれ、人々を冷たく支配しているが、「憐れみ」は声で語られ、その声は母のように「優しく」て、だれも「逆らう気にならない」。けれどもそれは、優しいゆえに逆らう気にならない（冷たければ逆らう気になる）のであって、逆らうことを禁じている〈法〉であることにかわりはない。「憐れみ」の〈法〉は、逆らう気にならないよう人々の心のなかに書きこまれている。だから「問題なのは自然的な〈書きこみ〉《エクリチュール》、魂の〔における〕〈書きこみ〉《エクリチュール》」であると、デリダはいう（AD 063）。

魂のなかにだれが書きこんだかを問えば、ロゴス中心主義の呪縛にかかる。ルソー自身、『エミール』のなかでは、「自己愛」（「憐れみ」とともに理性に先だつものとされる人間の原理）について、それが神によって書かれたものであることを明言している（SIX 050,AD 064）。だからその問いは立てられない。問いが立たないということは、書きこまれていることがすべてに先行しているということである。「優しい声」であるけれど、〈法〉として書かれているもの（エクリチュール）が、はじめから自然のなかに潜在している。

ところでこの「声」は、もちろん隠喩としての声（神の声、自然の声）であって、ルソーのいう「最初の言語」ではない。人間に初めて声を発させたのは、「愛や憎しみ、憐れみや怒り」であった。ここでは「憐れみ」が「憎しみ」や「怒り」と肩を並べていることに注目しよう。「憐れみ」と「憎しみ」や「怒り」に共通するものとは何か。すでに少し触れておいたように、それらはいずれも経験にもとづく「想像力」によって、ひきだされてくる人間関係であった（Ｉ２⑶①）。問題の「自然的な〈書きこみ〉」は、「想像力」にかかわっている。

ルソーのいう「想像力」は、デリダによれば「差延作用」の別名である。『エミール』に次のような文章がある。「潜在能力が活動しはじめるや、すべての能力のなかでもっとも活動的な想像力が目覚め、ほかの能力に先行するようになる。この想像力こそ、善いことであれ悪いことであれ、私たちにとって可能なことの限界を広げ、したがって、欲望をみたしうるという期待によって欲望を刺激し育成する」（SVIII 081）。想像力は、可能性の「限界を広げ」、「期待」において作用する。それ自身が産み出したものを動機にして働くわけだ。しかもそれは、最初に活動しはじめる「潜在的能力」である。だからデリダは、「それは、自身に無関係なもの、あるいは自身に先立つものは何も受け取らない。それは『現実的なもの』によっては触発されない。それは純粋な自己触発である」という（AD 084）。

『言語起源論』にもどって、想像力の働きをもういちど見直してみよう。「憐れみは、人間の心に自然にそなわっているものだが、その働きをひきだす想像力がなければ、いつまでたっても活動しないままであるだろう。私たちはどんなふうにして憐れみに心を動かされるようになるか。自分自身の外に出て、苦しんでいるものと一体化することによってである」（T 164）。「憐れみ」は「苦しんでいるものと一体化すること」であり、その「一体化」に向かって、それまでは活動する場をもたなかった想像力が働きだす。だから想像力が目覚めるのは、「苦しんでいるもの」との出会いにおいてである。もちろん出会いの相手は、はじめから「苦しんでいるもの」であるのではなく、自分の経験が相手のなかに移し入れられることにおいて、「苦しんでいるもの」になる。その自己移入が、ここでの想像力の働きである。

自分の経験が相手のなかに移されるためには、特定の条件が必要である。見知らぬ他人とのたまたまの接触、あるいは家族としての日常的な接触のなかで、自己移入が働きだすのは、接触にともなわれている記号表現のうちの何かが、自分の経験を呼びさますからである。想像力の働きは、自分の経験を呼びさますなんらかの記号を契機にしている。

接触にともなわれる記号表現は、ここではまだ言語以前の記号であり、身体的表情から非言語的音声まで数多くのものを含む。苦しみの記号は、そのうちの一つとしてそこにあるものであり、動物のばあいでもそれに反応することがある。ルソーは「獣さえもときにはその（憐れみの）徴候を示す」という（SVI 051）。ただし記号に反応しても、そこでは想像力は働かない。想像力が働くためには、相手の記号表現が自分のなかで、自分の苦しみを喚起する記号になっていなければならないだろう。いいかえれば自分の苦しみと直接的に結びついて表出されていた記号が、自分自身によって、その結びつきを意味しているものとして、意識化されてこなければならないわけだ。この意識化は、自分の無意識的な表出行為（身体的表情など）の意識化なので、いわばそれを鏡に写して見るという契機がなければ、成立しない。

そこで、声のやりとりという人類の原初的な経験が、とりわけ重要な意味をもってくる。声のやりとりのなかでは、自分のなかから無意識のうちに出ていく声（身体的表情としての声）が、相手の声と重なり、相手から出てくるものとしても聞かれる。相手から出てくる声が自分から出ていく声であるとき、そのどちらでもある声が自分のなかで、自分の苦しみと結びついた記号として知覚される。そのような発声と応答の繰り返しが積み重ねられてくると、自分がいま苦しんでいなくても、声のやりとりのなかで同じように知覚される記号（声の感覚印象的形態）が、自分のかつての苦しみを喚起するようになるだろう。つまり想像力が働きだす。そのばあい、知覚される記号は、自分の経験を喚起すると同時に相手の声でもあるので、喚起された苦しみは、相手のものとしても喚起されるだろう。つまり想像力は、はじめから自己移入として働く。

それでもこの段階では、声はまだ、形態的には身体的表情である声と同一であって、動物の発声と変わらない。分節化からはまだほど遠いわけだ。けれども、形態的には同一でも、その記号は身体的反応と直接結びついているのではなく、自分の経験を喚起するものとして、働いている。そのような記号の働きかたの転化が、ルソーのいう「最初の言語」の条件である。

「憐れみ」は、その条件の一つである。分節化からはまだ遠いけれど、言語としての働きは、「憐れみ」のなかにすでに書きこまれているといってよい。けれどもその書きこみは、「自己触発」としての「差延作用」ではない。書きこむのは、具体的な声のやりとりであって、そのなかで想像力が働きだし、「憐れみ」が「種全体の相互保存に協力する」ものとして現われてくる。つまりデリダによれば、〈法〉として働きだす。ただし想像力は、次に述べるように、人を「憐れみ深く」すると同時に、人を「復讐好き」にもする。〈法〉として働きだすと同時に、無〈法〉としても働きだすわけだ。だから、この段階で〈法〉を語ることは無意味である。

デリダは、最初の契機である想像力が、社会生活のなかで自己展開していく移行過程を無視している。想像力が、自分で自分を触発し、「欲望をみたしうるという期待によって欲望を刺激し育成する」ようになるのは、人類が社会生活に入ってからのことである。それまで想像力は、声のやりとりを契機にしながら「可能なことの限界を広げ」ていくだろう。「可能なこと」は、まず人間的な諸関係として現われる。それは「憐れみ」であると同時に、「憎しみ」の関係でもある。いずれも他者との関係であり、その「限界を広げ」ることが「最初の言語」の役割になる。

②他者との出会い

ルソーにとって、想像することは「反省する」ことでもあった。「いちども反省したことのない人間は、寛大にも、憐れみ深くもなりえないし、また意地悪にも、復讐好きにもなりえない。何も想像することのできない人間は、自分自身をしか感じることができない」のである(T 164)。「反省」として働く想像力は、人を「憐れみ深く」するだけではなく、「復讐好き」にもする。ここまでテーマとして論じる機会がなかったが、いちばん最初に触れたように(I 1⑵)、これは素通りすることのできない問題である。

「反省」を引きだすのは、家族としての日常的な触れあいではなく、「自分の見知らぬもの」との出会いであるとルソーはいう。この点についてはすでに少し触れた。「ほんの少しのものしか見たことがなく、子供のときからいつも同じものばかり見ているようでは、比較することができない。……自分の見知らぬものが、すでに慣れ親しんでいるものを検討するように仕向けるのである」(I 2⑶②)。この文章の直後で、ルソーはまた次のようにもいう。「(諸民族の祖先たちは)自分の家族を強く愛しながら、自分の種には烈しい嫌悪を示す。……自分の知っているものは、すべて彼らにとって大切なものであった。何も見ず、無知のままであった残りの世界に対して敵だったが、彼らはただ知ることのできないものを憎んでいたにすぎないのである」（T 165）。

二つの引用文を重ねると、「見知らぬもの」とは「敵」であり、「敵」が「すでに慣れ親しんでいるものを検討するように仕向ける」ことになる。これはどういうことか。「敵」とは、とりわけ「一体化」を許さない他者であり、ルソーの文章をすなおに読めば、そのような他者こそが想像力の契機だということになる。これは、「憐れみ」のばあいと矛盾することになりはしないか。

『言語起源論』のこの部分は、解釈の対立を生んでいる。スタロバンスキーにとってルソーのこの表現は、ホッブズ的概念（万人の万人に対する戦い）を示すものであり、それに対してデリダは、ルソーは性善説でも性悪説でもなく、自然状態の人間を「諸価値の対立の手前に」位置づけているのだという（AD 087）。その証拠に、自然人は「憐れみ深くも……復讐好きにもなりえない」と述べられているし、また彼らは「たがいに敵であった」のではなく、「たがいに相手を敵だと思っていた」（T 163）とルソー自身が書いているというのである。つまり「敵」を想像されたものにすることで、デリダは他者としての「敵」を消し、他者を想像力のなかに取りこんでしまう。想像力の自己触発性を主張するためである。

けれども、たしかにルソーは「たがいに相手を敵だと思っていた」と書いているけれど、そのあとすぐ続けて、「そんなふうに思いこんでしまったのは、彼らの弱さと無知のせいであった。何も知らなかったので、彼らはすべてを恐れ、自分を守るために攻撃した」と述べる。人間本性としての攻撃性は認めないが、攻撃したことは認めているわけだ。さらにこの部分の最後は、「人間たちは、出会えばたがいに攻撃しあったといってもよいが、出会うということがめったになかった。いたるところに戦争状態があったが、地上はすべて平和であった」と締めくくられる。デリダのいうようにルソーは性悪説ではないけれど、スタロバンスキーのいうホッブズ的な「おたがいに相手を攻撃しあう」状態を、ありえたこととして認めている。ただ出会うことが「めったになかった」という条件をもとに、戦いを潜在的なことにして、自然状態の「平和」を浮き彫りにしたわけだ。

ルソーは、人と人が出会えば「攻撃しあう」ことになったと考えている。そして、人と人とは出会う。「生きていく必要にせまられてたがいに遠のいていく人々を、あらゆる情念が近づける。飢えや渇きではなく、愛や憎しみが、憐れみや怒りが、人々に初めて声を出させたのである」(T 145)。「憐れみ」や「憎しみ(復讐好き)」は、出会いを契機にした「反省」をへて現われてくると、ルソーは考えているのだから、「人々を、あらゆる情念が近づける」というのは、論理的に矛盾している。けれども続けて「果実は人々の手から逃げ去るものではなく、なにも言わなくてもそれを食べることができる。つかまえて腹をふくらませたい獲物があらわれても、黙って追跡できる。けれども若い心を動かしたり、不当に攻撃してくるものを撃退したりするためには、抑揚や叫び、あるいは呻き声が自然に出てくる」というときは、矛盾していない。

ルソーは、初期人類の離合集散の状態を、常態的には「離散」し、非常態的に「集合」すると考えていた。そして自然状態を説明するときは常態において記述される。「平和」であったことを強調するためである。けれども言語の発声を説明するときには、非常態を取り上げざるをえない。常態からそれを説明しようとすると、論理的に矛盾してくるか、論理的な説明を放棄せざるをえないことになる(第九章と『不平等論』のばあい)。非常態から説明されているときは、矛盾が生じないわけだ。

もちろん離合集散を常態と非常態に分けずに、全体として常態とみなせば、論理的な矛盾をおかさなくてすむ。

ルソーはそこまでいかなかったが、言語の発生が離散と集合の接点、つまり離散のなかでの出会いにあることを、はっきり認識していた。しかもこの出会いは、はじめは「敵」、あるいは「敵だと思っている」相手とのあいだで始まる。ルソーのこの認識は、最初の言語を「比喩」とみなす考え方に、明確に現われている。

「一人の未開人が別の未開人たちに出会えば、はじめは恐怖をおぼえたであろう」とルソーはいう（T 145）。そのばあい言語が問題にされるのでなければ、彼らは「自分がやられることを恐れて、そんな危害のすべてを自分のほうから他人に加えようと身がまえて」いると述べられる（T 163）。言語を問題にしたここでのルソーの文章は、「その恐怖のために、相手の人間たちは自分よりずっと背が高く、強いように見えてしまったであろう。そこでその連中に『ジェアン』〔巨人〕という名をつけたとしよう」と続く。いきなり「ジェアン」なので当惑させられるわけだが、その点についてはすでに述べた。少し補足しながら、要点を思い出しておこう。

このばあい最初に発声されるのは、「恐怖」にともなう反射的な叫び声であり、自分がやられることを恐れて自分のほうから相手を攻撃しようとする「身がまえ」の一つにすぎない。けれども同じ声を相手も発し、声の応酬は仲間にも聞こえている。同じ声が相手のいないときに発されれば、その声は仲間のなかで「恐怖」を喚起する記号になるだろう。その転化は、「憐れみ」が現われるときの「苦しみ」を喚起する記号のばあいと変わらない。ただし、「恐怖」を喚起する記号は「憐れみ」ではなく、「復讐好き」や「憎しみ」の関係をそこに顕在化させる。

そしてこのばあい、「恐怖」は、それをもたらした相手の「未開人」のイメージ（「背が高く、強い」）とも結びついている。それが「見知らぬもの」であり、その「見知らぬもの」が、「すでに慣れ親しんでいるものを検討するように仕向ける」。相手と仲間が比較され、相手のイメージに対して、自分の仲間のイメージ（普通の「男」のイメージ）が現われる。相手との出会いが繰り返されれば、比較の経験が、相手を最初のときとは違ったふうに見えさせる。「巨人」が「男」になり、それぞれの音声がそれぞれのイメージに結びつく。このイメージはもう「観念」といっていい。ただ経験が喚起されるだけではなく、比較によってそれが成立しているからである。

音声と「観念」の結びつきを言語記号の条件と考えれば、言語記号は、他者との出会いを通じて形成される。ただしこのばあいの音声は、「巨人」や「男」の観念と結びついていても、形態としてはまだ恐怖の叫びであり、あるいは家族のなかでの発声（まだ言語ではない音声）そのままの、分節されていない声である。分節化という意味でのエクリチュールはそこにはない。

けれどもその音声は、「巨人」と「男」の観念と結びつくことで、すでに対比的な関係のもとにおかれている。対比的な関係におかれることで、それは当面している人間関係を区分する。不安定な出会いの関係が、「男」どうしの友好関係と、「巨人」に対する非友好関係に分けられるだけではなく、家族内の関係も「男」とそうでないもの（女、子供）として、区分される。この区分は意識のなかに書きこまれるが、書きこんだのは、繰り返された他者との出会いである。

③生成する諸関係

ルソーは、「若い心を動かしたり、不当に攻撃してくるものを撃退したりするために」、自然に声が出てくると述べていた。若者どうしの出会いも、もう一つの他者との出会いである。この点についてもすでに少し触れた（Ⅰ3⑴①）。そこでは「男」と「女」の観念とともに家族間意識が、「夫」と「妻」、「兄弟」と「姉妹」の観念とともに家族意識が形成され、そして同時に、近親相姦の禁止が、その社会での「法」として現われるということであった。

近親相姦の禁止は、「南の言語の形成」の章の最後の注で述べられている。泉のそばでの男女の出会い（「恋」）のなかで、言葉（「愛して」）が発され、それにともなって近親相姦が禁止されることになっているわけだ。しかし、「若い心を動かす」ことは、攻撃者を撃退することとともに、すでに「最初の言語」の形成にかかわっている。したがって泉のそばでの「恋」と近親相姦の禁止も、「最初の言語」を形成し、社会を誕生させたものであるようにも読める。デリダはそう読んでいる。

近親相姦の禁止と社会の誕生に関するデリダの記述は、とりわけ難解であり、ほとんど理解を絶している。近親相姦の禁止は、自然と社会を分けへだてるものである。その点について問題はない。だがデリダは、この禁止には、起源も原因もないという。自然のなかでは近親相姦があった、というよりもルソーにとっては近親相姦が自然であったのだから、そこに禁止の起源は求められない。禁止する道徳は、禁止とともに現われるのだから、禁止以前にはない。道徳も、法も、社会も、そして言語も、禁止とともに、それ以前の状態を「代補」するものとして現われる。だからそれらのうちに起源となるものはなく、「代補」のほかに、自然と社会の亀裂を埋めるものはない。「代補性」（「代補」することと）が、そこで初めて誕生し、それによって禁止が現われる。

禁止は「法」であり、社会はそこから始まるのだから、これは最初の「社会契約」である。それは「人間の制度であるとはいえ、やはり神聖なもの」であり（T 179）、唯一の根本的な全員一致の約束である。だからそれは、つねにそこに「さかのぼらなければならない」約束であるが（SVII 016）、にもかかわらず、それは言葉では名指すことができない。最初の社会契約は、言葉を生みだす「祭り」であり、「祭り」の現前のなか、言葉の向こうにある。

「代補性」は、言葉では説明されえない。実際にルソーの記述のなかでも、それは名指されていず、禁止と無禁止の状態を述べるさいにも、「姉妹」について語られるだけで、「母親」はテキストの外に追いやられている。追いやられているけれども、近親相姦の記述であるかぎり、「母親」はそこに示されている（不在として、どこにもない起源として、そして同時に無禁止から禁止への通過として、あるいは産む自然であり優しく命じる声として）。カッコ内は、不在のまま示されているものへの私の補足である。

「母親」（無禁止から禁止への通過）は、「代補性」であり、社会を生みだすが、その「誕生」は、「二つの経過ではなく、まさしく一つの点、一つの純粋で虚構的かつ不安定で把握し難い限界である。人はそれに到達することによってそれを飛び越える。それの中で、社会は始められ〔損なわれ〕差延しはじめる」（AD 237）。「代補性」の誕生を、社会の起源として捉えようとすれば、それはすでに始まっており、自然の結実として捉えようとすれば、それはすでに腐敗へ向かっている（〔損なわれ〕ている）。それが「差延」という作用であり、「戯れ」であると、デリダはいうのである。

ルソーが近親相姦について述べたとき、なぜ「母親」について語らなかったのか。文脈の上では、理由ははっきりしている。本文で記述されているのは、泉のそばでの若い男女の出会いである。「それまで子供の頃から同じものばかり見慣れていた眼が、そこで、もっと心楽しいものに出会うのだ。心は、生まれて初めて見るものにふるえ、いままで知らなかった魅力にひかれる」（T 178）。いままで知らなかった若い娘に向かいあうとき、そのこちら側にいて比較されているのは、慣れ親しんでいる若い娘、姉妹であって、母親ではない。

そしてこの出会いの場は、すでに出会いが期待されている場所、泉のそばであり、若い娘たちは炊事のために、若い男たちは家畜に水を飲ませにやってくる。「水はいつしかもっと必要と思われるようになり、家畜は何度も何度ものどを渇かせる」。偶然の出会いではなく、期待され、意識された出会いであり、若者たちはすでに自分の兄弟姉妹に対して、性的に無関心であるかのようである。禁止はすでに始まっているとも読める。

ルソーの記述は曖昧である。泉のそばでの出会いは、「そこで初めて家族のきずなが形成され、そこで初めて男と女が出会った」と書きだされている。けれどもルソーはすでに、「若い心を動かしたり」するために、最初の声が発されたと述べていた。どちらも男と女の出会いであるが、最初に声が発されるときは、偶然の出会いであり、「不当に攻撃してくる者を撃退したり」することと、並立している。このちがいは、それ以上言葉では語られていないけれど、最初の声が第二章に、泉の場面が第九章に位置づけられていて、全体の構成の上では明確に区別されている。

さらに注意してみれば、それぞれの出会いにおいて発される声も、微妙に区別されている。同じ情熱の言語であるけれど、それぞれについてのルソーの記述の仕方がちがう。「最初の言語」については、「抑揚や叫び、あるいは呻き声が自然に出てくる」と述べられ（T 144）、「南の言語」については、「自分をわかってもらおうとして、思いを述べることを覚えたのである」と言われる（T 178）。自然に出てくる声は、形態的にはまだ動物的な脅迫音声や性的欲求の信号音声と同じである。だが「思いを述べる」音声は、意識的なすでに準備された音声である。もう少し補足してみよう。

自然に出てくる声は、聞く者によっては動物的な音声信号と受けとられるだろう。むしろそのほうが一般的であり、音声が自分の経験を喚起する信号として現われてくるばあいのほうが、むしろ特殊である。音声が「若い心を動かす」のは、相手が敵であるかもしれないような疑わしい関係のなかにおいてであり、声のやりとりが、安定した関係（家庭内的な関係）を、すでに越えようとしているからである。「若い心を動かす」ことができるかどうか、合意が成立するかどうかは、そのときの偶然に左右されている。

この偶然性は、「憐れみ」が生ずるときと同様である。ただ「憐れみ」のばあいは、自分のなかに喚起された経験（苦しみ）が、相手のなかに移入されることだけでも成立するので、相互関係にはなりにくい。「若い心を動かす」ばあいは、喚起も相互的であり、かつ行為の成立にともなって、その行為（性の歓び）が、両者のあいだで、経験として意識のなかに書きこまれる。その場での合意は、偶然に左右されるが、個体間の相互行為を通じて形成されるので、経験として共有されやすい。相互行為が繰りかえされれば、両者はたがいをたがいに意識するようになり、両者の間にしだいに意識された関係が生成してくる。

そしてこの関係の生成は、「不当に攻撃してくる」相手（「巨人」に見えてしまう相手）とのあいだでの、関係の生成と並行している。家族間の関係が、友好・非友好の関係として意識化され、同時に家族内の関係の意識化が進行し、性的対象としての「男・女」と、そうではない「兄弟・姉妹」が区別される。

「兄弟・姉妹」は、性的対象ではない。だが、いきなり相姦の禁止として現われるのではなく、それは「若い心を動かしたり、不当に攻撃してくる者を撃退したり」する声を通じて、家族間・家族内関係の意識化として現われてくる。意識化は、声による経験の喚起が、声と観念の結びつきとして現われることであり、観念に結びついた声によって、諸関係が人と人とのあいだに在るものとして現われてくる。声と観念の結びつきが安定してくれば、関係も安定し、安定したときにはすでに、近親相姦が禁止されている。

近親相姦の禁止は、社会的な「法」であると同時に、言語コードである。このコードは、偶然的な出会いのなかでの記号活動を通じて、しだいに生成してくる。出会いの記号活動を成り立たせているのは、当事者間でのその場かぎりの限界的なコードである。動物的な記号活動のなかで、他者との出会い方に応じて、限界的なコードはいくつも現われ、その経験が相互に関係づけられながら意識のなかに書きこまれていく。書きこまれたものが、言語コードである。したがって限界的コードが、言語コードを成立させる契機である。

「最初の言語」と「南の言語」とのあいだに読みとれるのは、およそ以上のような成りゆきである。それは成りゆきであって、それ自身のなかにしか動因はない。その意味では、それは「差延」であるということはできる。けれどもそれは、「一つの点、一つの純粋で虚構的かつ不安定で把握しがたい限界」といわれるようなものではない。たしかに「不安定」であるけれど、「純粋」ではなく雑然としており、「虚構的」ではなく現実的であり、「把握しがたい」ものではなく、把握が可能な「一つの経過」である。

ルソーが語っているのは、人間的な諸関係の生成である。それはまず他者との出会いであり、「愛や憎しみ、憐れみや怒り」のなかでの記号活動である。その記号活動を「戯れ」というのなら、人間社会は「戯れ」によって成立してきたといってもよい。けれどもそれは「戯れ」というにはあまりになまなましく、ときには残酷で人を絶望させ、ときには優しさで人を幸せにしてきたにちがいなく、だからこそ他者との出会いは人々の心のなかに深く書きこまれてきたのだということができる。

(3) 変動する記号・文化と社会

①祭りと協働

ルソーのいう「南の言語」は、若者たちが「思いを述べ」るために生みだした、歌うような情熱的な言葉であった。その言語の「抑揚」は、やがて「北の言語」の「分節音」にとって代わられ、理性的な冷たい言語になる。それに応じて歌の旋律も、和声に従属するものになり、音楽は人々の心を動かさなくなる。理性が情熱にとって代わり、人間社会を死の沈黙が支配するに至る。これが、『言語起源論』の後半の大筋である。デリダがいうように、たしかに「代補する」(とって代わる)ということが、人間社会の変化を語る基本的な概念になっているように見える。

問題は、「代補」といわれていることがらの、具体的な様相にある。デリダによれば、ルソーは理性が情熱にとって代わると明言しているけれど、その記述をよく読むと、情熱の言語(「抑揚」)のなかで、すでに理性の言語(「分節」)が始まっていることになっている。たとえば歌と言語の関係について、ルソーはこう書く。「はじめは旋律のほかに音楽はなく、話し言葉の多様な響きのほかに旋律はなく、抑揚が歌をつくり、長短が拍子をつくっていた。分節と音で話すのと同じように、人々は響きとリズムによって話していたのである。『述べることと歌うことは、かつては同じことであった』

とストラボンはいう。それにつけ加えて彼は『そのことからして、詩は雄弁の源泉であることがわかる』というのだが、ほんとうは詩も雄弁も同じ源泉をもっていて、はじめのうちはまったく同じものであったというべきであった」(T 184)。

「分節と声」で話すことが「述べる」ことであり、「響きとリズム」で話すことが「歌う」ことである。この二つは、始めは同じことであったとルソーは考えている。とすれば、とうぜん「歌う」ことのなかに「述べる」こと、「響きとリズム」のなかに「分節と声」の始まりがあることになる。「歌う」ことのなかに「分節」があり、したがって歌とともに理性が、堕落がすでに始まっている。ルソーはそのことを伏せておいて、悪(分節、理性)が、善(歌、情熱)を堕落させるために、歌の外(北の国)からやってきたように書いていると、デリダはいうのである。

たしかにルソーは、「歌う」ことのなかですでに「分節」が始まっていることを暗に認めている。泉のそばで発された最初の「南の言語」でも、若者たちは「自分をわかってもらおうとして、思いを述べる」と書かれていた。「思いを述べる」の原語は〈s'expliquer〉(自分を説明する)であり、〈expliquer〉には、明確にするという意味が含まれている。他方「北の言語」では、「熱意ではなく、明確さが問題であった」とルソーはいう。「熱意」と「明確さ」はどちらの言語にも含まれていて、ただ南では前者に、北では後者に力点がかけられ、それぞれの言語の特色になったと見てよい。

けれどもそのことは、「南の言語」のなかに「北の言語」がすでに含まれていたということを、意味しているのではない。北の「もっとも自然な声は、怒りと脅しの声」であり、南のばあいと同じように「最初の言語」の情熱をそのまま引きずっている。「北国の人々は情熱がないのではなく、別の種類の情熱をもっている」(T 181)。「南の言語」と「北の言語」は、まず情念のちがいとしてあらわれ、南では愛の情熱が抑揚を豊かにし、北では怒りの情念が分節音を発達させる。両者は、最初の言語から見れば、いわば対等に成長し、いまは異なるものとして向かいあっている。

社会の発達との関連においても、同じことがいえる。すでに述べたようにルソーの考えでは、牧畜社会と狩猟社会は南と北でほぼ同時に始まり、そのなかでそれぞれの社会に見合った言語が発達する（I3⑴②、③）。「南の言語」に潜在していた要素（分節）が北で発達し、南を堕落させるという構図（「代補」）ではなく、「最初の言語」が南と北の風土のなかで、それぞれ異なる情念を育て、それに応じて「抑揚」の言語と「分節」の言語が発達し、異なる社会を形成してきたことになる。ルソーにとって、南と北の問題は、情熱と理性の問題であるだけではなく、「愛」と「怒り」という言葉に表わされている、人と人との交わり方の問題であった。南と北の言語のちがいは、人類の社会的な結合の仕方の問題に深くかかわっている。

視点をそこにおいてルソーの文章を読みなおせば、「南の言語」と「北の言語」の違いがいっそう明瞭に読みとれる。「南の言語」の「自分をわかってもらおうとして、思いを述べることを覚えた」というくだりは、「北の言語」の「何かを感じてもらう必要はなく、すべてを理解してもらわねばならなかった」に、対応している。この二つの文のなかに、原文では同じ語がある。〈s'efforçant de se faire entendre〉（自分をわかってもらおうとして）と、〈on avoit tout à faire entendre〉（すべてを理解してもらわねばならなかった）である。両方にふくまれている〈faire entendre〉は、伝達行為をあらわしているが、「南の言語」では、再帰代名詞〈se〉によって、行為の相互性が示され、「北の言語」では、不定代名詞〈tout〉によって、行為の目的性が示される。〈faire entendre〉は使役動詞だが、行為の相互性のなかでは使役の意味が薄れ、目的性のなかでは使役が顕在化する。「たがいにわかりあう」

ことと、「すべてを理解させる」ことの違いである。

南の風土では、「自然が住人たちのために多くのことをしてくれる」ので、他人に依存せず自由に生きていける。「暖かい国の情熱は、官能的な情熱」であり、だから歌と踊りが発達し、たがいに自分を見せあうこと、つまり「祭り」が生活を活気づける。自分を見せあい、相手に「わかってもらう」ためには、相手自身にそうさせる必要がある。記号活動のなかに、自分が期待しているように相手に思ってもらおうとする働きかけが、含まれる。この働きかけは相互的であり、したがってここにも一種の協力関係がある。ただしこの協力関係は、労働における協働のばあいとちがって、相手への依存がともなわれず、自発性を原理にしている。

他方、北の風土では、「大地は何も与えてくれず」、「たがいに必要であることが、感情よりも強く人々を結びつける」。たがいに相手を必要とし、相手の力や才能に依存しあうことで、労働の成果を高める。伝達行為は、目的を遂行する手段であり、相手にどのような行動が期待されているかを「理解させる」ことが、記号活動の基本になる。労働の場での相互的な依存の必要が、記号活動において、たがいに相手に強制的に働かせる（理解させる）こととして現われる。それが、統制する「法」としての言語コードである（I3⑴②）。

「南の言語」と「北の言語」のそのような特徴を、かりに照応的記号活動、共役的記号活動と呼んでおくことにしよう。それぞれ社会的な行為の面で、「祭り」と「協働」と呼んできたことに対応している。「祭り」を成立させる記号活動において、限界的コードによる部分が大きかったのは、それが照応的活動を基本にしているからであり、「協働」を成立させる記号活動で統制するコードが現われてきたのは、共役的活動が基本になっているからだということができる。(1)

以上のように「南の言語」と「北の言語」は対等な次元で捉えられており、そこで示唆されているのは、社会生活の在り方と記号活動の在り方の密接な関連である。ルソーは情熱の言語が理性の言語にとって代わられたと明言しているけれど、次節でより明確になるように、そのことによって示されているのは、社会生活との関連によっておこる記号活動の変動である。「南の言語」は「北の言語」によって「代補」されるのではない。「最初の言語」は南と北の言語に「代補」されるということはできるが、その「代補」が示しているのは、記号活動の変動であり、変動を促したのは、南と北で異なる相互行為の在り方である。

②大変動

ルソーは『言語起源論』の真中あたりで、人間社会の大変動を一気に語っている。時期的には、狩猟・牧畜社会と農耕社会のあいだになる。

「人間が社交的であることを望んだ存在が、地球の軸に指を触れ、それを少し傾けて宇宙の軸に合わせたのである。そのわずかなずれで、地球の表面に変化が起こり、人類の使命がきまってくる様子が、私には見えてくる。……宮殿や都市が建設されるのが見える。芸術や法律や商業が現われてくるのが見える。諸民族が形成され、広がり、消滅し、海の波のようにまたあいついで起こるのが見える。人々が自分の住まいから出て、いくつかの地点に集まり、そこでたがいに食いあい、世界のそれ以外の土地を恐ろしい荒野と化してしまうのが見える。その荒野こそ、社会的な結合と、技術の効用の記念にふさわしい」（T 172）。

変動を引きおこしたのは、「人間が社交的であることを（いいかえれば世界が荒野になることを）

望んだ存在」である。「神」であるかもしれないが、文面ではそれと名指されていない。近親相姦のときの「母親」と同じであり、だからデリダはそこにも「代補」の働きを見る。

具体的に変動を起こすのは、地軸に触れた指の「わずかな」動きである。デリダは、この指の動きに、無言の記号の働きを見る。それが示すのは、「沈黙しているがゆえに無限である雄弁」（AD 221）であり、その働きは、恋人の影を地面に描くことで言葉以上に雄弁に思いを語っていた「棒の動き」と同様である（I2⑴②）。それは、地上にその跡をとどめ、跡をとどめることで、社会を動かし、また想像力をかきたてる。だから「無から出発して運動を与える指と、すでに見たように無から出発して自分自身が**目覚め**、次いで他のあらゆる潜在性を目覚めさせる想像力の自己触発との間の親近関係は本質的なものである」（AD 222）。

変動を起こす原因は、それ以前の自然にも社会にもなく、ただ「指の動き」だけが、自然を変化させ、人々の動きをつくりだす。狩猟・牧畜社会の「永遠の春」が、文明社会の「隷属、労働、貧困」にとって代わられる。悪は外部から（指の動きによって）やってくるが、その外部は内部にしかなく、「自然における欠如が自然**の中に**あり、自然を**それ自身から遠ざける**破局がなお自然的なものである」ことになる。それが「代補」であり、その働きは「理性には理解し難い」。「代補はただ、戯れの無＝論理的論理に対応しうるにすぎない。この戯れは世界〔地球〕の戯れ〔動き〕である」（AD 225）。

デリダは変動以前の社会を、まだ社会にはなりきっていない社会、「誕生しつつある社会」と受けとっている。ここでもルソーの記述は曖昧であり、たしかにそう読めないわけではない。狩猟・牧畜社会は、「自然の手から出てきたばかりの人間が散らばって」できた社会であり、まだ人々は「集合」していない。人々を集合させたものが、「自然の偶発事件」であり、それを引き起こしたのが「指の動き」であるとすれば、デリダの議論は筋が通る。

けれども変動のあとにくるのは、「文明人」の社会である。この社会をルソーは、変動の記述の直前で、狩猟人の未開社会と牧人の蛮族社会からはっきり区別しているし、また第六章では、未開社会と蛮族社会を「民族として集合した人々」ととらえている。だからこの二つの社会は、文明社会の「前史」ではあるにしても、そこにはすでに人間的な諸関係があり、言語もすでに発達していたと見なければならない。

すでに指摘したように、ルソーはいちばん初めのところで、「生きていく必要にせまられてたがいに遠のいていく人々を、あらゆる情念が近づける」と述べていた。そのばあい「情念が近づける」というのは背理だが、背理があえておかされたのは、ルソーが離合集散の状態を、常態的な「離散」と非常態的な「集合」とに分けていたからだと考えられた（Ⅱ⑵②）。同じ無理がここでも生じ、「情念が近づける」という背理と同じように、ここでは「指の動き」という超論理的記述が、「離散」と「集合」を強引に結びつける役割をはたしているわけだ。

そして、その強引な結びつけかたのすきまから、ルソーが言わずして語っていることがらが見えてくる。変動以前の社会のなかで、人々は「散らばって」はいるけれど、「民族として集合」している。それが、狩猟・牧畜社会の常態である。文明社会とちがって、まだ「宮殿や都市」はなく、「いくつかの地点に集まって」いるわけではないので、その集合の仕方は、いわば非定住的な集合と考えられる。「芸術や法律や商業」もまだないから、文字も未発達とみなしていい。ただし文字のところで述べたように、未開社会にはすでに絵文字か、あるいは少なくともやがて絵文字になるはずの絵があると考えられる。むろんそれはまだ「芸術」ではない。同様に、まだ「芸術」ではないけれど、やがてそうなるはずの歌と踊りがある。羊飼いの若者たちは、泉のそばで出会うと、踊り、歌う。

この状態は、『言語起源論』の記述では、人類の「永遠の春」であり、「黄金の世紀」である。けれども、『不平等論』の記述では、その牧歌的な歌と踊りのなかに、すでに不平等社会への芽生えがあった（Ⅰ3⑵②）。この点についてはくり返すまでもないだろう。そこでは記号表現（歌、踊り）が、それ自体として価値をもち、それが虚栄心の、したがってまた私有欲の温床になるということであった。この考えは『言語起源論』のなかでは明示されていないが、「絵文字」のなかにかくされていた。記号表現（絵、絵文字）の価値の参照体系が、個々人の「心の動き」から、世間の「しきたり」へ、いいかえれば限界的コードからコードへ、しだいに拡延されていくことが、文明を準備し、人々を不平等へと向かわせていたわけだ。

絵は、絵文字になるにつれて、他方では絵画（芸術）として自立し、同じように歌は、言語になるにつれて、他方では音楽として自立する。踊りもまた、文字と言語に組みこまれながら、他方では舞踊になり舞台にのぼる。ルソーにとって、文化が悪としてはっきり姿を表わすのは、絵と歌と踊りが、絵画と音楽と舞踊（演劇）のかたちをとるときである。絵画のなかでは、デッサンが色彩に、音楽のなかでは、旋律が和声にとって代わられ、舞踊では、見せあうことが舞台で見るものになる。

ルソーにとってデッサンと旋律と踊りは、「心の動き」のしるしであり、人の心と心をたがいに触れあわせる媒体であった。それに対して、芸術になった絵画と音楽と演劇は、展示される記号である。人と人とを触れあわせる媒体から、展示される記号へ、この変化が文明人の社会をつくりだす。たがいに記号（しるし）を示しあい、見せあうことのなかで、世間的な評価が生まれ、記号において評価されることへの情念が呼び覚まされる。文明社会は、記号を情念の対象にした社会である。

未開から文明への変動をよび起こすのは、記号活動である。デリダがいうように、変動の原因は、それ以前の自然にも社会にもない。ただし、社会のなかにないと言えるのは、その社会を、労働（狩猟・牧畜）において見ているからである。そこに私有の起源はない。けれども社会は、人と人との相互行為（記号活動）において成り立つ。狩猟・牧畜社会を記号活動においてとらえれば、そこに私有の淵源があり、変動は記号活動において始まっている。

デリダがいうようにルソーの考えは、通常の（近代的な）自然と社会の科学の外にある。けれどもそれを「戯れの無＝論理的論理」と言ってしまっては、ルソーが垣間見せている人間の記号活動のもつ意味が、ふたたび文字社会の「閉域」のなかに閉じ込められることになるのではないか。まだ文字と文字社会との関連を問うことが残されている。

③言語の変質

「文字は、言語を固定するもののように思われるが、実際にはそれを変質させている。語を変えるのではないが、その本質を変えてしまう」とルソーはいう（T 154）。文字の出現によって、言語が変わる。これは『言語起源論』の中心的テーマである。

文字はまた、『グラマトロジー』の課題である。とうぜんデリダは、文字に「代補」を見る。「文字言語はとりわけ一つの代補である。なぜなら、それは代補が、代補の代補、記号の記号、すでに意味している音声言語の代役、として与えられる地点を指示するからである」（AD 268）。これはそれほど難解ではない。ルソー自身の表現ではこうなる。「話すことでは、約束事としての記号によって思考が表現され（代理され）、書くことでは、同じく記号によって話し言葉が表現される（代理される）。

したがって書く技術は、思考を間接的に表現する（代理する）ものでしかない」（カッコ内は足立訳の補足）（T 220,AD 293）。話すことは思考に代わることによってそれを補い（「代補」し）、書くことはその「代補」に代わることによってそれを補う。つまり「代補の代補」になる。だがデリダは、それに加えて、この「代補的代理の運動は、起源から遠ざかるにつれて起源に近づく」という。これは難解である。

政治の次元でいえば、「法」は書かれねばならない。歴史のなかで「法」を制定するのは特殊意志（王）であるけれど、一般意志も「立法者」を要請する。「一般意志はつねに正しいが、それを導く判断はつねに啓蒙されていなければならない」（SVII 044）からだ。一般意志は「判断」（立法者）に席を明け渡す。立法者は執行権をもたず、その「判断」（法）は執行者のもとに置かれるので、そこで「法」が特殊意志のもとに明け渡されることも起こりうる。それゆえ「法」は、「人民の声」（一般意志）によって問いかえされねばならない。一般意志は「あらゆる法の源泉であり補完物（代補）であって、法の欠如している場合には、つねに参照されるべきものである」（SVII 213）。自然状態における「憐れみ」のばあいと同様、人民の「声」のなかに、「神」の声がすでに〈法〉として書きこまれている。むろん書きこんだのは、神ではなく、「代補」である。

一般意志と法との関係は、声と文字との関係である。文字は、はじめ絵文字として、声の内容（〈意味されるもの〉）を代理するが、絵は沈黙の表現であり、声をうばう。表音文字がそれに代わり、声の形態（〈意味するもの〉）を代理することになるが、この代理が徹底されると文字と声が同一になる。ルソー自身、「書かれるのは声であって、響きではない」（T 154）という。「声」は、声の響きや抑揚ではないもの、つまり分節された音であり、徹底された代理である分節表記と同一物である。だから「声」は文字である。「人は**代補から本源へと**遡ることを望むが、**本源においては代補が**存在すると認めざるをえない」(AD 310)。

言葉を「変質」させる文字、「代補」としての文字を拒否し、生の声の現前にすべての根源を求めても、そこに見出されるのは、いぜんとして「代補」である。だからデリダは『言語起源論』の読解を、次のような言葉で締め括る。「問題なのは、古典的論理では全く受け入れられぬような不条理な表現をあえて用いれば、〈根源的代補〉(supplément originaire) である。あるいはむしろ〈根源としての代補〉(supplément d'origine) と言った方がよい」(AD 327)。

デリダのいう「根源としての代補」のなかに、初期の人間たちに日常的であった不意の出会いと、そこでの記号活動を読みこむことが許されれば、その「不条理な表現」は、ごくふつうの合理的な表現になる。最初のうち人類は、動物的な記号活動によって生活しながら、声のやりとりを契機にして、人間的な諸関係を意識と生活のなかに書きこんでいく。その書きこみが、動物的な記号活動の補足(「代補」)になるわけだから、その意味で、言語の起源は「代補」であったということになる。

もっともそんなふうに言ってしまえば、『グラマトロジー』の批判的な意味が消える。デリダにとっては、声は文字(エクリチュール)であるからこそ、その始まりが「根源としての代補」になり、またその表現が「不条理」であるからこそ、ロゴスの閉域にゆさぶりをかける「戯れ」として現われる。それに対して、声が動物的な記号活動を補足するという考えは、きわめて常識的であり、そこには「不条理」も「戯れ」もない。けれども、その声がやがて文字社会を生み、沈黙の世界をもたらすという意味で、そこに現われてくる人間の営みは、不条理である。人間的な関係を生みだす記号活動が、同時に非人間的な関係を形成していく。人間の日常的な営みとしてそうなるのだから、こちらのほうは、ごく常識的にいって、不条理である。

ルソーにとって同時代は、奴隷の世紀であり、そして文字の世紀でもあった。だからルソーは、文字が人間の言葉を「変質」させたのだと断定した。その断定は、同時代への攻撃である。だが文字を攻撃しても、人間の記号活動が文字を生みだしたのだから、論理的には矛盾する。その矛盾が示しているのは、人間の記号活動の不条理であり、その不条理が、ルソーの断定を背後から支持している。

絵文字の出現とともに、心と心の媒体である記号（しるし）は、自己を展示するものとして働きはじめる。展示する記号は、それ自身で語る。だがこの段階では、文字はまだ声を変質させない。絵文字の記号としての形態が、声の形態と無関係であり、それから独立していたからである。声の感覚的形態のなかには「響き」や「抑揚」があり、それが心の「しるし」でありつづける。ホメロスの叙事詩は人々の前で語られる。それはすでに展示する記号である。けれどもそれはまだ歌であり、だからルソーはそれを高く評価する。

象形文字の出現とともに、自己を展示する記号は、人々を支配するものとして働きはじめる。それ自身で語る記号が、展示の場で、人を越えた記号（神々）として語り始める。語られた世界（神々の世界）が、秩序になり、支配の手段として人々の上に君臨する。この段階でも声は、まだそれほど変質していない。声が町角や広場のなかにあるからである。けれどもそれと同じ声が、神殿のなか、劇場のなかで語られると、変質が始まる。その声は、まだ歌である。「閉ざされた場所とはいえ、みんなに聞いてもらうためには歌うように語らざるをえない」。だがこの歌は、閉ざされた「舞台の上でしか通用しない、約束事としての調子」を持つ。抑揚や調子が神殿のなか、劇場のなかで特定の約束事を持ちはじめる。それはもはや「しるし」ではなく、展示される記号である。声の形態に変質が現われる。

声が展示される記号となることで、アルファベット文字が可能になる。展示されるものであるために、「しるし」であることが無視されて、形態として抽象され、分析される。抽象された記号は、交換する記号になる。文字が声と交換されるだけではなく、その互換性を条件にして、他のあらゆる記号と交換される。それは音楽を説明し、絵画を説明し、すべての事物を説明する。その交換を通じて人々は、貨幣でものを所有するように、文字で認識を所有する。もっとも文字は貨幣にすぎないと見なされているので、認識は声に所属させられるが、その時にはすでに声も抽象化されている。抽象化された声の世界が、いわゆる〈知〉の世界であり、「アカデミー」と「サロン」で語られる言葉の世界である。

〈知〉の世界のなかでは、言語記号以外に認識の手段はない。あるいはむしろ〈知〉の世界では、言語が認識であるというべきだろうか。かつて「神話」の世界がそうであったように、ここでも言語が世界を秩序づけている。だが一歩その世界の外に出れば、音楽や絵画のみならず、人の表情や身振りから山川草木にいたるまで、あらゆるものが語りだす。自然の「青」と「緑」を区別しているのは言葉であるけれど、この緑とあの緑の差異に心を動かし、そこに意味を読みとることは言葉に成しうることではない。言葉にならない意味の世界もまた、記号（しるし）の世界である。記号に語らせているのは人間であるけれど、人間はまだその世界を汲みつくしてはいない。

言葉をとりまくそれら広大な記号（しるし）の世界を、ルソーはよく感知していた。そこに『言語起源論』にみられる価値観の源泉があり、そこからもっとも遠い距離にあるものとして、〈知〉の世界が告発される。告発の性急さが、彼の感知していた世界を見えにくくはしているけれど、〈知〉の世界をとらえかえす視点は、いまでも同じ距離をおくことのほかにないだろう。

そしてその距離はまた、ルソーにとっては、人類の起源から現在にいたる時間でもあった。記号の世界を時間の距離のなかにおきなおせば、言語の「変質」がよく見える。「しるし」の世界に根をおろしていた言語が、しだいにみずからが作りだした社会的な制度のなかに、根を移しかえていく過程である。最初の離合集散の社会から、農耕定住社会へ、そして国家社会への移りかわりのなかで、言語は、社会を統合する相において変身し、変身することで社会生活の在り方を変える。その変身の様相は、〈知〉の世界においてもよく知られないまま、今すでに、その世界自体が新興の記号の世界によって脅かされている。交換する記号であった言語が、擬似環境としての記号に、姿を変えつつあるようだからである。

デリダの『グラマトロジー』は、自分の属している〈知〉の世界を、その記号活動のなかで認識しようとした試みである。ルソーの『言語起源論』も同様であったけれど、〈知〉の世界への属し方が、ルソーのばあいはいわば半身の姿勢であった。半身であることが、自分の属していない世界への郷愁を切り捨てさせず、そちらの側からも自分の世界を見る視点を保持させていた。その視点が、記号活動を生成と変動の様態においてとらえる視野をもたらしたといえるのではなかろうか。

（1） 照応的記号活動と共役的記号活動は、作田啓一が「連帯関係」と「依存関係」の概念で示している集団活動の、記号的側面と考えてもらえればいい。作田は、人間の集団活動には三つの局面があるという。第一は、集団の成員それぞれによる環境への働きかけで、この局面から「自己の利益を追求しながら相互に他者を利用しあう依存関係が導かれる」。第二は、成員の親和的活動で、この局面から「集団成員が相互に結ばれる連帯関係が導かれる」。第三は、集団的目標達成のために互いに力を合わせる活動で、この局面から「役割の遂行を通じての協働関係が導かれる」。「協働関係」には、第一の局面を経るコース（依存的協働）と、第二の局面を経るコース（連帯的協働）があって、ルソーは前者に現実社会の不平等を、後者に理想社会の可能性を見ていたのだという（作田、前掲論文）。

作田のいう依存的協働が本稿の「協働」に、「連帯関係」が本稿の「祭り」に相当している。用いられている用語のずれが、どこかで認識のちがいになっているようだけれど、深く検討している余裕はない。ここではとりあえず、「依存関係」を成り立たせ、「協働関係」に導いているのが、共役的記号活動であり、「連帯関係」を成立させているのが、照応的記号活動であると考えておく。

おわりに

人間は言葉に支配されていると、現代の言語学者はいう。たしかにいま我々は、そんな世界に生きているようだ。けれども、我々がそうであるのは、人間が言葉に支配された存在であるからではない。人間は、言葉に支配される存在になったのである。ルソーの『言語起源論』は、その認識を基本に据えている。

言葉を記号間関係の網の目としてとらえるソシュール的観点は、いまそうである言語の認識としては、正しいのかもしれない。けれども、その観点からだけでは、そうなったことについての認識を得ることはできないだろう。記号間の空間的関係である「差異」を、時間的関係の「差延」としても捉えようとしたデリダの観点は、その意味で、ソシュールと構造主義を越えている。

デリダのいう「差延」は、それ自身が動因であり、動機であるような運動であった。その運動はまた、記号活動でもあるのだから、この観点は、人類の歴史を神や「精神」、あるいは「法」（唯物論的弁証法をふくめて）から、人類の活動そのものに返すものであるということができるだろう。にもかかわらず、その内実は、「戯れの無＝論理的論理」という結論的表現に見られるように（Ⅱ3②）、きわめて貧しい。「戯れ」が記号活動であるのならば、「無＝論理的論理」は、結論ではなく、論の発端であり、考察の対象であらねばならないだろう。

デリダの「戯れ」が貧しいのは、彼自身がルソーの生にふれて述べているように、想像力による自慰を基本にしているからだと思われる（Ⅱ1③）。記号活動が、それ自身において生成し、それ以外のものによるのではなく、自らが自らを刺激することによって、自己展開を遂げてきたという観点は、くり返すけれど、構造主義を越えている。[1] けれども、そのばあいの「それ自身」のなかには、人と人との相互関係がふくまれている。デリダの『グラマトロジー』には、その関係性（とりわけ身体的関係性）の視点がなく、[2] それに対してルソーの『言語起源論』では、記号活動がつねに相互関係のもとにおかれている。記号活動を生成し、展開させていく力が、記号活動そのもののなかに具体としてある。いうならば愛と憎しみのもとで、「戯れ」が豊かになるわけだ。

具体としての力によって、「戯れ」は、それ自身に対立するような記号活動をも、産出する。ルソーのいう「南の言語」と「北の言語」の対立、いいかえれば歌における「なじみ」と「訓練」、法（コード）における「誓い」と「統制」、あるいは協力関係における「照応的活動」と「共役的活動」などの対立である。言語は、ルソーが強調していたように、その対立する後項において発達し、人類の記号活動全体を支配するにいたる。

とりわけ文字とともに始まる公共的な教育の場において、知的言語が発達し、全体としての記号活動を偏向させる。本稿では『エミール』にまで論及する余裕がなかったが、私教育（家庭と地域集団的な記号活動）と、公教育（学校の記号活動）の対立がはらむ問題は、まさに現代の課題である。教育もまた人類の基本的な記号活動であるにもかかわらず、現代の記号論で、教育という言語行為の特殊性に論及したものはほとんどない。

R・D・レイン（志賀・笠原訳『自己と他者』みすず書房）と、G・ベイトソン（佐伯・佐藤・高橋訳『精神の生態学』思索社）の「ダブル・バインド」の概念は、その点についての示唆を与えてくれるものとして、記号論的にきわめて重要な課題をふくんでいると考えられる。息子を疎む母親が、息子に優しい言葉をかけ、息子が母を愛することも愛さないこともできずに立ちすくむという個人の状況は、照応的活動と共役的活動が分裂、対立し、人類をたがいに立ちすくませている現代世界の状況を、端的に象徴している。そして二世紀前、すでにルソーは、個人的に同じ状況に何度も遭遇していた。その意味で、『告白』や『対話』もまた、記号論として読みかえすことができるはずである。

I部の最後に述べた「残された課題」は、II部ではほとんど考察されていない。書いたときの見通しでは、デリダがふれている箇所を手がかりに、いま述べた観点から『エミール』や『対話』にも及べるはずであったのだが、はたせなかった。書きすすめているうちに、デリダとの対比が、かえって拘束になってきたからである。残してしまった課題については、機会がまたあれば、今度は自由に取り上げてみたい。

（1） 同じ観点が、G・ドゥルーズとF・ガタリの『アンチ・オイディプス』（市倉宏祐訳、河出書房新社）にある。そこでは、人間は「欲望する機械」であり、人間の生と人類の歴史が、分子の「接続」、「離接」、「連接」といった記号論的な概念で語られている。ただし彼らの議論はデリダ以上に難解であり、私の理解は市倉の『現代フランス思想への誘い』（岩波書店）に依っている。

（2）　近親相姦に関する議論を想起してほしい（Ⅱ2③）。ルソーの記述では、不在である母親の位置に、生身である姉妹がいる。その視点が、デリダとの基本的な相違であり、また「アンチ・オイディプス」的視点とのちがいでもあるように思われる。

第三章　メディアの政治学・序説（抄）

媒介の諸相

(1) 語り手

常識に特定の語り手はいない。それは日常生活のなかで、それぞれが個別に参照し、依拠しているものであって、それぞれの具体的な言動として表われていることが、それを生きた規範にしている。その半面、たとえば諺のように言表されたものどうしで矛盾したり、状況次第で意味がずらされたりするので、規範としての整合性や全体像を求めることはむずかしい。

神話と宗教には、特定の語り手がいて、語る時間と場所も、日常の時間と場所から隔離されている。そのことが、語られることに整合性と全体像を与え、それを秩序づけられた時空間にする。この秩序は、語ることの整合性（論理）がもたらした抽象であるにもかかわらず、抽象されるもとの日常言語（常識）が、それまで環境世界を意味づけていたものであるために、環境世界に内在している秩序、本来的な秩序であるとみなされる。もともと動物であり、植物であり、氾濫する河川などであった神々、人間によって述べられる存在であった神々が、論理的な秩序づけのもとで、宇宙的な秩序の主体になり、この主体、人間を越えた主体が、環境世界を意味づけることになる。その宇宙的秩序が、古代・中世の国家的秩序を正当化してきたことについては、あらためていうまでもないだろう。

そういった語り手とは別に、動物や植物、氾濫する河川などについて語りついできた人たちがいる。特定することはできないけれど、かつてはどの村にもいた語り手、日が暮れればいろり端で昔話や世間話を話し聞かせていたばあさまたちである。ばあさまは、環境世界のなかに生きつづけながら、その世界を拡大する。話す場（暮しの世界）と話しの場（想像世界）とが、ばあさまの身体を通して結びつき、暮しの世界に想像された意味が充満する。そこは家であり村であり川向うであって、そのまま「異界」にまで通じ、「異類」が異時間のなかで生きている。家は食べて寝るだけのところではなく、村や川向うや異界と隔てられながら連続している。連続している隔たりは〈縁〉であり〈ゆかり〉であって、空間であると同時に時間（因縁、縁起）でもある。〈縁〉であり〈ゆかり〉であるものが、「異界」をふくむ環境世界、暮しの場でありながら想像された環境世界をつくりだしているわけだ。

ばあさまは、嫁入り前に家で聞いた話、川向うの村か、ときには異郷で聞いた話を語る。むかし聞いた話も、きのう聞いた話も一つにくくられ、神話と宗教の場面も取りこまれる。それらはもともと「因縁」と「縁起」の話であり、いうならば里帰りしてきただけのこと、ただしここでは、〈穢〉を祓ったはずの〈聖〉がふたたび穢れにまみれて、相対化される。相対的な身体は、その一つ一つが隔てられたものを通いあわせる〈縁〉でもあって、環境世界はその〈縁〉に結ばれた広がりをもつ。

宇宙的秩序が隔離された場を中心にした統一的な世界であるとすれば、民話的世界は、暮しのなかに数しれない核をもつ集合的な世界だといえる。宇宙的秩序は「聖なる天蓋」（バーガー）といわれるように、地上の日常世界を覆いつくしているように見えるけれど、地表には土と草の臭いに満ちた大気（民話）が漂っていて、天の秩序はその層を通して地上に降り、あるいはその層を通してそれ自身の力を汲みあげる。

宇宙的秩序（コスモス、世界観）は、経済的秩序（ノモス、慣習・制度）を正当化する。(1) けれどもその関係が成り立つためには、経験（ノモス）がはじめから観念（コスモス）に支配されているか、あるいは観念が経験から生成していなければならないだろう。個人のレヴェルでいえば、観念が経験を秩序づけるとも、経験が観念を構成するともいえるけれど、それをそのまま集合的レヴェルに当てはめるわけにはいかない。観念の共有（世界観）にしても経験の共有（慣習）にしても、共有という〈あいだ〉の論理がそこで働いているからである。

〈あいだ〉の関係行動は、身体の外に映し出された関係性として集団のなかで対象化され、述語的に統括された形態をとる。対象化は生命活動の一環であるゆえに、その統括においては、自明のこととしてそれからの逸脱を禁止している。だが生命活動は、危機的な状況に直面すると、その形態化を組みかえる。いいかえればすでに統括されている形態から逸脱する。この逸脱は自発的であり、したがって禁止の自明性が消滅するので、禁止が自明でないこと、疑わしいことになる。

民話には、その疑わしさが満ちている。民話の魅力は、主人公たちの異常な経験や逸脱行為にある。異界に出むき、異類と結ばれ、あるいは暴力や悪意を具現し、あるいは社会的、身体的な劣位者が身を立てる。逸脱は自発的で、たとえ話の終りで禁止が呼びおこされても、話のなかでは忘れられ、その行為は生命的な躍動性に満ちる。行為を生き生きと述べることが、話し手一人一人の生命活動でもあるからである。

話し手一人一人は、常識の世界に生きている。常識はもともと身体感覚であり、経験が呼びおこされる場所であると同時に、想像力の源でもある。生命活動としての逸脱は、宇宙的秩序において禁止されても、身体の場で想起され、自由に羽ばたく。その躍動は、同じ身体感覚の世界に生きている聞き手の共感を呼び、ばあいによっては日常行動のモデルにもなる。もちろん行動化されれば、既存の慣習や制度に対して無規範（アノミー）として現われ、経験的秩序を脅かす。

この共感的躍動は、他方では、宇宙的秩序という物語の生命力でもある。逸脱は、語られる宇宙のなかでは無秩序（カオス）として現われる。その無秩序が秩序主体の存在理由であり、宇宙という観念体系に現実性を与えることで、その秩序を信ずるにたるものにしている。その信憑性が、いったん疑われた禁止をふたたび自明のことにする。つまり宇宙的秩序という媒介的世界を経ることで、逸脱への共感的躍動が逸脱の実践的行動を禁じてしまうわけだ。

宇宙的秩序と経験的秩序のそのような関係構造が、近代以前の人間の環境世界であった。だが関係構造は、関係を構成している要素の変質によって崩れていく。第一に、共同体への貨幣経済の浸透にともなう混乱が、逸脱への共感を行動化させ、日常的に経験的秩序が脅かされてくる。第二に、生活様式の変化にともなって、暮しのなかでの話しの場が縮小され、集合的世界を形成する核としての役割がはたせなくなる。第三に、話の場が祭りと市の時空間へ（さらには活字本へ）移動することで、躍動する身体感覚が暮しの場から遊離し、したがって身体感覚としての常識も風土から遊離していく。そして第四に、宇宙的秩序もその生命力の源を枯渇させ、信憑性を弱めることで、経験的秩序を正当化する役割をはたせなくなる。

いま経験的秩序を正当化しているのは、社会通念としての常識である。規範としての整合性も全体像もあいまいな常識が、なぜ神話あるいは宗教の代わりになるのか。日常世界のなかでの語り手が、ばあさまから別の身体に移されていくからである。

神話と宗教にかわる現代の宇宙的秩序は科学的な世界像である、と簡単に言いきることはできない。科学は、神話や宗教のように物語として統括された全体像をもたず、また経験的秩序を明示的に正当化することもないからである。

(2) 語る商品

科学の語り手たちは、当初、宗教的世界のなかにいながら自分の観察と推論に固執した人々であった。その精神のあり方は、教会と大学という隔離された場所でよりも、むしろ商人や職人たちの仕事の場ですでに育成されている。変動する経済と相互関係のもとで暮しを立てていくために、みずから情報を収集し、整理する。あるいは素材を吟味し、案を練る。その一つ一つの行為が、客観的で合理的な精神を準備していたわけだ(2)。

自分の観察と推論に固執することは、環境世界の関係構造を変える。宗教的世界を自ら否定しなくても、自分で調べ自分で考えたことへの固執が、慣習や制度からの逸脱になり、逸脱を貫けば、宗教的秩序への背反まで強いられる。またその精神は、民話の想像的世界とも両立せず、したがって自らの行為を導くものとしては、自分の身体的な統合感覚である常識と、それによって自分で立てる秩序(既存の慣習や制度を正当化するものではない宇宙的秩序)しか残らなくなる。

この常識は、それまでの常識(共通感覚である常識)と同じではない。収集される情報や吟味される素材は、統合感覚にもとづいて選ばれる。「勘」が働くわけだけれど、前章で述べた(〔編注〕参照)エスキモーのばあいのような勘とちがって、ここでは職業的に限定された勘であり、その土地で生きているものに共通している感覚ではない。したがってこの感覚がつくりだす活動環境は、既存の環境世界と一致せず、既存の世界のなかに異種の環境が出現することになる。

職業的に限定されているということは、収集される情報や吟味される素材が、〈市〉を核にした商品交換の場におかれているということである。交換の相手は他人あるいは異人であって、自分の好みで情報や素材がいかに面白く、貴重であっても、交換の場で役立たないと判断されれば切り捨てられる。価値判断が他人の需要、それも見知らぬ多数者の需要に合わせられているわけだ。そのことが価値判断の客観性を、没主観的な方向に限定していく。

また商人が情報にもとづいて物財を流通させ、職人が素材を製品に仕上げる過程も、それぞれの目的に応じて主体的に管理される。この管理は、個別主体的にいえば、自らが立てた行動目的への適合性として現われ、流通や工程における無駄の排除と能率の向上（組織化、手段の改良など）が追求される。流通と工程における合理化は、それまでになかった慣習や行動規制、つまりは新たな経験的秩序（ノモス）の出現を意味している。この経験的秩序を正当化する上位の秩序はなく、ただ需要との関係における秩序、つまり〈市〉の秩序にのみ従属する。そのため個別的には目的合理的である行為も、〈市〉の秩序に対しては整合的な合理性になる。

他方、需要者として〈市〉に現われる見知らぬ多数者は、これまでどおりの環境世界のなかにいる。価値判断の基準がそこでの主観性（共同主観）にあるかぎり、需給関係も慣習と制度のなかに閉じこめられたままであるけれど、見知らぬ多数者はまた、〈市〉を楽しみにしている人々でもある。そこでは需要に楽しみがともない、楽しみが需要を引きだす。見物し、比較し、吟味することが、明日のイメージをふくらませるわけだ。前回に述べたように、やがて市場経済は明日のイメージをも支配してしまうが、さしあたっては〈見知らぬ多数者がこれまでの環境世界のなかにいるかぎり〉そこまでは関与できず、商品が見物され、比較され、吟味されることにおいて、供給と需要が出会う。

この出会いの場で、需要者が商品を比較し吟味する過程は、そこだけを取りあげれば、供給者が情報を収集し素材を吟味する過程と同質である。取捨選択が、提示された物と物との比較においてその場で決められる。たとえ動機が暮しのなかにあっても、取捨選択は〈市〉のコンテキストのなかにおかれていて、自分の感覚と推量に頼るほかなく、その意味で決断は個別主体的である。また需要があるということは、供給者の価値判断が見知らぬ多数者に肯定されていくことであって、この多数の主体的肯定が、判断の客観性を保証することになる。

〈市〉で賑やかに宣伝され、需要を引きだしているのは、商品の使用価値や希少価値、あるいは付加価値である。それらの価値は、それぞれ需要者の生活と環境世界のなかに位置づけられ、取捨選択の判断もその位置づけに従属している。そのかぎりでは〈市〉の秩序は、既存の宇宙的秩序のもとに包摂されているけれど、〈市〉の賑いが、その秩序を包摂から解き放していく。

賑いの主役である呼び売りの口上は、需要者にとっては商品の使用価値などについての情報であって、選択行動の基準となる言語表現ではない。述べられている価値（使用価値など）が、口上そのものを価値づけるようなことはなく、口上の真偽は聞き手が自由に判定するもの、目の前の商品によって自らの感覚と推量で判断するものである。その行為が、逆に口上を正当化してしまう。たとえ口上にそそのかされても、迷ったすえに自分で選んだということ、価値を主体的に肯定したことが、そそのかしを帳消しにしてしまうわけだ。

選ばれた商品は、たとえ自分の暮らしでは役立たずであり、あるいはだれにも羨ましがられなくても、使用価値や希少価値を表わしつづける。役立たずの使用価値、羨ましがられない希少価値というナンセンスを、有意味にしているのは、商品としての価値、〈市〉のコンテキストのなかで現われてくる交換価値である。この価値が口上を正当化し、口上に誘われた需要者を、環境世界の行動基準から切り離していく。

したがって口上は、たんに〈市〉の賑いであるだけではなく、環境世界へ〈市〉のコンテキストを侵入させる役割をはたすことになる。口上に誘われた判断は、展示された商品を対象にしている。いいかえれば選ばれるのが使用価値であれ希少価値であれ、〈市〉のコンテキストのもとで客観性と合理性を付与された価値を、対象にしている。無駄なこと、無意味なものはすでに排除され、排除にともなう思い（主観）も捨象されているのであって、その意味での抽象に対して、需要者の感覚と推量が働いていることになる。

感覚と推量の働きとは、もともと暮しのなかでの常識（共通感覚）の働きである。それは風土である環境世界を構成しているが、〈市〉のコンテキストのもとで働きはじめるとともに、環境世界の生態から切り離され、すでに抽象されたものに向かうことになる。常識のあり方が変わる。

(3) 語る事象

商品交換の拡大は、科学の発達と相関的である。この相関性は、たんに商品生産が科学研究の成果を利用し、生産の拡大が研究を刺戟し発展させるといった功利的関係に限られない。商品と科学とは、より深いところで結びついている。

科学的な論述は、さしあたって次の点で、商品に類似している。第一に、科学者は自ら資料を収集し、観察し、論を立てる。第二に、目的（立論）に対して手段（観察過程、論述方法等）の合理性が追求される。第三に、論述された認識は一個の制作品として提出され、見知らぬ第三者に検討され追認されることで、その客観的妥当性が保証される。第四に、妥当性を保証された作品は、価値をもつ。

むろん科学的論述は、商品と同じではない。第一にそれは、需給関係のもとにおかれていず、交換価値をもたない。検証する第三者も研究者であり、立論者と同じ側にいる。第二に、論述において追求されるのは真理価値であり、使用価値や希少価値のような生活における物質的効用をもたない。第三に、追求される真理は、自然と社会に内在する因果、法則、組成、構造など、論述されている事象の側にあって、論述それ自体に価値はない。作品であっても、作品としての価値をそれ自身が主張するわけではなく、追求される真理についての正確な情報であることだけが、それに求められる。

そのような商品との相違点は、科学をむしろ神話と宗教のほうに近づける。論述それ自体に価値はなくても、それは真理についての情報であり、それゆえに神話的・宗教的な言語表現のばあいと同様、ここでも述べられている真理が論述を価値づけてしまう。ただし神話的・宗教的表現とちがって、あらかじめ論述の一つ一つに連関が与えられていず、宇宙的秩序としての統一性をもたない。全体として物語を構成するわけではなく、とうぜんここには、神にあたるような秩序の主体も現われない。いいかえれば価値づける主体がそれ自体のなかにはないにもかかわらず、科学的論述は真理として価値づけられる。そこに科学的世界観という虚偽イメージの謎があるわけだ。

科学者は、みずから論述する。与えられたテキストを語るわけではなく、また自分なりのイメージを楽しむわけでもない。自然と社会は、いわばまだ解読されていないテキストであり、真理はその背後に隠されている。真理の全体を一人で解読することはできないので、語り手としての科学者の役割は、各自が自分に読みとれた部分を持ちよることで、全体の構築に参加すること、そのための手段として、部分的真理を正確に指示するような理性的言語を用いることにある。だがそのような科学的論述には、二つの欺瞞がふくまれている(3)。

第一に、部分的真理と呼ばれるようなものは存在しえない。部分は全体があっての部分であって、みずからが全体の部分であるかどうかを決定する権利は、部分にはないからである。いうまでもなく主観的には全体は与えられる。だがその全体に依ることは、科学を宗教的ないしイデオロギー的全体に組みこむことになり、したがって通常は、全体の部分であることを、科学者集団という全体に所属していることにすり替えることで、部分的真理を主張することになる。

第二に、理性的言語は存在しえても、それによって部分的真理という対象を指示するためには、言語外的な強制が働いていなければならない。日常言語は身体的、状況依存的であり、それゆえ指示はつねに共同性として現われるが、理性的言語は身体と状況を捨象することで成り立っている。研究者間で、活動環境と問題関心が共有されていれば、その共有が言語的指示を共同的にするけれど、そうでなければ理性的言語は対象の指示へ向かわない。よく言われるように一般人が研究論文を読んでも意味をなさないのは、言語記号間の差異がつくりだす観念の連鎖を、指示されていることがらへ向けることができないからである。

活動環境と問題関心の共有は、一般に、大学・学界という制度と、クーンのいうパラダイムによって維持されている。大学では、研究者は同時に教育者であり、したがって(理念的にいって)主体的な認識者であるとともに、蓄積されてきた知識(客観性を保証された認識)の伝達者でもあって、その両面を自身において統一している。いいかえれば与えられたパラダイムにおいて生じている問題群の解決を目的にすることで、ばあいによってはパラダイム変換をともなうような認識へ向かいながらも、同時にその認識をパラダイムとして再編してしまう。

いうまでもないがパラダイムは教科書でも原論でもなく、認識のモデル（規範的であるだけではなく競合的でもあるモデル）でありながら、生物体のようにたえず自分自身を更新しているシンボル体系である。問題解決にともなう新たな概念が、既存の概念間の関係をも組みかえていくわけだ。関係の組みかえは、たとえ既成のパラダイムを危機におちいらせるようなものであっても、シンボル体系の自己更新として現われるので、パラダイム変換にも合目的性が与えられる。変換をともなうはずの認識が、パラダイム内での問題解決と平等である論述として、制度内に位置づけられ、制度の目的に向けて（認識を真理として価値づけるように）方向づけられる。だからこの合目的性が、科学的世界観を成り立たせる推進力ということになる。

要するに科学的論述は、大学・学界という制度のなかにあることで、個々の認識を全体に参加させる。この参加は加入ではなく、全体化された関与（インテグレーション）であって、そうであることが個々を部分的真理にし、同時に全体を科学的世界像として構想させる。それは宗教に代わる宇宙的秩序としてイメージされ、ひいては経験的秩序を正当化する役割まで引き受ける。だがそのような科学の聖性は、いうまでもなく僭称である。制度がなければ、すべての論述は個別的認識であるにとどまり、職人が制作する物品と同じ次元に留め置かれるだろう。論述を客観的知識として価値づけているのは、したがって制度である。

認識の客観的妥当性は、聖化された科学的世界像のもとで、自然と社会の側に属する対象としての実在性を与えられ、認識の妥当性であるものが、個別主観を越えた客観として価値をもつことになる。この客観としての価値は、個々の論述をのみこんでいるコンテキストのもとで、認識対象に付与されてくるのだから、商品がもつ交換価値と同質である。商品が交換価値をもつことで、それ自身でみずからの価値(使用価値や希少価値)を語りだすように、認識対象は客観価値をもつことで、それ自身の効用を語りだす。因果、法則、組成、構造などが、人間に対して、人間用の価値を語りはじめる。

そのように科学的世界像は、宇宙的秩序として経験的秩序を正当化するものでありながら、それ自身は経験的秩序である研究・教育制度によって価値づけられている。いいかえれば経験的秩序が、自分で自分を正当化しているわけだ。当然その正当化は夜郎自大であり、無限に自己の機能を拡大することになる。

科学的認識は国民教育の課題であり、客観的価値はジャーナリズムの原理である。教員とジャーナリストの口上を経ることで、それは国民の常識になり、環境世界の様相を一変させる。

(1)コスモスとノモスについては、上野千鶴子『構造主義の冒険』(勁草書房、一九八五年)を参照。
(2)この点については『コミュニケーション物語』(人文書院、一九八六年)でやや詳しく述べた。
(3)以下については、かつて「知識論のための覚書」(『展望』一九七六年八月号)で詳述した(のち、れんが書房新社より刊行)

〔編注〕
本章は、「メディアの政治学・序説」の「第十一章　媒介の諸相」であり、ここで「前章で述べた」と書かれているのは、「第十章〈あいだ〉の諸相」の次の箇所をさしている。
「エスキモーは雪と風について多くの名称をもつ。雪と風のほかに何も見えず感じられない氷原で行動するために、動物的な勘を働かせることが必要であるわけだが、動物とちがって直接的な感覚刺激ではなく、感受されていることの意味が行動の指標になる。意味は、諸感覚に与えられる刺激が、情報としての価値をもつように統合された形態であって、それが行動の指標であること、いいかえれば意味が感覚刺激と行動の媒介になっていることが、すなわちシンボル活動である。感受されていることの意味が、すなわちシンボルの意味であり、したがってここでの名称の意味（記号間差異）は、統合の形態的差異（情報間差異）である。名称が多様であるということは、得られる情報が多いということであって、そのことが状況への対応度を高めているのはいうまでもない。」

メディアの力量

(1) 支配するメディア

生命活動は、〈あいだ〉においてその活動を形態化する。人間においてはまずその形態はシンボルとして現われ、シンボルが虚構を形成することで、それは人と人とのあいだ、集団の場において対象化される。対象化された形態は、人がそれと向かいあうことで、人に対して働きかける。そのプロセスが人の環境世界を無限に拡大していくことになる。

対象化するのはシンボル活動である。対象化されたシンボル形態は、シンボル活動の結果であって、その結果と活動過程における形態的側面(ノエマ)とは、つねに同一でない。「物象化」の論理は、その点を混同している。活動において対象化され、物象化された形態が、活動に敵対し、抑圧するようになるのは、対象化する活動が集団の場にあるゆえに、個別的な活動過程で、それ自身ではない形態が力として働いてくるからである。

シンボル活動は、そのたびごとに身体を経由している。日常的な音声言語のばあい、発声された形態は、音波であるゆえに物質的に保持されないまま、自分と相手の意識に送りこまれ、次の発言に組みこまれていく。一つの発言が文として記憶されるのは、発言が会話全体のなかに位置づけられているからであって、文が自立的な単位であるからではない。語彙と文法だけでは意味のある文を成立させるわけではなく、言語学でいう「連合」と「統合」の働きも、それ自体が会話全体を成立させる要因でないかぎり、文をいわば会話の外に放り出す。

一つの発言の鮮明な記憶は、声の調子や表情とともに残る。あるいはむしろ調子や表情が思いだされることで、発言が文としてよみがえると言ったほうがいい。調子と表情は、それ自体としては会話者それぞれのその場での情動の表現である。情動は、身体的に受動であると同時に能動であって、能動であることが会話の全体的雰囲気を醸成し、受動であることが発言を全体のなかに位置づける。

調子と表情は、ランガーのいう「現示的シンボル」（芸術的表現を構成するシンボル）に属していて、「言述的シンボル」ではない。だがこの両者は、現実のシンボル活動では、たいていのばあい相補的である。「現示的」である要素（リズムと音律、線と色彩など）が、その時点での全体の見通しと、それ以後での記憶の働きに、ともに強く関与していると考えられる。また音楽と絵画にしばしば「言述的」要素がともなわれるのは、「現示的シンボル」には差異の体系がなく、それによる意味形成、つまりメッセージの伝達がつねにあいまいな状態におかれているからである。

神話が朗唱され、またその場所が画像や影像で満たされているのは、語る側がそのような相補性に依拠しようとしてきたからである。朗唱や画像の基礎的なシンボル形態は、民衆のあいだで楽しまれていた物語に必然的にともなわれていたものであって、語る側のテキストに合わせて再構成されているゆえに、その聴覚像と視覚像が、会話における調子と表情と同じように、語られる言葉の一つ一つを意味づけ、テキスト全体を宇宙的秩序として人々に受け入れさせていたわけだ。

物語の語り手と聞き手の関係は、神話の朗唱者と大衆との関係と同じではない。物語は会話と同じ地平で、語り手と聞き手が相対するかたちで語られる。関係がいわば水平的なので、言述的シンボル（語られるテキスト）が一方向的に流れていても、現示的シンボル（調子と表情）のほうは、情動的に（受動的であると同時に能動的に）働くので、その相互性が両者を円環状に結びつける。

その現示的シンボルが、神殿や寺院・教会では俯瞰的に提示される。朗唱と画像のシンボル形態が、その場での相互性のもとで現われてきたものではなく、かつて表現された形態であり、その再編成であるからである。もとの物語が民衆のあいだで語り継がれているかぎり、たとえ再構成であってもそのシンボル形態は、民衆一人一人の身体から発したイメージをもとにしているので、そのかぎりで語る側と人々とを円環状に結びつけてはいる。ただしこの円環は作為的であり、作為的であることが、円環をいわば吸上げと下放のサイクルにしているわけだ。

神話・宗教という宇宙的秩序は、そのようなサイクルを通じて、政治・経済的秩序とそれ自身の経験的秩序（聖職者制度）を正当化する。つまり神殿・教会が、支配するメディアとして現われる。支配するメディアであっても、サイクルが動いているかぎりにおいて、それは身体的な生命活動の拡張でありつづける。いいかえればそれが人間の環境世界になる。

政治・経済的秩序は、秩序主体の側に物質的な力を蓄積するので、そこだけでは、社会的な〈あいだ〉に生ずる敵対的な関係が、権力的支配のもとにおかれ、社会的弱者はつねにその力を外圧としてこうむる。外圧であるかぎり、権力的支配は反抗と逸脱の機会でもあるわけだが、宇宙的秩序がその外圧を、自己抑圧に切りかえる。身分的、階層的支配が、経済外強制として現われてくるわけだ。

メディアが支配する力をもつのは、それによって媒介されているシンボル形態が、政治・経済的に支配されている社会的弱者の身体を経由しているかぎりにおいてである。そのかぎりにおいて支配するメディアは、魅惑する「物神」として現われる。外圧を正当化するサイクルが、物語のイメージ群を動力源にしているからであり、循環が断たれれば神々は「物神」であることをやめ、権力的支配があらわになる。

(2) 世界のメディア

神殿と教会に代わって、いまは学校とマス・メディアが支配的なメディアである。学校は制度として政治的秩序に属し、マス・メディアは企業として経済的秩序に属しているので、支配的であっても、支配するメディアとは言いにくい。それらの言説を正当化する上位の秩序がないからである。

教育者とジャーナリストは、たんに科学的な知識の大衆への媒介者であったのではない。はじめは商人や職人と同じように、みずからの現実認識に立ち、既存の政治的・経済的秩序を批判する者であったはずである。その言論が拠って立つ基盤は、これまでの環境世界のなかにはなく、彼らは自分たちの言葉で語ると同時に、語ることを成り立たせる場を確立していかなければならなかった。

さしあたっては拡大しつつある商品世界が、彼らの語る場であった。新聞は商業都市でのニュース交換に端を発し、提供される情報が商工業者の子弟を教育へ向かわせる。一方では商業的探検と交通手段の合理化が、他方では資源の開発と生産手段の合理化が、科学的な知識を求めさせていたわけだ。といっても論文などに、あまり用はない。科学的に認識された事実の価値は、現実の事象自体が語っている。教育者とジャーナリストは、その価値の媒介者になるのであって、そのことが彼らを、〈市〉で口上を述べていた呼び売り人と同じ位置におく。ただし地域の〈市〉を越える言語、拡大する商品経済に応じるような言語を、彼らは必要としたのである。

その言語を、国家がすでに用意していた。商品経済の拡大とともに国家的な統一が志向され、その手段として公的な言語、つまり今日の標準母国語が成立してくる。しかもその国家的な言語は、科学の目的にも適っていた。科学の言語は、論述対象を第三者に明確に指示するために、表現にふくまれる現示的シンボルを捨象する。日常の言語を身体と対面状況から切り離し、地域の言語にまつわる土の臭いを洗い流して、普遍的な言語をつくりだすことに、科学的手段としての言語の合理性が求められていたわけだ。

その普遍性への志向を、教育とジャーナリズムは、国民的言語という政治的手段に妥協させる。ジャーナリズムは「五百人に語りかけて、五百人のみんなから同じように理解され、しかも話者が意図したとの同じ意味で理解されること」を、みずからの文体として掲げる。その五百人とは「白痴と狂人を除く」同じ国民であり、その文体こそ、「汚い言葉」を話す貧民と地方の子どもたちに、まず教えなければならない国民の言語であった(1)。

教育者とジャーナリストが拡大したのは、新しい常識の言葉である。「白痴と狂人」を切り捨てても、だれもが商品世界で暮していれば、同じように生命活動をいとなむ者として出会うことになる。そこでは商品がそれ自身で価値を語り、現実の事象が人間に対してその意味を語る。だから身体も状況も捨象されるわけではなく、それでいてだれもがおたがいにその言葉で理解しあえる。そこでは手に触れるものも、触れられないものも、感受された刺戟が統合されて情報となるのではなく、向こうから情報を与えているのであって、その情報を身につけることが、常識をもつことになる。

いまも常識は暮しを導く。かつての常識が物語と神話を形成し、それによって暮しが意味づけられていたように、いまも常識は科学的な世界像を形成し、それによって生活が方向づけられている。もちろん科学的認識にもとづいた世界の全体像は、科学の目標ではあっても、現実には存在しない。だが常識の世界では、事象自体となったシンボル形態が、世界のイメージを描きだす。かつて身体的な関係行動が、想像的な行動連関として一つの世界に統括されていたように、ここでは商品交換が、あるいは事象の因果と法則が、それ自身の動きによって世界を一つに統括している。かつてのように集団としての生命活動ではなく、いうならば客観的な生命活動が、宇宙的秩序を成立させる。

常識の言語は、もの自体、事象自体のシンボルであるゆえに、いまあるものと、いまある現実をそのまま正当化し、人がこの世界で生きていることの由来まで、客観的に説き明かすのであって、生きていることの意味を語るのではない。かつて「因縁」は、自分の生を他人の生に、今を昔に、此岸を彼岸に連続させていた。その物語が、人々にそれぞれの生を納得させていたわけだ。けれども客観的に説明される生の因果は、いまここで呼吸している自分の生の外、それと向かい合っている対象世界の側にある。

学校とマス・メディアでは、そのように世界が語られる。語られる人生もまた、その世界の住人の生であり、期待される人物の生、モードである生であって、あるいは逸脱の物語であっても、他人事の生である。逸脱への同調を呼びだすためには、他人事の生と共に暮らさねばならず、生活環境をビデオで埋めつくすことにもなるけれど、そのために今度は自分の身体が、常識から逸脱する。

いま人々が受けとる情報のほとんどは、学校とマス・メディアを媒介にしている。教室と茶の間に座っているだけで、世界のこと、人間のことがわかる、と人々は信じている。たしかに教科書と新聞・テレビは窓であり、窓に映る言葉とイメージを通して、世界が身体化されると言っていい。マクルーハンは「メディアは地球を一つの村にする」と述べたが、もう一歩進めて、メディアは地球を身体化させると言ってもよかっただろう。そこに、学校とマス・メディアの力量がある。

だが、学校とマス・メディアの力量は、また詐術でもある。見えているのはガラス越しの世界であり、その世界に触れることはできない。言葉とイメージが、ガラス越しに身体化される。

(3) システム・メディエーション

教科書と新聞・テレビは、一人一人を世界に結びつける窓、それぞれが暮している部屋の一角である。窓は建築物の部分であって、だから使用価値と交換価値をもつ商品である。ハードウェアが商品であるのはいうまでもなく、媒介される言葉とイメージも、商品と同様の価値をもつ。

たとえば教科書で、地球が自転していることを学び、あるいは『坊ちゃん』の一節だけを読む。自転と漱石のあいだには何のつながりもない。けれども教科の一つ一つはそれ自身の価値を主張しながら、全体として教育システムのなかで関連づけられている。実感のない自転は、生活のなかで何の意味もないけれど、生徒によっては宇宙物理への開眼になるかもしれない。『坊ちゃん』の一節だけでは何の意味もないけれど、生徒によっては小説を読むきっかけになるかもしれない。それだけでそれらは、生徒のだれもが学ばねばならないことになる。

教科書の知識は、ただ学校という制度のなかに位置づけられることによってのみ価値をもつ。価値づける主体はない。科学の成果であること、文学作品であることが、おのずから価値を主張しているとはいえるけれど、教科書の知識はそれらから選別され、配列された部分の集まりであって、内的に統合されているわけではない。選別する教育の専門家たちは、それぞれ論述する科学者であって、個々の認識に全体を統括する資格はない。結局、人は学びながら育つという経験的事実と、いまこの社会に教育制度があるという既成事実だけが、知識の選択と配列を必要なことにしているわけだ。

家族と地域に代わって人を育てる公的制度があり、その制度が教育に必要なものを提供しているという構図は、共同体経済に代わる市場経済が、生活に必要な商品を提供しているという構造と、相似している。市場で交換されることが、商品に交換価値を付与するように、ここでも学校で教えられていることが、教えることとしての価値を知識に与える。

いうまでもなく教えることと学ぶことは、一方的な能動と受動の関係ではない。学ぶことの能動性は、教える側を教えられる存在にもしているはずである。その相互性が、制度のもとで一方的な授受の関係になる。生産される商品の記号性が消費欲を高めながら、それにもとづいて商品が生産されているように、ここでも知識の記号的性格が、学習熱を煽りながら、それにもとづいて知識が提供される。知識を身につけることが生徒間での位置価（優劣）を表わし、位置価がそのまま社会的地位として現われるからであり、人が知識を価値づけるのではなく、知識が人を価値づけてしまうからである。

マス・メディアの情報も同様である。個々の具体的な記事や番組は、それぞれそれ自体の価値をもつと同時に、情報商品であることの一般的価値をもつ。教育のばあいとちがって、ここでは情報は商品であり、読者、視聴者の選択は自由である。けれども生活財のような商品とちがって、マス・メディアの情報はそれなしでも暮らせるものであり、必要（欠如）ではなく氾濫（過剰）が、それに対する欲求をつくりだしている。需要の大半が娯楽であり、人々がそれなしに暮らせなくなっているにしても、その欠如は過剰がもたらしたものであって、いいかえれば供給が需要を引きだしていることになる。

学校とマス・メディアの力量は、そこに知識があり、そこに情報と娯楽があることによって作りだされている。知識は世界的規模であり、情報と娯楽は社会と文化のあらゆる領域に及ぶので、子どもも大人も世界的な視野と教養を身につける。だが身につけるのであって、生命活動として身体化されるのではない。身につけられるのは、自分の生の外にある知識でありイメージであって、商品と同じように身にまとわれ、消化はされても、消費者自身は産出しないシンボル形態ということになる。

学校とマス・メディアのコミュニケーションが、市場経済の商品交換と相似的であるのは、どちらも拡大する商品経済とともに成長してきたからである。学習の制度化である学校と、コミュニケーションの制度化であるマス・メディアは、物質代謝の制度化である市場とともに、社会全体を成り立たせている下位システムである。下位であるということは、全体に支配されていることではなく、各制度のシステムとしての性格が全体をシステムとして形成していることを意味している。

視野と教養を身につけることは、教育制度のもとでは自己の位置価を表示することであり、それがそのまま社会全体のなかで、労働力商品としての位置づけになる。情報を手に入れ、娯楽に興じることは、コミュニケーション制度のもとでは購読者数と視聴率を上げることであり、それがそのまま社会全体のなかで経済的需要として現われる。あるいは生活財を消費することは、市場制度のもとでは商品の示差的価値を選択することであり、それがそのまま社会全体のなかで消費文化として現われる。

いま学校とマス・メディアと市場経済が進行させているのは、いわばシステム・メディエーションである。システムは、どの制度のなかにもあり、各制度を相互に連動させることで全体を形成している。そのような全体性が、最初に述べた「包括的なコンテキスト」であり、いいかえれば、それが現代の環境世界である。

(1) D・デフォー『完全なイギリス商人』、香内三郎『活字文化の誕生』(晶文社、一九八二年)による。

第四章　対話の思想

I 「方位」――『日本読書新聞』

国学者の言語意識の根源――孤独な群衆における共同体意識

日本の伝統思想や伝統文化をとらえなおそうとする試みが盛んである。近代思想の崩壊期にある今、先祖帰りは当然の傾向ともいえようが、いささか不安の念がないわけでもない。西欧的教養から日本主義へ回帰した私たちの先輩のなかには、「昨日は遠い昔となり、遠い昔が今となった」と歌った詩人がいるからである。

遠い昔が今となるというのは、幻想である。時代全体が同じ幻想のなかに生きているとき、それはその時代の現実になる。同じように、私たち自身がいま現実であると思っている文明世界が、幻想にほかならないという視点もなりたつ。言語を通してしか現実を見ることができないとき、その言語世界のもつ特定の価値体系が、すべてを幻想にしてしまうからだ。遠い昔が今となるというのが幻想であるのと同じように、今は今であり、昔は昔であるというのも、幻想になる。

思想家の営為は、つねにこの種の幻想につきまとわれている。その幻想を、すぐれた意味での「戯れ」として自覚しているのであれば、どこにも摩擦は生じない。けれども、思想家がそれに現実的、実践的な意味を持たせようとするのであれば、現実に生きている民衆とのあいだに、摩擦がおこる。そしておそらく、その摩擦の実感が、昔を今に結びつけようとする思想家の営為の、根拠になりエネルギーになるのであろう。「戯れ」としての自覚もなく、摩擦の実感もなければ、やがて思想家の「耳は祖先の声でみたされ、／陛下が、陛下がと／あへぐ」ことになる。

清水多吉が、「言語と主体」というテーマで、「平田篤胤とその門人たち」について書いている（『現代の眼』）。彼の文章の背後には、今述べてきたような意味での摩擦が感じとれる。

思想家の主体を昔にかかわらせるのは、まず言語であり、そして国学者自身も、深く言語にかかわってきた。「元禄前後、ほぼ装いを同じくして儒学、国学ともに文献学的方法をもって、それぞれの学の基礎にすえたことを銘記しておく必要があろう。文献学とは、ひらたく言い換えれば、『言葉を大切にしたい』という精神に基礎を置く。……少なくともある種の先駆的思想家群に、『言葉を大切にしたい』という精神態度をとらせるということは、その時代の精神全般が言葉を大切にしていなかった、ということである。」

引用の後半のくだりを現在形に書きあらためれば、現代の精神全般に対する清水のかかわりかたとして読める。実際、彼は結び近くでこう書く。「啓蒙は常に『言葉』を記号化する。記号化しえないものを打ちすてていく。……『言葉』にガイストを求めるなどということは、間違っているだろうか。『言葉』を記号化し、記号化しえないものは存在せずとするのが正しいだろうか。『言葉』は記号であり、したがって記号は時に応じて使いわけをしてしかるべきであり、その記号の掲示に主体の責任と全存在をかけるなどというのは馬鹿馬鹿しいことだろうか」。ここで彼が相手にしているのは、明治政府であると同時に今日の技術文明であり、明治の啓蒙家であると同時に今日の情報理論家であることは、明白だろう。

それだけに、清水の議論にはたずねたいことがいくつも出てくる。宣長から篤胤への移り変り、つまり「言葉を大切にする」精神態度から「『言霊』という疑似ロゴスを生み落とす」にいたるまでの過程についてでは、よく了解できるが、問題はそのあとの「言霊」の評価にかかわる。

「『言葉』にガイストをこめ、ガイストのこめられた『言葉』によってまた彼らは己の主体意識を規定した。……『言葉』と『主体』の相互規定によって成る彼らの意識は、危機の時代におけるある種の共同体意識であったといってよい。しかも、そのような共同体の崩壊期にあってである。とするなら、そのような共同体にもとづく主体意識をはばむものを、彼らは『言葉』のもつ力で打破せねばならぬと考えたのもまた当然であった。彼らの武装決起はその論理のしからしめる帰結であった」と清水はいう。

篤胤とその門人たちは、「言葉にガイスト」を求め、それをはばむものには当然にも「力」をもって答えた。だが、言葉にガイストを求めるのをはばんだのは、共同体の崩壊であり、したがってまた共同体意識の解体である。その崩壊していく共同体意識に対する篤胤門下たちの「ある種の共同体意識」とは何か。

篤胤の門人たちには、「民衆のなかにあることの自覚」があった。そこに「ある種の共同体意識」の根源があるのだとすれば、民衆自身が国学者たちと同じように、共同体の崩壊期にあって、「危機の時代におけるある種の共同体意識」をもちつづけていたということになるのか。それとも、民衆はそれとは別の伝統的な共同体意識、したがって解体しつつある共同体意識のなかに生きていたが、国学者たちは、そのなかから「危機の時代における或る種の」それを抽出し、みずからのものとしたのか。そのばあい、それを抽出する主体とは何か。

あるいはまた、民衆の言語意識のなかに「言霊」が生きつづけ、国学者たちはその言語意識に「ある種の共同体意識」の根源を求めたのだとすれば、言霊は、共同体が崩壊してもなお生きつづけることになるのだろうか。そうであるとすれば、明治以後の記号としての言葉の世界は、見かけだけの世界ということになる。そうでないとすれば、「言葉と主体の相互規定」とは、民衆の言語意識と知識人主体との相互規定ということになるだろう。そのばあい、民衆対知識人という対立（または融合）の図式を、「相互規定」ということの意味が、どう越えていることになるのだろうか。

問いはつきないが、私がたずねたいことの根本は、篤胤とその門人たちの「ある種の共同体意識」のありようであると同時に、現代の「孤独な群衆」のなかにおける「ある種の共同体意識」の可能性であるのはいうまでもない。

（「方位七四」一月）

歴史についての問題意識——庶民もまた歴史を相対化する

私たちにとって歴史とは何であるのか。ある者は、未来を問うための基盤として歴史をとらえ、そこから社会や人間を動かす法則を抽出してこようとする。ある者は、今は失われたものをそこに求め、それによって現在を撃とうとする。あるいは望郷の思いに生きる。いずれにせよそれは、とらえられるもの、あるいはとらえられるべきものとして、そこに、あるいはかなたにある。

歴史法則をたずねるにせよ、失われた世界を求めるにせよ、それらをたずね求める主体は、現在を否定して未来に生き、あるいは過去に生きる精神である。だが、現在に生きる大衆にとっては、歴史はそのようなものとしてはあらわれない。それはどこまでもフィクションとしての意味しか持たない。

大衆は、日本沈没を読むのと同じように、戦国時代の歴史を読む。そこでは、かつて存在したという事実の重みも、虚構の世界を成立させるための手段にしかならない。地震学の用語がSFにリアリティを与えてくれるように、史料が歴史フィクションをささえるものになる。史料の現実性は、虚構の世界を構築するための部品としての確かさ、具体性であるにすぎないのである。虚構としての歴史が、人間を貫いて人間社会を動かす強力なイデオロギーであり、しかもそれは大衆自身がつくりだしているものであることについては、いうまでもないだろう。

ここで私がいっておきたいのは、法則をつかむためであれ、失われた世界を生きるためであれ、かつて存在したものを追い求める知識人と、虚構としての歴史を求めている大衆とでは、言葉へのかかわり方が基本的に異なるということだ。前者はあくまで存在したものを指し示そうとし、後者は、史料の具体性によってフィクションを構築することをみずから楽しむ。

だから、大衆にとっては、何が歴史学であり、何が歴史小説であるかというようなことは、たいして意味をもたない。むろん、たとえば歴史書が、存在の指示に関して、その真偽の判定にこだわれば、それは想像力をはばむものとしてしりぞけられるであろうし、逆に歴史小説に、部品としての確かさが欠けているなら、大衆はそれを歴史離れしたものとして受けとめ、伝奇ものやSFと同じように読むことになるだろう。要するに区分の基準は、歴史学か歴史小説かではなく、用いられている史料が、存在したものを現実的に指示しているか、それとも存在したことにかかわりなしに、存在しうるものを非現実的に構築するか、そのどちらの方向をとっているかという点にある。

歴史についての問題意識をそこにおいていえば、今月の雑誌で見た歴史小説論、歴史小説家論は不毛であった。菊池昌典の「歴史小説とは何か」(『展望』)は、まだ(上)だけなので批評はさしひかえるが、「歴史小説家は、歴史家たらねばならず、歴史家は、作家たらねばならない」という主張をつらぬくためには、大衆にとって歴史がどのような意味をもつかという問題をおさえてもらわねばならないだろう。歴史学者とちがって、歴史小説家は、言葉とのかかわり方においては、大衆と同じ次元にいるはずだからであり、そして大衆にとって歴史は、自分をうつす「鏡」ではあっても、自分をつくり変えるための「鑑」ではないからである。

その点では、松浦玲の「司馬遼太郎論」(『現代の眼』)が司馬の人気の秘密を明かすことを通して、庶民にとっての歴史の意味を問うところまで来ているように思われた。「六〇年代以降の日本人にとっては、歴史は、救いでも、教訓でも、発展の指針でも、そのどれでもある必要はなく、人間がそれぞれの時代にそれぞれの意味をもってあわれにもおかしく生きた、そのことがあざやかに読みとれれば、それで満足なのである。なるほど、そういう時代にそういう生きかたがあったかと納得させれば、それ以上のことは望まない。『それで現状をどうしようというのだ』などとはつっかかってこない。そういう読み手と作家との関係、それができあがっていた」というのである。

私には、それがなぜ六〇年代以降のことであり、あるいはなぜそれが「平家物語」をめぐる語り手と聞き手の関係であってはいけないのか、そこのところが理解できないが、庶民と歴史との関係は、およそそのようなものであろうと考えられる。何が「あわれ」であり、何が「おかしさ」であるかは、各時代の民衆にとって受けとめようが異なるだろうが、庶民にとって歴史とは自分たちの「あわれ」や「おかしさ」感によって構築されるものであることには、変りはないだろう。

松浦は、司馬の歴史観を「歴史的相対化」による「脱イデオロギー性」として否定し「世界的規模で、お互いに迷惑をかけあわないイデオロギーを発明」することに賭けている。だが、庶民もまた「歴史的相対化」のなかに生きている。とすれば、歴史と戯れている庶民と、歴史を現状変革の武器にしようとする歴史家とのへだたりは、どう埋められるのか。問題は、やはりここから始まるようである。

（『方位七四』二月）

母なるロシアの土着的な感性——腐敗した革命に対する革命的な問い

「極めて大ざっぱにいえば、二〇世紀の前半部は資本主義国の『文明』が問われ、その後半部は社会主義国の『革命』が問われる時代」と、埴谷雄高氏が述べている（「裁かれる『革命』」『朝日ジャーナル』三・一五）。むろん前半部と後半部は、実際には重なり合っていて、今日の状況をつくりだしているのであろう。

この状況は現実の状況であると同時に、思想の状況でもある。一方では「文明」を形成してきた近代科学思想が問われ、他方では「革命」の原動力になったマルクス主義思想が問われている。

とはいえ、その問い方は多くのばあい、いぜんとして「文明」と「革命」の枠内にある。あるものは「文明」によって「革命」を問い、他のものは「革命」によって「文明」を問う。「革命」に付随する統制を自由の理念によって弾劾し、「文明」の基礎にある搾取と公害を平等の理念によって告発する。いずれにせよそれだけでは言葉の遊びにしかならない。

新聞報道によれば、ソルジェニーツィンはマルクス主義を、ヨーロッパから吹きよせた非ロシア的旋風であるとして、ソ連の指導者に共産主義的イデオロギーを捨てるようにすすめているという。ソルジェニーツィンにとってはマルクス主義も近代文明も同じ穴の狢でしかない。ロシア国民の救いの可能性を、彼は「革命」以前の神聖ロシア、「文明」以前の母なるロシアに求める。母なるロシアとは、思うに社会体制としての専制主義ではなく、社会的感性としての専制主義、いいかえれば専制を支えてきた宗教的感性、ロシアの土着的な感性をさすのであろう。

だがソルジェニーツィンにならって、私たちまで西洋の合理主義と革命思想に抗して、土着の日本的感性を対置するのでは、事はいささか単純すぎよう。土着の思想を担うのは、土に生きてきた一人一人の農民であると同時に、そこに根拠をすえたナロードニキであり草莽の志士でもある。ここにもまた、どうしようもない対立と葛藤がある。

軋轢は、だから西洋と日本、外来と土着にあるばかりでなく、抵抗をひきうける者の感性と専制に従う者の感性との間にもあり、しかもそのばあい、西洋の合理的専制ないし革命的専制と、土着の共同体的専制とでは、それに抵抗する者と従う者の感性のありようが、そのそれぞれに応じて異なるだろう。

歴史的に実体化するのでなければ、この軋轢は、司祭と信者と巫女と信徒との四重の対立によって生じてくるといってもよい。司祭は信者を天国へ導き、巫女は信徒の頼みに応じて霊をよぶ。知識者は、司祭であることと巫女であることとの葛藤に引き裂かれ、俗衆は、明日天国にあることと今霊とともにあることとの矛盾に悩む。

そして「文明」も「革命」も、信者を天国に導くイデオロギー、いいかえればユダヤ・キリスト教的な救世思想によってつくりだされてきたものである。問われているのは、あるいは問われるべきなのは、このイデオロギーであるはずだ。

その意味で、たとえばセオドア・ローザックのように「霊感の復権」を求めることは（柴谷篤弘「失われゆく感受性を掘り起こせ」前掲『朝日ジャーナル』による）、西欧近代の自然科学に対するアンチ・テーゼとしては有効であるだろう。けれどもそれは「文明」に対するアンチ・テーゼであるにとどまり、「革命」のアンチ・テーゼとはなりえない。

革命は明日を求めることである。そして明日の正当性は、明日に対する民衆の「渇き」によってしか保証されない。「渇き」を人間的世界の根底においたエルンスト・ブロッホは（清水多吉「社会的ユートピアと自然法」『現代思想』一月号による）、その意味で、現代の腐敗した「革命」に対するもっとも革命的、根元的な問いかけをしているといえよう。とはいえ、民衆、とりわけユダヤ・キリスト教的な救世思想と縁のうすい日本の民衆は、明日の天国ではなく、いま霊とともにあることのほうをより深い安堵をもって迎え入れるのではなかろうか。

「革命」に対する問いかけは、司祭であることと巫女であることの、思想者の内的な葛藤を抜きにしては成立しえないだろう。「革命」に抵抗する革命者は、もはやユダヤ・キリスト教的な司祭ではありえない。そして巫女であることが、共同体的専制に従う民衆の感性とともにあることでありながら、しかもまたすべての専制的体制に抵抗することでもあるとき、そのとき、反「革命」の者こそが革命者という逆説が成りたつのではなかろうか。

（「方位七四」三月）

想像力と死者との対話——ドグマに拠る正統性の自己証明

前回につづいて、ユダヤ・キリスト教的な救世思想とマルクス主義的な革命思想との関係を、もう少し考えておきたい。

いささか突飛な発想なのだが、キリスト教がヨーロッパ文明の宗教として栄えたのは、買い占めの論理に従っていたからではないか、という説をある会合で聞いた。キリストは人類の罪を一人であがなった。罪業を買い占められた庶民はそれでもやはり罪業を犯さずには生きてゆけないので、やむなく神の教えに従うことになる、というわけである。もっとも神の子による罪業の買い占めは、商社の買い占めとちがって、悪徳商法も庶民の被害も目には見えない。神は善であり、庶民は救われることになっている。しかしその悪も害も見えないだけに、それは中世や近代にもまして、現代の管理社会や福祉国家に適合している。そして、そのような救世思想の一つの変形が、マルクス主義の革命思想ではないかと考えられるのだ。

両者の根底にあるのは、人類の罪業を自分たち（教会や党）で引き受けようとする献身的な意志であろう。罪業の根本が、原罪であろうと、攻撃本能であろうと、階級社会に求められようと、いまの場合さして重要でない。問題は、罪業をあがなうためには、それを認識し、救済の方途を明示する者がいなければならず、その者に、いったい誰がそのような資格を与えているのか、という点にある。

近代思想は、信仰に対して科学を対置したところから始まったが、問題をそのようにとらえなおせば、信仰であれ、科学であれ、いずれにしても同じ難問をかかえていることがわかる。つまりその資格を与えるのは、既存の宗教と科学の知識の枠組の中では、神か自分か、普遍か個かのいずれでしかなく、いずれかにせよ選ばれた者としての使命感に帰せられてしまうからである。

今日ではこの使命感は、いうまでもなく正統性のドグマにささえられている。近代の理性は、超越的な神や個別的な主観に使命感の拠り所を求めることを許さず、かといって自己の外にある対象（自然や歴史の法則性）にそれを求めることもできない。したがって知識人は、分析的理性であれ弁証法的理性であれ、今日の理性を形成してきた枠組そのもの、すでに存在することにおいて妥当性を証明されているような理性の正統性のドグマに拠りかかる。周知のように今日の学問研究とは、正統性のドグマに拠る正統性の自己証明というトートロジーでしかないのだ。だからこそ、今日のラディカルな知識人は、自己の学問研究の原理、あるいは自己の理性の基盤を問いなおすことをつねに要請されているのであり、その自覚を抜きにしたところにラディカリズムはありえない。田川建三の説くイエスの論理はそのようなラディカリズムの一つの歴史的な証言であるといえよう。「イエスの論理によれば、彼ら（律法学者ども）は預言者の墓を立てる、まさにそのことによって預言者殺しに加担していることになる、というのだ」（「イエス――逆説的反抗者の生と死・その三」『情況』三月号、傍点田川）。この論理によれば最初に述べたキリスト教の買い占め的な救世思想は、二千年来墓を守り、飾り立ててきたキリスト教株式会社のコマーシャルとでもいうことになろうか。つまりイエスは、人類の罪業を、一身に引き受けた、そんな思い上がった男ではなく、自分の眼の前にある搾取や抑圧に憤る反抗者であると同時に、律法学者どものそんな思い上がりに憤るラディカリストでもあるということになる。

むろんこのイエスの論理は、たんに教会を告発するだけでなく、マルクス主義的な知識人とその諸党派を告発する論理になるが、さらにもう一歩すすめれば、それは、預言的な真理に基づくすべての演繹的な思想に、異議を申し立てる論理にもなろう。少なくとも預言的な真理は、その上に、それを信ずる者の言説が積み上げられた瞬間から、窒息し始めるというべきだろうか。

そうである以上、問題はもう一度立てなおされなければならない。どんな革命思想であれ、それを受け継ぐ者が革命家の墓を立てようとした瞬間から、それは反革命的な思想に転落する。そればかりでなく、一つの絶対的な真理の上に構築されていく体系的な思想は、そのような思想の構築のあり方そのものにおいて、反革命性を約束されているとさえ考えられるからだ。だがおそらく、救世思想は救世主の墓を立てずには、その生命を保ちつづけることはできないだろう。救世主を抹殺した救世思想は、私には考えることができない。とすれば、人類の罪業を自分たちであがなおうとする一切の体系的な思想は、さらにまた罪業の数をふやすことにならざるをえないだろう。

そのように考えてくれば、人類の罪業を認識し救済の道を提示する革命者に、いったい誰がその資格を与えているのかという問題は、もはや不要になる。そもそも人類の罪をあがなおうとする使命感が、商社の買い占めと同じように、理不尽なのだ。罪業は、それを犯している私たちの一人一人に返すべきである。そのとき私たちの不安や不快や、そして憤りは、天国へ向けての憧憬となるのではなく、人と人とを結びつけていく「思い」になるであろう。

マルクス主義についてはもっと書くべきであったろうが、余裕がなくなった。ここでは「歴史学者の任務は、予言することではなく、想像することにある」というストートン・リンドの言葉（「歴史的過去と実存的現在」ローザク編『何のための学問』みすず書房）に、「過去と現在との対話は、まず死者である過去からの働きかけによって成立する」という菊池昌典の意見（「歴史小説とは何か」『展望』四月号）を、重ねあわせておくだけにしよう。言いたいことは要するに、救世思想であった弁証法的唯物論は、個々人の想像力と、死者の言葉を聞きうる対話の能力に、おきかえられるべきだということにある。

（「方位七四」四月）

預言者たちの方向感覚——文学が現実を否定することとは

大沢正道は、預言者と予言者、預言と予言を区別して、次のように述べている。「ヘブライ語の預言の原義は『幻想あるいは啓示の解釈』ということで、したがって預言者とは、この『幻想あるいは啓示の解釈』を人々に代わって語り、伝える者ということになる。たとえばいま流行のノストラダムスのような、未来の出来事を予見し、予測する占い師とは質を異にする」（「現代の預言者」『現代思想』四月号）。

予言者は占い師だけではない。未来を予見する科学的社会主義者たちもまた、ノストラダムスのたぐいの予言者であって、預言者ではない。フロイトやレーニンも預言者ではなく、マルクスや毛沢東は小預言者でしかないだろうと、大沢はいう。現代の大預言者として彼が挙げている名は、ブーバー、ランダウアー、レインである。その論拠を、私なりにパラフレーズしながらたどっておこう。

人間は、自分の感覚の領域内から自分を「離隔」することによって、外界を対象化する。人間活動の原理が、この対象化行為にあるという主張は、周知のようにマルクスのテーゼにもある。マルクスは、対象化する主体と対象化された客体との間に弁証法をたてた。だがこれだけでは、人間活動の

「第一の運動」を説いただけにすぎない。「第二の運動」は、「離隔」とそれによる「自立化」にもとづいて、さらに「関わりへ参入する」ことにある。ブーバーやレインが強調するのは、この第二の運動なのである。

レインは「理論においても実践においても中心となるのは人間の間の関係」であり、「人間はみな同時に同胞から分離されながら、かつ同胞に関係づけられている」のだから、「このような『分離』と『かかわり』は、互いになくてはならぬ要請である」という。だから人間活動の原理は、「人間と人間との『間』という領域において実現」（ブーバー）されなければならず、そのとき「対象化」は超克され、「現前化」の行為になる。「現前化」としてあらわれる世界は、対象化されたときにあらわれる断片的でばらばらの世界ではなく、「全体にして一なる世界」（ブーバー）であり、そのとき人間は、「現実の、生きた、全体的な、そして時間的に連続した個人として、世界内におけるおのれの現前を意識することができる」（レイン）というのである。

要するに、「対象化」とそれを軸にした弁証法だけでは、人間活動をとらえきることにはならない。これが現代の預言者たちの思想的な「方向感覚」になっているといえそうだ。とはいえ、「現前化」という概念は、私にはまだよく理解できない。主客合一的な意味あいをもっているように思われる——ちなみにレインの「方向感覚（オリエンテーション）」は「東方（オリエント）志向」としてあらわれる——が、大沢もいうように、それと東洋とが短絡するようでは、いささか危惧の念をもたざるをえない。とすれば、安易に「現前化」を求めるよりも、その手前のところ、つまり「関わりへの参入」にあくまでこだわり、その意味をたずねかえしていくことのほうが、よりいっそう問題の深化に役立つだろう。

大沢は「『間』や『間の関係』への言及は、さらに遡ってプルードンの弁証法にまで戻る誘惑を感じさせる」という。この点については私も同感だ。プルードンは、ヘーゲル（そしてマルクス）の弁証法における矛盾の統一を、あらたな「絶対」の介入として拒否し、あくまで対立する二項間の闘争、均衡、そして次の対立項との闘争、均衡とつづく永久運動（永久革命）にふみとどまろうとしていた。だがプルードンの弁証法を再評価するにしても、そのばあい彼の視野の中に入っていなかったことを、現代の思想家は十分に認識しておく必要があるようだ。その点については、西川長夫の「ボードレールとプルードン」という論文（『思想』四月号）が示唆にとむ。

西川は、プルードンに言及したボードレールの言葉を書簡などから丹念に集めて分析し、ボードレールの革命と社会主義へのかかわりは、ボードレリアンがいうような一時的な酔狂であったのではなく、持続的な、しかもプルードンの経済学への関心までをふくむ根の深いかかわりであったと論証する。だがプルードンの方は、ボードレールを（そしてフローベールも）無視している。マルクスも同様だ。「『科学的』社会主義者の代表二人が、同時代の最も重要な文学者を二人、完全に見落としている。この事実は何を意味するのか？」

西川はこう考える。「現実を扱う革命（思想）家は、未来社会のユートピアを描くことによって、統一的な自己を回復し、言語を扱う詩人は、現実の矛盾をわが身にひき受け、ひき裂かれた自己を露呈する」。ここに政治と文学の基本的なちがいがある。政治思想が現実社会を否定しても、政治思想家の自己は安定している。文学が現実を否定すれば、この否定は現実の中にある文学者の自己までまきこむ。だから詩人は「ぼくは傷であり同時に短刀！」と歌わざるをえない。そのような詩人にとって、「科学的」社会主義者たちの人格的な平静さ、つまりは「鈍感さ」がいらだたしい。そして西川は、「このいらだちゆえに文学は社会主義にたいして有益でありうるのだ」と主張する。

それに関連して、内村剛介の「〈カオ〉と〈顔〉の間」(『展望』五月号)にぜひとも触れておかねばならない。内村は「ひとつひとつが異なっている〈カオ〉〈カオ〉〈カオ〉」と、それらの異なりを捨象した「普通名詞の〈顔〉」を区別して、「社会主義の〈顔〉がいつ〈カオ〉になりかわるのか、なりかわるためには社会主義がもはや政治でも体制でもなくなっていなければならぬ」という。だから「人間のかおをした社会主義」というような言表は、内村にとっては「何かのいたましいいきちがい」ということになる。

この「いきちがい」はもはやどうにもならぬことなのか。結論を急いでいえば、問題は、社会主義の〈顔〉が科学的社会主義者の安定した自己にささえられているという点にある。〈顔〉の「鈍感さ」が、ブーバーのいう「関わりへの参入」を妨げているのだ。つまり「関わりへの参入」とは、たんに革命闘争への参加とか、自己投企とかを意味するのではなく、自分の行為が他者たちとの間にひきおこす様々な波立ちをふくめて、自分の側からいえば「傷であり同時に短刀」であらざるをえなくなるような現実世界との「関わり」に入ること、あるいはむしろそのような「関わり」にまきこまれざるをえない生きざまを、意味しているはずだ。そのとき現実は、もはやブーバーのいうような「全体にして一なる世界」としては現われてこないだろう。自己の「現前化」は、むしろ世界の分裂を、あるいは〈カオ〉〈カオ〉〈カオ〉たちの様々な恨みや展望を、あらわにすることであるかもしれないのだ。現代の預言者が語らねばならぬのは、〈カオ〉たちの言葉であるのはいうまでもない。

(「方位七四」五月)

自然と農民の歴史知識——相互作用を持ったノモスの形成

《中立》という言葉は、いかがわしい響きをもっている。民社党、マスコミの報道、学問の殿堂にたてこもる学者たち、それらの《中立》的言辞のいかがわしさについては、ここでは述べるまでもないだろう。

だが、折原修三は「『中立者の言葉』のみが信頼し得る、という『奇妙の現実』のあること」に眼を向ける。「確かに何事に対しても、完全な《中立者》というものは存在しないが、『絶対的』なある政治、『絶対的』なある思想に対する《中立》というものはあり得るのだ。というより、あらせなくてはならない。『絶対』には真実がない。『絶対』ほど怖ろしいものはない。……実証精神は『相対』にしかないのである」（「日常と同時に統一的に完結する抵抗者・三好十郎」『思想の科学』五月号、傍点折原）。

私も折原の考えにほぼ賛成だ。右の「絶対」であれ左の「絶対」であれ、それは必ず権力に結びつく。とはいえ、「実証精神」という言葉もまた、いかがわしい。それは「科学的精神」とか「理性」とかいう言葉に結びつき、そして政治や資本、あるいはイデオロギーから離脱していると自称しながら、それらに仕えているアカデミズムの精神を思いださせる。

もっとも折原は、いま引用した文のすぐあとで、三好十郎の『斬られの仙太』の言葉を引用している。〝何でも自分の目で見たらええのだ。人間人によればホントのことをウヌが目で見ようとすれば、殺されることだってあるものよ〟。この言葉の重さは、仙太が語っているというところにある。「天狗党の先生」や「自由党の壮士」のセリフでは、だめなのだ。どうしてだめなのか。

話はとぶが、モンテスキューは三権分立を説いた民主主義の思想家として知られている。だがアルチュセールによれば、彼は権力機構の結合と均衡を説いた貴族的復古主義者だった。そして彼は、その立場の正当性を証明しようとして、「歴史の動因」と法則を研究する「経験科学の手続き」を開拓した。つまり社会科学におけるニュートンのような存在になったのである（西川・阪上訳『政治と歴史』紀伊国屋書店）。ここにもまた実証精神がある。そしてこれはきわめてイデオロギー的な実証精神だ。

アルチュセールの眼目は、モンテスキューのこの手続きが、やがてヘーゲルをへてマルクスにおいて完成されていく――つまりイデオロギーを超克した歴史科学が形成されていく――過程を、分析することにある。どのようにして超克されるのか、いまはその点については問わないことにしよう。私がこの話をもちだしたのは、アカデミズムのいかがわしい実証精神のほかに、モンテスキューのようなイデオロギー的な実証精神があり、マルクスのいわば超イデオロギー的な実証精神があり、そして仙太郎の〝何でも自分の目で見たらええ〟という実証精神がある、ということをいいたかったからである。

モンテスキューの実証精神が党派的なそれと同じものであることはいうまでもない。だが、マルクスのそれと仙太郎のそれとが、同質のものであるのかどうか。もしマルクスのそれが、アルチュセールのいうようにイデオロギーを超克することによって――したがってまた自己以外の科学を否定し、止揚することによって――一種の絶対的な科学に近づいているとすれば、それはもはや仙太郎の実証精神ではない。仙太郎は、あくまで世界のなかに条件づけられた農民の一人であり、相対的な一つの目にすぎないからである。

問題は、〝自分の目で見る〟〝経験的事実にしかよらない〟という素朴な実証精神が、やがて「科学」になり、そしてその「科学」が、今度は人間を支配する「絶対」になる、あるいは「絶対」に近づいていくというところにあるようだ。

中岡哲郎の「科学を考える」（『展望』六月号）は、そのような問題を解き明かそうとする一つの試みとして読むことができる。中岡は「科学を人間が自然を観察し説明し理解しようと努力した結果の蓄積として説明しようとする常識的方法は、あまり事実に即していない」という。古代農民が〝自分の目で〟自然を〝見る〟とき、この自然は説明したり理解したりする対象としてはあらわれてこない。たとえば天文について古代の農民がもっていた知識は、三つ星があらわれたら脱穀を始めるというような行動を誘発する記号であり「長い自然との交渉をとおして集団の生活や構造の中にセットインされた」「習い（ノモス）としてしたがっていた情報系」であった。

だが古代には、もう一つの知識の体系があった。それは「古代科学」といわれている知識であり、こちらの方は「社会的な情報系の操作の技術、より明確にいえば支配力の技術」なのである。農民にとっては星は行動を誘発する記号であるだけで十分であった。しかし祭祀をとり行う側にあっては、特定の日（たとえば新月の見える日）が「予知」されていなければならない。まちがえば威信にかかわる。そこで月の位置の精密な観測や推算法が発達してくる。要するに古代科学は、「目的意識的に集められ、系統的に精度を高められ」てきた知識ということになる。

いささか乱暴な紹介になったが、中岡のコンテキストから離れていえば、要するに自然を見る目が二通りあったということになる。一つは仕事の合図として見られる記号であり、他は統治のために必要とされた「予言」である。生活習慣の中に組みこまれた知識と、目的意識的に設定される知識とのちがいといってもよい。

仙太郎の〝自分の目で見たらええ〟という実証精神と、モンテスキューからマルクスにいたる歴史科学の精神——人間の経験を一点に集約することによって「歴史の動因」を認識し説明する精神——との間にもまた、同じようなちがいがあるのではないか。仙太郎のばあい、一つ一つの事件や仲間との関わり、党派や他の農民との関わりの一つ一つが、農民としての行動や態度、考え方を形成していく記号になる。そしてそれらが集団的な生活習慣（ノモス）として定着してくるとき、そこに農民の歴史知識がある。つまりここでの経験の集約は、一点への系統的で目的意識的な集約ではなく、集団のなかでの自発的で、いわば多焦点的な構造と相互作用をもったノモスの形成としてあらわれてくるのである。

ノモスとしての知識だけで十分だといっているのではない。私がここでいっておきたいのは、〝何でも自分の目で見たらええ〟という実証精神は、目的意識的ではない知識の形成へと向かうものであり、そしてそのような知識は、少なくとも「絶対」とは無縁であるということである。

（『方位七四』六月）

Ⅱ 「思潮」――『読売新聞』

科学の進歩と秩序――「公」と「私」の接点は……

今年の夏もまた、テレビは原爆のキノコ雲の記録フィルムを、何度か茶の間にむかって送り出していた。それを見ながらふと思ったのだが、それらの映像も、テレビ時代の子供たちにとっては、あるいはSFドラマの中にうつしだされる巨大怪獣のイメージと重なるのではないか。怪獣がしばしば科学者の手違いから放射能をあびて巨大化するように、原爆もまたそのような科学技術時代の一つの悪夢とみなす感性が、子供たちのなかにできあがっているかもしれない。それはそれで、是認して良いことなのか。私は答えにとまどった。

現代の先進的な科学者たちは、当然ことながら、原爆や公害を時代の悪夢とみなそうとする。たとえば原子物理学者ハイゼンベルクは、最近翻訳された『部分と全体』のなかで、その問題に対する明快な解答を提出している。

ウランの核分裂を発見したオットー・ハーンは爆弾に利用されたときのその恐るべき破壊力を予想していなかった。彼の発見は、人類がすでに数百年前に採用した「生活現象」――自然科学の発展という生活現象——の一つの結果であり、彼がその生活現象に参加したことを罪悪とみなすことはできない。核分裂の「発見者」と爆弾の「発明者」は、区別されなければならないのである。そして「発明者」は、国家であれ利益集団であれ小さなグループに奉仕して、より大きな人類の共同体を危険に陥れるようなことをしてはならない。「発明者」には、「技術的・科学的進歩が遂行されていく際の大きな関連への注意深いそして良心的な配慮」が課されているというのである。

この解答は、『力と知恵』の著者である社会学者ジョルジュ・フリードマンの考え方に類似している。発明をやめること、「プロメテウスを鎖につなぐこと」は不可能であり、問題は、科学技術の進歩と、それを利用する人間の精神的空虚との間に生じた「不均衡」にある。だから、科学技術の力を人間的連帯の真の土台である「理性の人」のもとにおかねばならない。そこに悪夢から逃れうる道があるとフリードマンは主張したのであった。

この二人の自然科学者と社会科学者のいずれの本にも、破滅にむかう人類を何とかして救おうとする使命感がある。そこには今日の西欧的知性のもっとも誠実な表現があるといってもよいだろう。だが私は、後者の本の翻訳を手伝いながら、そこにある種の異和感をおぼえざるをえなかったし、また今回、『部分と全体』を読みながら、同じような異和感をおぼえたのである。

ハイゼンベルクは、自然のある部分的対象を観察し、それに精通しただけでは、それを理解したことにはならない。全体との関連においてとらえたとき、はじめてそれを理解したといえるのだという。これは現代の専門化した科学に対する適切な戒告であり、そのこと自体に異和感はない。問題はその「全体」の内容にかかわっている。

この物理学者の語る全体とは、自然にたいする哲学的観点、いいかえれば「形而上学」によってとらえられるものであり、宇宙の中心的秩序、つまりは〝神〟を思わせるようなものである。そして彼は、このイメージを人間社会にも適用する。科学技術の進歩によって地球上の政治的単位は大きくなり、その数は減少し、ついには「一つの中心的秩序の確立をめざす」ようになる。

だから科学者や技術者は、自分に与えられた部分的な課題を追求するだけでは十分でなく、そのような世界史的な発展の中における一つの部分としての解答が、求められねばならないことになる。そのような場合にはじめて、科学技術の「進歩を担っている人々の公に対する影響力も拡大されていいだろう」と、彼は結論するのである。

あるいは人はここに、超越的な「世界精神」の弁証法の復活をよみとり、その「形而上学」に反発するかもしれない。しかし、超越性を物質性に還元するだけでは、科学はふたたび部分の狭い枠の中に閉じこめられてしまうだろう。また唯物弁証法をふりかざすだけでは、問題の解決からはるかに遠ざかることになろう。

私はあえてそのような「形而上学」の主張を認めたいとおもう。そしてその上で、そのような「形而上学」を、一つの「全体」として相対化する必要があるのではないかとおもう。

ハイゼンベルクのいうようなすぐれた科学者の「公に対する影響力」と、たとえばジェット機の騒音に悩む老婆の苦情とは、同じだけの重みをもつのではないのだろうか。老婆もまた、人類が何千年も前から採用してきた生活現象を生き、彼女の世界観、あるいは彼女の〝神〟をもち、それにもとづいて騒音に不平を洩らしているはずだ。

もう少し一般的にいえば、超越的で中心的な神と、土俗的で地方的な神との間に質的な差はなく、前者を基礎にした科学的表現と、後者にもとづく日常的表現との間には、人間の自己表現としての質的な差はないということである。そのときすぐれた科学者の「公」の言葉と、名もない老婆の「私」の言葉とは、どこでどのようにかみあうのだろうか。それがかみあってこそ、はじめて原爆に象徴されるような現代の科学技術の問題に、人類全体としての解答が生みだされてくるのではなかろうか。

そのように考えれば、現代思想の課題は、精神と物質、主体と客体、部分と全体との関係を明らかにすることにあるだけはなくて、主体と主体、全体と全体との相互関係のありようを探ることにもあるといわねばならないだろう。認識の問題は、こうしたかかわりの問題に、深くからまりあっているようである。

（一九七四年八月二四日）

伝統と革新をめぐって——変革期の社会構造

私たちの考えは、たいていのばあい、あれかこれか、Aか非Aかといった二値論理によって進められていく。近代的な思想は、ほとんどこの思惟方式を原理としてきた。主観と客観、精神と物質、進歩と反動、専制と民主主義等々の二項対立である。

けれども二値的なものの考え方にからみとられていると、当然見えるべきものまで、見えなくなってしまう。たとえば最近の例でいえば、ソルジェニーツィンの『クレムリンへの手紙』は、進歩を否定する反動分子の言辞と理解された。同じ反体制派のサハロフ博士も、彼の「民族的孤立主義」や「ロシア的専制主義」に反対して、「国際協力主義」と「民主主義」を対置しているという。

たしかに彼は、専制への復帰をすすめ、それを「現実主義的」な提案というのだから、体制側が彼を狂人扱いにし、反体制側がとまどいを覚えたのも当然だろう。しかし彼にとって、専制は民主主義の対立物ではなかった。彼は、民主主義をふくめて、西洋近代が生み出した文明全体に絶望している。彼が見ているのは、物質文明の進歩によって——言いかえれば多数者の意志によって——惹き起こされつつある環境破壊と人類の大量死滅である。

文明の進歩が人類の破滅を意味しているとき、進歩か反動か、専制か民主主義かという二項対立は、もはや意味をなさない。この図式では反動や専制の方しか残らないからだ。だから彼は、「すべては、今後われわれを待っているのがいかなる専制であるかにかかっている」という。

ところで彼のすすめる専制主義体制では、政府には「揺るぎない権力のいっさい」が残されていながら、他方では「すべてのイデオロギー的、道徳的潮流に自由を与える」という言論・出版の自由が含まれることになっている。このような専制は、言葉の上でも形容矛盾であり、現実には不可能だろう。それでは彼のいう「現実主義」の真意はどこにあるのか。

進歩か復古か、革新か伝統かという二分法を越えて、社会変革の問題をとらえなおそうとする試みは、日本にもある。最近では桜井徳太郎の「結衆の原点」と山田慶児の「中国の工業化とその構造」の二論文（いずれも鶴見・市井編『思想の冒険』所収）が、注目に値しよう。

桜井は日本の社会構造が「タテ社会」の原理に貫かれているという通説に、民俗学の視点から反対している。日本の共同体に見られる「若者組」や「ムラ寄合」は、相互の連帯を強調するものであり、「ヨコ原理」によって成り立っている。それらは、親子、主従のタテ社会体制のなかにあって、その弱点を補強し、共同体の生命を維持する役割をはたしてきた。また共同体の生活は、周知のような「ハレ」と「ケ」の二項対立によって成り立っているのではない。もう一つ「ケガレ」の領域があって、これは「ケ」という生活エネルギーの枯渇（「ケ枯レ」）を意味する。「ハレ」は活力をとりもどすための行事であり、生活はケ→ケガレ、ケガレ→ハレ、ハレ→ケの循環によって動いていた。そして桜井は、この循環にこそ、共同体の生命力の源があったと主張する。

そのように、主と従、ハレとケの二項対立ではなく、もう一つの項をおいて社会を動態的にとらえていく観点を、より普遍的な理論的仮説にまで組みあげたのが、山田の「極構造理論」である。彼の理論は、中国の工業化の過程――テクノクラットによる導入・模倣型と、大衆運動による自力更生型の交替――の分析から生みだされてきたものだが、ここでは紙幅がないので理論の骨組みだけを取り出しておこう。

社会変動は、地主と農民、資本家と労働者という「二極」の対立から生じるのではない。「二極構造」はむしろ固定的なものであり、二分された「コスモス（秩序）空間」をあらわす。この秩序空間の中に「カオス（渾沌）空間」があらわれて、「三極構造」が形成されると、社会は流動過程に入り、躍動しはじめる。「カオス空間」をつくりだすのは、社会の慣性的傾向にさからう「人間の自由な決断と行動選択」である。しかしこの空間が制度化され、実体化されると、三極構造は二極の秩序空間にもどる傾向をもつ。形骸化した伝統は二極構造でしかないが、「伝統の生き生きとした核心」は、三極構造のなかで、「不断に再生し、新しい構成的要素をかたちづくる」。不十分な要約だが、これが山田の結論的な命題になる。

この理論のメリットは、構造分析という共時的なアプローチと社会変動のプロセスの理解という通時的な観点とが、統一されているところにある。二項対立（矛盾）の止揚、量から質への転化といった唯物弁証法的な歴史理解ではとらえられなかった社会変動の主体的な担い手が、ここでは「カオス空間」として明確に理論化されている。

ソルジェニーツィンにもどっていえば、彼の提言は、ロシア的伝統の生き生きとした核心を「カオス空間」としてよみがえらせようとするものだったのではなかろうか。専制政治であってもよい、ただ表現の自由だけは弾圧しないように！という彼の痛切な叫びは、反革命の扇動でもなければ、懐古的ノスタルジーでもなく、ただ人間社会の生命の源だけは確保しておこうという、きわめて「現実主義的」な提案だったのである。

（一九七四年一〇月二六日）

コントン（渾沌）の世界――「遊び」「にぎわい」にこそ

『荘子』応帝王篇に「渾沌」説話というのがある。

南海の支配者シュクと北海の支配者コツが、あるときコントンが支配する中央の国で相会した。コントンは二人を心からもてなしたので、シュクとコツは彼の行為にむくいようとして、考えた。人にはみな七つの穴（目、耳、鼻、口）があって、見たり聞いたり味わったり嗅いだりできる。ところが彼にはそれがない。そこで二人は、一日に一つずつコントンに穴（感官）を作ってやる。七日たってそれがすっかりそろったとき、とたんにコントンは死んだ、という説話である。

最近私は、この説話に触れた文章を、二度つづけて読んだ。

一つは、前回に取りあげた山田慶児論文の中である。そこでは、秩序空間の中に「カオス（渾沌）空間」があらわれて、社会は変動過程に入ると主張されていた。その説明にこの説話が用いられ、

「シュクやコツはおのれの秩序になずみ、それをコントンにおしつけ、コントンを殺す。シュクやコツの世界を合理的とすれば、コントンの世界は非合理的である。前者が惰性の世界なら、後者は惰性を破る世界である」と説明されていた。

いま一つは、多田道太郎氏の『遊びと日本人』（筑摩書房）の終わりの章である。そこで氏は、シュクとコツは「現実世界を弁別し、アレとコレの区別をつけ…文明世界をきずいている。それに反し、コントンはいわばのっぺらぼうのお化けである」と述べた上で、次のように付け加えている。

「しかし、注意すべきことは、そのシュク・コツがコントンのもてなしに大喜びしたことである。コントンの歓待は、おそらく生命の饗宴そのものであったろう。彼らはコントンの世界につつまれて歓喜している。それでいて、どうして余計なお節介をやいたのであろうか」。

シュク・コツを科学文明になぞらえ、コントンに生命の豊饒さを見るのは、たやすい。そしてたいていの科学批判は、そのような存在の原初的豊饒さ、いいかえれば非合理性や未分化性への回帰の願望を秘めている。

だが他方では、そういう見方を非科学的で前近代的であると断罪するのも、またたやすい。実際、科学者は生命という渾沌を分析し、たとえばそこに「DNA」を発見し、その分子構造を解明してきた。生命という渾沌に、それこそ目鼻がつき始めたのである。いまさら渾沌によって生命を象徴するのは、時代錯誤もいいとこだ、ということになりかねない。

にもかかわらず、この渾沌説話はいぜんとして私の関心をひきつける。いいかえれば、科学批判に見られる回帰願望の不毛さを承認しながらも、その願望が出会うイメージの豊富さに魅惑される。そのイメージは現代にも生きているのだ。それを説明するために、もう一つ別の話を援用したい。

中岡哲郎氏が鹿島コンビナートの港を見て最初におどろいたのは、そこにはどこの港にも見られるはずの活気がないということであった（『コンビナートの労働と社会』平凡社）。「雑多なものがたがいにはたらきあって作りだすにぎわい、人間の活動のにおい」が、鹿島にはないというのである。

いったい「にぎわい」とは何であるのか。それを言葉で語るのはむつかしい。だが私たちは、日常的にそれを知っている。人の集まるところにおのずからそれは生ずる。中岡氏は無数の人間の労働と組織と活動の「合理化されえない部分」が、にぎわいを作り出しているとさえいう。そしてそれは、何となく私たちの心をひきつける。そこにはやはり、人間活動の「饗宴そのもの」があるからだろう。とすれば、「にぎわい」こそ科学文明の時代にも生きている渾沌なのではなかろうか。

ところで、そのような「にぎわい」は、社会思想の中ではどのように位置づけられるのだろうか。いや、それより以前に、はたしてそれは社会思想の中に理論的に組みこみうるものであるのかどうか。少なくともそれは、分析と抽象によって導き出される法則にもとづいて、目的意識的に作りだしていけるものではないだろう。雑多なにぎわいに秩序や合理性を与えることは、シュク・コツのお節介と同じことになりかねないからだ。とはいえ、だからといってそれを理論的に放置していては、社会思想はみずからの豊かさを失うことになるだろう。「にぎわい」の非合理性と理論としての合理性との矛盾、ディレンマを、どうすれば越えることができるのか。

シュク・コツのお節介とは、好意の押しつけである。押しつけを押しつけと感じないのは、自分たちの正当性に対する全幅の信頼があるからだ。だがそれは、シュク・コツ自身の存在の在り方を基準にした正当性である。同じように、コントンにもまたコントンの価値基準があり、正当性があるはずである。「にぎわい」を思想化するためには、その正当性を根拠にする以外に道はない。

さらにいえば、シュク・コツは人間の感覚を基準にしていた。いわばそこでは、人間主義（ヒューマニズム）と合理主義とが結合していたのである。そしてこの結合こそ、近代科学の指導理念でもあったわけだ。だからコントンの側に立つためには、科学主義に対置されるような人間主義でも、非合理性に対置されるような科学思想でも足りない。いいかえれば、既存の科学的社会主義は、どこまでも秩序の側にしか立ちえないということになる。とすれば、コントンの側にあるような社会主義思想とは、結局は不可能な夢でしかないのであろうか。

多田氏は、渾沌はこちらから招き寄せたり、作りだしたりすることのできるものではないという。「こちらから」という言葉を、私は、合理化された――いいかえれば「世俗化」された――大人の精神の側から、と理解しておこう。氏は、子供の「遊び」に、そして「聖」でも「俗」でもない「遊」に、渾沌にいたる道すじを見ているからである。

そのことについて説明するだけの余裕を失った。いまは「遊」の概念と「にぎわい」のイメージとの間にある隔たりの大きさは、見かけのもの、言葉の上のものであるとだけ言っておきたい。「にぎわい」は、港や市場という労働と生活の場にあるだけでなく、かつては祭りや夜店という遊びの場の実質でもあったものだからである。

（一九七四年一二月二六日）

ものを見えさせる逆説のすすめ――科学を考え直す

近代科学に対する批判は、今はすでに流行の感さえある。流行とは、あるきまったスタイルが他の型を圧倒することである。たとえば人はこう主張する。科学の専門分化が目的を見失わせることになり、科学を非人間的なものにしている。ゆえに科学者としての責任倫理を確立し、科学を人間化しなければならない。あるいはまた、科学技術は資本主義のもとでブルジョアに奉仕し、人民を抑圧している。だから社会主義のもとで人民に奉仕する科学を確立しなければならない。

けれどもこういった批判は、科学それ自身の正当性ないし有用性を信じている点で、いぜんとして近代科学の枠内にある。その証拠に、この種のタイプの批判者は、非合理的な感性を重視する者、あるいは宗教の復権を説く者に対しては、あからさまに反撥するか、あるいは軽蔑して無視する。だが、無反省に示される反撥や軽蔑こそ、非合理的な態度というべきだろう。そのような合理と非合理の転倒に、現代思想がかかえこんでいる深刻な逆説があるのではなかろうか。

内村剛介氏は、ソルジェニーツィンを「宗教にいまどきあえて還りうる強者」とよぶ（「再生するロシア・インテリゲンチャ」『思想』二月号）。この表現の意味は、深い。現代はただ単に唯物論の時代であるのではない。かつて唯物論が神を否定したとき、そこには否定する主体であった「おのれ自身」が、確固として存在していた。あるいは存在すると信じられていた。だがその「信」が、今はすでにない。私たちはアイデンティティさえ失っている。だから、「不信をもって信となす」現代ヒューマニズムは、いうならば「にせがね造り」であり、そのような「にせがね造り」の横行している時代に、「信じられるのは神のみである」という者を嗤うことはできないはずである。

それどころか、「宗教への傾斜」は、「不信を原理とすることばから自由であろうとする勇猛な精神の働きをバネとしている」と、内村氏はいう。不信を原理とすることば、つまり政治のことばも産業主義のことばも、また社会主義という名の産業主義も、そしてさらには科学も唯物論も、かつて宗教がそうであったのと同じように、いまは「阿片」として、人々を魅惑しながら荒廃させている。「阿片」の誘惑にうちかつには、強い精神が必要なのだ。

したがってまた、「宗教への傾斜」は、救世主や教義への傾倒ではない。現代ロシア・インテリゲンチャにとって、それは「本卦がえりを意味する退行」ではなく「共産主義の幻想の向こう側へ突き出ようとする足掻き」なのである。今日の世界にあっては「勇猛な精神」のみが「足掻き」うるのだという逆説を、理解しなければならない。

現代における「阿片」の恐ろしさを、別の面から語っているのが、柴谷篤弘氏の「『反科学』の意味するもの」（『展望』二月号）と、中岡哲郎氏の「もののみえてくる過程」（同三月号）である。科学は、現実を見えるようにするものであると同時に、現実を見えなくさせるものであるというのが、両氏の主張である。

そのことを、柴谷氏はパラダイムの概念を使って説明する。パラダイムとは、一定の時代の科学研究のモデルとなるような論理的整合性をもつ規範であるが、これが「現実と人間の感覚との間に立ちはだかるスクリーン」になる。見えるべきものが、パラダイムのために見えなくなるのである（この文章の初めに私の示した科学批判の流行スタイルが、パラダイムの一つの例になろう）。

だがこのスクリーンは、たんに「間に立ちはだかる」だけではない。中岡氏はその点をさらに押しすすめて、次のようにいう。「一つのパラダイムの欠陥を対象化しようとしている私たち自身が、そのパラダイムの論理的脈絡をとおして物を眺めて考えていることによって、対象化すべきものの中に包みこまれているという関係」がある。スクリーンの向こうを見ようとしながら、見る道具がそのスクリーンと同じ材質で出来ているという関係だ。そのために、一定の時代のパラダイムは、「そのパラダイムの枠内にとらえきれない新しい事実が彼にみえてくることをさまたげる強力な力として働く」ことになる。

これが、科学それ自身の中にふくまれている「ものを見えなくさせる構造」であるわけだが、それから抜け出ようとする者にとって手がかりになるのは、「パラダイムの論理的脈絡の中でどうしても意味づけを与えることができないという違和感、一種の分裂の感覚だけ」である。しかもこの違和感は、パラダイムの中に安住している者たちによって一笑に付される類のものである。

だから、そこで違和感にこだわりつづけるためには、非合理的な感性をふくめて、あらゆるものが動員されねばならない。「怒ることも、耐えることも、たたかうことも」、さらには「負いめやねたみやコンプレックスさえも」が、新しくものが見えてくる過程に協力する要素になる。つまりは、ものが見えてくる過程とは、違和感にどこまでもこだわろうとする人の「人生そのもの」なのである。その執拗な精神が、内村氏のいう「勇猛な精神」と同質のものであるのはいうまでもない。

思うに、合理と非合理が転倒する現代にあっては、何かを明らかにしようとする科学者や思想家は、かつて宗教者がそうであったのと同じように「科学を考え」ながら、同時に自己の人生そのものを語りうる者であらねばならないのかもしれない。中岡氏の文章自体がそのことを証している。そしてそのようにして語られた科学のことばのみが、ようやく現代の「阿片」であることをまぬかれるのであろう。くり返していうが、私たちはやはり逆説の時代に生きているようである。

（一九七五年二月二一日）

言語への罪意識――〝言葉の人間支配〟脱却のために

私たちは、ふつう言語を道具とみなしている。

たとえば外国在住の日本人は簡単に日本語を見捨てる傾向があると、鈴木孝夫はいう（『閉された言語・日本語の世界』新潮社）。彼はそこに日本人一般の自国語に対する特殊な態度のあらわれを見ているのだが、自国語を簡単に捨てることができるのは、それを道具とみなす意識が働いているからだろう。そしてそれは近代に普遍的な言語意識である。

言葉に魔力を感じる呪術的世界観のなかにあれば、人はそれほど容易に自分の言葉を捨てることはできないだろう。そして私たちは最近まで、そのような言語意識の中にいた。つまり日本人は、意識の中まで近代化され科学化されたので、あるいはそうなることを欲しているので、自国語を見捨てたがっているということになる。

言葉は、たしかに道具として用いることができる。近代科学の言語は、道具としての言葉をみがきあげたものといえよう。その効用は疑いがたい。けれども、まさしくその効用のゆえに、人は言語が「一種の行動、象徴的行動」であることを忘れ、そして「自分自身が作った道具によって本来の自然的状態から隔離されて」しまうことになる（ケネス・バーク、森常治訳『文学形式の哲学』国文社）。

言語が「象徴的行動」であるかぎり、人はそれによってなお自然（身体と自然世界）に結ばれ、それゆえに人は自然が語る言葉をも理解することができる。最近読んだル・クレジオの『悪魔祓い』（高山鉄男訳、新潮社）は、まだそのことがインディオたちには可能であることを伝えている。

たとえばインディオたちが肌に描く模様は、「生きている絵、皮膚の上の思念の絵画」であり、その叫びに似た歌は「神秘の壁をつき破るために、人間を他の人間たちに、つまり、事物とか、植物や動物に結びつけるために歌う声」である。だからそれは、個人の自己表現であるような芸術ではない。それは「それ自身によって存在し、認められることも、展示されることも、売られることも必要としない」。ただ結ばれあうために、「共同して」読み共同して聞くことのために、それはある。自然の「生命」の交感を可能にするもの、それが彼らのシンボルである。「模様、声、物質が発する笛の音に似た叫び。するともはやよそ者はいなくなる」。

だが、言葉は人間だけが語る。言語は語りすぎる。「平衡が破られ」、動物の声も事物の声も聞こえなくなる。人間は自然から隔離される。だからインディオたちは、種族の言葉を誇りながら、同時にそれに対して「罪の感情」をもっている。それゆえに彼らは、共に「沈黙」を読み、「沈黙」に耳を傾ける。

いうまでもなくインディオの世界は、霊と生命に満ちた呪術的世界である。ル・クレジオは、その世界に入ることでかろうじて人間への信頼をとりもどす。たしかにそこに見られるのは、原始への回帰願望である。けれどもそれは、たんに「自然にかえれ」式の呼びかけではない。そこには現代に生きる私たち自身の問題がふくまれている。

ヴィットゲンシュタインの『論理哲学論』に、「語りえぬことについては、沈黙しなくてはならない」という問題の表現がある。ディヴィッド・グッドマンはその表現について、それは「論ずる価値があるのは、語りうることのみである。だから、語りえぬことについては、沈黙しなくてはならない」という意味ではなく、「論ずる価値があるのは、語りうるものではありえない。だから、沈黙しなくてはならない」という意味に解すべきだと述べている（『展望』四月号、傍点原文）。
解釈の当否はここでは問わない。重要なのは、「論ずる価値がある」にもかかわらず「語りうるものではありえない」とグッドマンの考えていることが、「生の問題」であるという点にある。彼はユダヤ的な生活様式そのものに、「語りうるものではありえない」人間の倫理を見ている。言語によって語られることではなく、言語以前のシンボル的行動の中に、「生の問題」が表現されていると考えている。これはそのままで、インディオたちの言語意識を思わせる。

そのような反近代的な主張を、前近代へのノスタルジーとしてしりぞけるのはたやすい。だがそのような態度は、自分の言葉を見捨てる日本人の意識と、同じレベルにあるのではないか。呪術から抜け出そうとした近代の言語は、対象を指示し、対象に働きかけ、対象を操作するための道具としてみがきあげられた。だが、それによって働きかけられるものが人間であるとき、その言語は人間をも客体化し、人間を支配するものになる。私たちの情報管理社会とは、言語が人間を支配している社会である。その罪状について人はすでに多くのことを語っている。けれども、やはり言語を道具として用いて、そのため、本当に「論ずる価値がある」ことは、論じられないままに見捨てられていく。

この悪循環をたち切るためには、少なくとも私たち自身の中に、言葉に対する「罪の感情」をよみがえらせる必要があるのではなかろうか。そのときはじめて、沈黙の声が聞こえてこよう。いま黙っているのは、自然だけではない。インディオをはじめ、科学技術文明のもとで葬り去られたすべての死者たち、あるいはまた社会主義の名のもとに闇から闇へ消されていった死者たちもまた、黙している。

その声を聞くことのできる言葉のみが、世界を「読む」ことのできる言葉であり、認識の言語でありうるだろう。言語についての現代的課題とは、そのような認識の言語の可能性をさぐることにある。

（一九七五年四月二三日）

秩序と「悪」——個に生贄求める集団

「悪」は、思想の試金石ではなかろうか。

右の頬を打たれれば、左の頬を出せという、通俗キリスト教的な寛容の精神と、やつは敵だ、敵を殺せという党派の論理を両極にして、「悪」に対する対処の仕方は様々あるが、たいていのばあい「悪」は反価値でありつづけてきた。よくないことだけれどゆるすべきもの、よくないことだから撲滅すべきものであった。

それに対して、「悪」を積極的な価値として主張した人たちがいる。キリスト教の西欧近代にあっても、たとえばサド、ボードレール、ブルトンたち文学者は、悪徳、暴力、退廃、狂気を表現し、いうならば「悪」の権利を擁護してきた。

とはいえ私たち庶民は、文学者たちの「悪」に魅惑されながらも、現実の場では「悪」をしりぞけざるをえない。私たちの生活は、かつてはナチス・ドイツや日本軍国主義の狂気に翻弄され、いまはスターリン主義体制や技術文明の「悪」に、環境はおろか、肉体や精神まで汚染されている。文学的な「悪」と、現実的な「悪」とは別種のものであるのだろうか。

中村雄二郎氏は近著『感性の覚醒』（岩波哲学叢書）において、アリストテレス以来哲学者や文学者が、非理性的なもの、情念や感性についてどう考えてきたかをたずねながら、そのなかで「悪」の哲学的な意味を次のように定義している。「悪」とは「秩序や安定した関係をなにかの或る力によって侵犯し、破壊し、解体させるもの（あるいは、こと）」であり、したがってそれは「その秩序や安定した関係の側からのみ言われる」ものである。そして、支配的な秩序は、ただそれが秩序であるという理由で「理性」の名を僭称することがある。そのとき、非理性的な「悪」は、価値になる。

　たとえばサドの悪徳は、虚偽の美徳や社会通念を破壊することおいて「悪」であっても、自然の生態系全体の観点に立てば、それに「活力と繁栄」をもたらすものになる。逆に技術文明の「悪」は、自然の生態系全体を破壊するから、否定的な意味しかもたない。

　同様のことが「狂気」についてもいえる。「狂気」は「理性あるいは精神の解体・分解」ではあるが、「その分離・解体が、人間としてぎりぎりの下意識的な統一性を破壊せずにしかも通常の精神的秩序に衝撃を与えるものであるかぎりにおいて、その狂気は『知』になりうる」。要するに「悪」や「狂気」の破壊性は、より広義の秩序の中に位置づけられるものであるかぎり、肯定的な意味をもつということになる。

「悪」が特定の秩序の側から見た秩序の破壊であるという観点は、山口昌男氏の『文化と両義性』（同前）にも見られる。しかし文化人類学の光をあてられると、「悪」はまた別の様相をおびてくる。

　神話や民俗は、「反秩序」をあらわす「悪の象徴」にみちている。しかしその「反秩序」は、もともと「秩序」のなかにふくまれているものである。たとえば、渾沌、暴力、悪意などを体現している「荒ぶる神」は、「文化＝秩序」の中に潜在する「自然＝反秩序」が、意識的によび起こされて、顕在化した姿なのである。人びとは、目に見えるものとなったこの「悪の象徴」に、集団の内部にある

「ありとあらゆる負の要素」をおわせておいて、それからあらためてそれを追放する。追放の儀式によって、集団の内部は浄化され、秩序が再確認される。

「魔女」、「瀆聖者《とくせいしゃ》」、「他所者」、「内部の敵」、そして「狂気」も、同じ「悪の象徴」である。つまりそれらは、集団の内部に潜在している「無秩序」や「異和性」などの顕在化した姿であり、集団の存続のために「生贄」として選ばれた者たちである。したがって、それら「悪の象徴」である個別的な加害者は、実は、集団的秩序の名において犠牲に供された被害者であり、本当の加害者は、全体としての集団であるという観念がなり立つ。

この文化人類学的な観点は、精神医学によっても支持されるだろう。最近翻訳されたモートン・シャッツマンの『魂の殺害者』(岸田秀訳、草思社)によれば、精神分裂病の原因は、病者の内部にあるだけではない。外部にそれを誘発するものがある。フロイトの精神分析の対象になった分裂病患者シュレーバーのばあい、「誘発者」は父親であったが、この父親は、十九世紀ドイツの権威ある教育者であり、当時の支配的イデオロギーの推進者であった。そして、その教育法によって育った世代が、ナチス・ドイツの精神的土壌になったといわれる。

つまりシュレーバーという個人を「狂気」に追いやったのは、時代全体の「狂気」であり、シュレーバーはその被害者であった。そして彼は、時代の犠牲者(精神病者)となることで、当時の秩序(狂気)の反対側に立つことになった。その意味で、個人の「狂気」は、それ自身としてすでにそのなかに全体の「狂気」に対する批判をふくんでいる。山口氏もいうように、秩序と反秩序は「相互規定的」なのである。

はじめにもどっていえば、文学的な「悪」は、いわばみずから積極的に「生贄」になることを選んだ者の「象徴」である。そして私たち庶民は、技術文明の「悪」に汚染されているがゆえに、それら「悪の象徴」に魅惑されるのであろう。もっとも、現代日本の文学者に、そのような「生贄」の意識があるかどうか。これはたいへん心もとない。

(一九七五年六月二一日)

戦後思想と大衆——育つ自信と自在さ

戦後思想を、同時代や現在からでなく、過去から見るという方法がある。現在を視点にした戦後思想史については多くの人が語っている。過去を視点にすれば、それはどんな風に見えてくるか。

昨年復刻された週刊文化新聞『土曜日』(三一書房)をめくっていたら、公害告発の記事に出会った。三菱の尾去沢鉱山の「毒水ダム」が決潰して、千人以上の命を奪った。会社側は「不可抗力」だという。だが、それは「危険な仕事にも身を売るほかないという社会的な意味での不可抗力にすぎず、決して避けようのない自然的な災難ではないのだ」(昭和十一年十二月三日)とある。

さらに翌月の号では、原因の調査にあたった「専門家たち」に批判が向けられる。「一滴の血も流さない教授や博士たちがそろっている大学、財閥の丸抱えになってしまった応用科学の専門家たちのいる国で、第二次尾去沢惨事が起こったのは、当然である」。

戦後の歴史の中で、公害の告発や学問への批判が始まるのは、やっと六〇年代も終わりになってからである。それとこれとを重ねてみると、戦後思想の二十数年が、まるで長い空白の期間であるかのように見えてくる。戦前の三〇年代が、戦後思想を通り越えて、現在につながってくる。そのような戦後思想とは何であったのだろうか。

『土曜日』の意味については、復刻版のまえがきで久野収氏が次のように述べている（『三〇年代の思想家たち』岩波書店に収録）。それはまず第一に、「大衆社会と大衆文化の基底的意味を戦後に先きだって、先きどりし、ジャーナリズムや文化を、大衆に責任をおう専門家の独占から解きはなち、その場所を大衆の自己確認、自己表現の場にしようと試みたのであった」。

氏がそのようにいうのは、同じ時に同じ京都で出ていた『世界文化』との比較に立ってのことである。『世界文化』は、「進歩的、アカデミー批判的知識人グループの大衆に向けての啓蒙運動的特色をはっきり刻印していた。大衆に教えるという立場である」。

こう書けば、『土曜日』と『世界文化』は対立的な立場のようであるが、実際には両誌紙の執筆者は重なっている。それどころか中井正一は『土曜日』に大衆的で軽妙な文体の記事を書きながら、『世界文化』にはあの難解で重要な「委員会の論理」を発表していた。

そのような理論的思惟と庶民的発想の共存に、根本から対立していたのが、同じ三〇年代の左翼の思想家たちである。その代表であるマルクス主義者佐野学・鍋山貞親は、「理論主義」から「大衆本能尊重主義」に転向するが、この転向は、藤田省三氏によれば、その二つの思想的立場を、それぞれ社会階層として実体的に二分された「小ブルジョワ」と「大衆」に結びつけ、「小ブル」を全面的に否定することによって行われる（『転向の思想史的研究』岩波書店）。理論的思惟はプチブルのもの、民族感情は大衆のものときめつけられていたわけだ。

そして戦後思想は、こちらの方の二分法的対立、つまり「転向」を引きついでいる。進歩的知識人の多くは、戦前・戦中の「転向」への反省なしに、もとの思想的立場へ再「転向」し、共産党は「理論主義」と「大衆尊重主義」の間を無原則にゆれ動く。そしてその無原則性を批判した近代主義者も、二分法的な発想をまぬかれていない。

周知のように丸山真男氏は、「理論信仰」(官僚的思考様式)と「実感信仰」(庶民的思考様式)の対立を、日本に特有の思想的風土とみなし、それを否定して近代的な市民意識の形成に自分を賭けた。けれどもそれは、日本的官僚と日本的大衆の間に、新たに普遍的な知的市民をつくりだすことを意味していた。庶民的思考様式は、きたえ直さなければ普遍的市民意識にはなりえない。だから現実の大衆は、あくまで指導と教育の対象であり、知識人は、「大衆に責任をおい」、「大衆に教えるという立場」に身をおく存在であった。その逆は成り立たなかった。

いま私の手もとに、『指導者なんかいらんわい』(ぱいぽ出版)という面白い本がある。副題に「管理社会からの脱出」とあり、著者名は「ろくさん」という。戦後すぐの六三制義務教育を受けて育った世代(つまり現在の中堅世代)が、自分たちの手でつくった本である。関西弁まるだしで、少々エッチで、「えらいひと」なんかいない方が世の中うまくいくという自信にあふれた痛快な本である。ここには、戦後そのものが育てた市民が生きている。そしてその生きざまは、そのままで戦後を指導してきた知識人への批判である。指導を拒否する庶民が管理社会の中でさわやかに生きている。その事実が指導と管理に対する批判である。

そして「理論」が共にしなければならないのは、そのような生きざまとしての批判であり、いいかえれば『土曜日』の精神である。その精神は、価値理念や世界観によって「理論」を拘束したり、逆に見捨てたりすることに対立している。

思うに日本の知識人は、マルクス主義的世界観であれ、天皇制的世界観であれ、そして戦後の近代合理主義的世界観であれ、それら世界観の重みのゆえに、人間の生きざまそのものが示す批判を押しつぶしてきたのではないか。それゆえに、みずからの理論的実践と庶民的発想とを共存させていくような精神の自在さを、失っていたのではなかろうか。

「人間が出来たとか、しっかりして来たと言うこと、この素直な心を曲げて歪められた世界観で塗り固め、一つの疎外された世界観でガッチリ凝り固まる。その事は口には言わないが、実に淋しい影を人間に与えた。

正月とかお祭りとか騒動、または物想うとき憩うとき、この凝固まった殻を破って、それを溢れて、遠い遠い想い出と懐郷の気分が、平和と自由と協力の懐しさが込みあげて来るのである。抑えた真実がその姿を包みきれないのである。

今年も、週末の何れの日をも、この真実を解放する憩いと想いとしようではないか」(『土曜日』昭和十二年一月五日)。

(一九七五年八月二五日)

三木清と現代のパラドックス——〝創造的知性〟を模索

三木清が獄死してから、今年でちょうど三十年になる。昨今の思想界では、彼はすでに過去の人となったらしい。私の読んだ範囲でだが、先月と今月号の思想誌に、彼の哲学を論じたものは見当たらなかった。

哲学者、知識人エリートが大衆を指導する時代は、たしかに去った。けれどもそのことが、知識の貧困化、知性の弱体化をもたらしているとすれば、これは大いに問題だろう。すでに三木は、四十年前に次のようなことを述べていた。

我々の時代の特徴は、「知性に対する不信ないし否認」にある。この「知性の排斥」は、近代の技術文明に対する批判の中から生まれた。技術が人間を奴隷にし、種々の非人間的なものを作り出したからである。

そこで人間性を擁護するために、技術を排斥し、その基礎である科学的な知性を弾劾しなければならぬことになった。人間性の擁護が、知性の排撃になる。三木はこれを「現代のパラドックスである」という。時代は変わったが、今日の私たちも同じようなパラドックスのなかにいるのではないか。彼を忘れてしまうのは、まだ早いようだ。

ところで、私たちはそのパラドックスを、感性と悟性、主観性と客観性を統一することによって、のりこえようと考えている。どのようにして統一されるかは、まだあまり判然としていない。そしてこの統一は、すでに三木によって主張されていたものであった。構想力（創造的知性）によるロゴスとパトスの綜合である。けれどもそのばあい、三木は、パトスとロゴス、感性と悟性が、最初から区別されたものとしてあって、後からそれらを綜合するというようなことは不可能だと考えていた。区分し、分離してから統一するのは、分析的理性（悟性）の仕事である。

彼のいう構想力は、そのような仕方で感性と悟性を媒介するのではない。「媒介するものは、媒介されるものより本原的である」。この本原性のゆえに、構想力は創造的な知性でありうるというのであった。

同じような時代のパラドックスを、同じような方法でのりこえようとしながら、三木の哲学が今日の諸思想を抜いているのは、この「媒介するもの」の本原性への着目である。彼のいう「媒介」の論理は、たんに知性のレベルにあるだけではなく、歴史的な実践の次元にもあらわれてくる。前者をかりに「メディア」の論理、後者を「間」の論理と呼んでおこう。

「メディア」の論理は、まずレトリックに求められる。三木のいうレトリック（「修辞学」）は、たんなる説得の技術ではない。今日のいわゆるレトリックは、技術的であることによっておちいった言葉のデカダンス、あるいはより一般的にいってメディアの頽廃した形態である。

三木のいうレトリックは、ロゴス（分析的理性）が「真理」を対象的に明らかにするのに対して、「私と汝」の関係を基礎にして「真実」を主体的に明らかにする論理なのである。前者を科学が関わる論理とすれば、後者は日常的な話し言葉における論理といってもよい。

現代の人間は科学的な「真理」に弱い。それもまたロゴスによって構築された仮構（フィクション）であるにもかかわらず、現実そのものに内在しているものであるかのように思いこまされている。その「真理」が、たとえ人間的、感性的に納得しえないものであっても、科学に弱い大衆は黙りこまざるをえない。私たちはロゴスに反撥し、ひいては「知性の排撃」にいたる。三木は、感性的な納得を「真実」とし、そこに科学の客観的な「真理」を越えた、「更に深い意味における客観性」の根拠を求める。

なぜなら、「私と汝」の関係は、たがいが「語る者」であると同時に「聴く者」であるという関係であり、相互における「自己否定の可能性」が、メディアの論理を「弁証法」にしているからである。レトリックにおける「弁証法」は、実践のレベルに高められて、さらに意味深いものになる。マルクス主義は、人間が環境世界に働きかけられつつ、かつ主体的にそれに働きかけて変革する者であることを明らかにした。これは人間主体と客体世界との弁証法である。だが、主体と客体、人間と環境世界という二項関係では、その間を「媒介するもの」として、技術的なものしかあらわれてこない。けれどもそこに、さらに主体と主体、人と人との関係が加わると、三木のいうレトリックを通して、主体的な「真実」にかかわるものがあらわれてくる。

わたしたちの環境世界への働きかけは、社会のなかで他者とともに生きているということを通してしか、実現されない。

三木の言葉でいえば、人間は「世間の外に出る可能性、間柄を否定しうる自由」を有しながら、生きるために社会のなかにあって「関係に入らねばならぬ」。ここに人間的な実践の原則がある。にもかかわらず現代の諸思想は、そのことについて考えるのを怠っている。いまようやく、そのような「間」の論理、「離脱」と「関わり」の具体的な諸相は、精神医学（たとえばレイン、最新の邦訳は『自己と他者』みすず書房）によって明らかにされ始めたにすぎない。

さらにいえば、三木は「間」の論理が、「社会形成」へ、したがってまた「世界形成」に結びつくものであることを直観していた。「修辞学の論理は、歴史的世界の論理を具体的に解明する」はずのものであった。そのようなものとしての「構想力の論理」は、結局彼の死によって、完全な形では私たちに伝えられずに終わったが、恐らくそれは、最終的には宗教的経験をふくめて、人間の経験のすべてをつつみこむような包括的な論理であったのだろう。

そのことは、たとえば親鸞に、「人間性の自覚」と同時に「歴史の自覚」を読みとろうとしていたところにあらわれている。

そのように考えてくれば、もし三木が獄死していなければ、戦後の思想史はまったくちがった様相をもったのではないかとさえいいたくなる。戦後三十年を越えて、三木に学ばねばならないことは、いぜんとして大きい。

（一九七五年一〇月二二日）

逆説の復権――権威否定の意識

この一年間の思想の流れを、かりにひとことで言いあらわすとすれば、〝逆説の復権〟とでもいうことになりはしないか。

思い出すままにいくつかの例をあげれば、まず〝合理的であることの非合理性〟というのがあった。これは、科学的な概念や論理の枠組のなかで仕事をしていると、その合理的な枠組じたいが、新しく生じてきた問題を見えなくさせる非合理的な力として働く、という指摘であった。

ついで〝悪が善であり、秩序が悪である〟というのがあった。これは、悪をつくりだすのは一定の秩序なり体系なりの価値意識であって、その秩序や体系が非人間的なものとなれば、より大きな秩序や体系にそなわる別の価値意識から見て、悪は善になるという意味であった。

この二つを「論理」と「倫理」の面における逆説の例とすれば、もう一つ、「存在」の面における逆説もあった。これは、今年度の哲学界における最高の成果である市川浩氏の『精神としての身体』に、その一つの例を見ることができる。そこで示されているのは、たんに身体なしに精神は存在しえないというだけのことではない。

市川氏は、「身体が精神である」とさえいう。現実に生きて活動している人間存在は、「精神」でもなければ「身体」でもない。人間的現実の一つの局面が「身体」という名で抽象化されて把握されるとき、「精神」も他の局面として抽象化されてくる。だから「精神」も「身体」も同一の存在につけられた二つの名前であって、もとの人間的現実は、「精神である身体」、「身体である精神」としてしか示されえないというのであった。

それらの逆説は、今日の思想がおかれている状況の表と裏を、二重に示しているようだ。状況のおもて側に見られるのは、いうまでもなく近代主義的な二元論的対立をのりこえようとする理論的努力である。けれどもこの努力は、いってみればすでにマルクスによって始められていたものであり、以後のマルクス主義の一世紀におよぶ歴史は、おのずからのりこえの困難さを語っている。この困難さは、マルクス主義の側における理論的な弱体化だけが理由ではあるまい。その背後には、もっと広く人間の社会生活全体にかかわる問題がひそんでいる。

のりこえへの努力が、しばしば逆説的に表現される——あるいは、つねに逆説的にしか表現されえない——ということは、科学的であれ哲学的であれ、理論的なレベルでは問題が処理しきれなくなっているということを示していよう。逆説が、修辞の領域にあるからだけではなくて、あえていえば問題はすでに言語的なレベルを越えているのではないか。

近代の言葉は、すでに二元的な対概念で充満しており、その充満が、私たちの日常的な行動形態まで、二値的な倫理的命令の支配下においている。行くか、行かないかの二通りであって、そのどちらでもない〝あいまいな〟態度は、〝あいまいさ〟ゆえに排斥される。逆説への志向は、だから現実の生活世界のなかでの〝あいまいさ〟(両義性)の権利要求を内包している、あるいはその権利要求にささえられている、と考えねばならないのではなかろうか。

そこで、四つめの逆説として、「社会」の面における逆説の例をあげねばなるまい。埴谷雄高氏は、革命の思想を語るにあたって、「いささか逆説的に」革命の変質についてだけ述べねばならなくなった、と書いている（『鐘と遊星』未来社）。もともと《指導者と大衆》の二元的分裂を超克するはずであった革命は、またもや「やつは敵だ、敵を殺せ」という数千年来の政治指導の原理――そしてこれは二値的な命令である――におかされている。

埴谷氏にとって、そのような現実を乗り越える可能性は、《大衆の前衛化》にしかない。この表現もまた逆説的（大衆が前衛である）であり、それは同時にまた、指導する、指導されるのいずれの側をも選びえない大衆の権利要求をあらわしてもいる。そのような、社会的な、いわば現実の巨大な逆説を背景にしてこそ、はじめに見た三つの逆説の意味もまた、十全に明らかになるのではないか。「存在」の逆説を、「論理」や「倫理」の逆説に結びつけることはむろん、それらをさらに「社会」の逆説に結びつける橋は、まだかかっていない。その橋をかけるには、まだ長い歳月が必要なのだろう。逆説の意味は、それを生みだしたそれぞれの経験の交差するところで、それぞれが他を自分のなかに入れ、自分を他者に消化させるといった〝からみあい〟を通じて、ようやくこの世界に姿をあらわしてくるのであろう。その意味で、先月のこの欄で取りあげられていた梯明秀氏の『戦後精神の探究』は、存在と論理・倫理と社会を結びつける努力の一端として、たいへん示唆的である。とりわけ補章の最後の二節の題「もなど・うぅべると」〈開かれたモナド〉は、象徴的な意味をもつように思われる。

そしておそらく、それらの逆説が結びつけられるとき、私たちは、社会的な広がりと奥行きをもつ意識の革命、つまりは文化の革命を経験していることになるのではなかろうか。思うに逆説とは、その時代における〝正説〟に根拠をもついっさいのもの、権力をも権威をも否定しうるような意識の存在を前提として、生みだされてくるものであろうからである。そこで最後に、このほど本にまとめられた前田俊彦氏の『続・瓢鰻亭通信』（土筆社）の「あとがき」を引用して、結びにかえさせていただこう。

「いま日本で進行している権力と権威を否定するさまざまな運動が文化大革命にほかならぬとすれば、それらは政治権力革命がおこなわれるのにさきだっているのであって、中国での革命とは過程が逆になっているのである。それはなぜであるかの問題はさておき、かりにそうだとすれば日本の文化大革命は、中国の政治的権力革命が成就するにあたって経験したながい年月にわたる曲折と犠牲に匹敵するものを必要とするにちがいない。そして、たとえ苦難の道であろうとも日本の文化大革命がある程度成就したならば、そのあとの政治的権力革命は比較的抵抗すくなくおこなわれるだろう」。

（一九七五年一二月二〇日）

戦争体験の思想化——めざめよ戦中派

戦後もすでに二十七年、今年は元日本兵横井正一氏が発見されて、国民は驚嘆したが、それも平和な時代のビッグニュースとして、マスコミをにぎわせただけであった。そのニュースを見聞きしていた国民のうち、いったいどれだけの人が、戦争を、自分自身の現在の問題として、とらえただろうか。そして、戦後の平和と民主主義のシンボルであった「わだつみの像」が、学生の手で無残に破壊されたことも、わたしたちの記憶にあたらしい。像は再建されても、戦後のような全国民的な反戦の誓いは、よみがえらなかった。人びとの関心は変わった。

戦争をもっとも深く精神のなかにきざみこんだ戦中派は、しだいに時代の背景にしりぞいていった。もはやその役割は終わったのであろうか。

戦争を体験した世代と、体験しなかった世代との断絶は、たしかに深い。けれども、断絶がいかに深かろうと、自己の体験に誠実であろうとする思想は、人間存在の深みにおいて、世代間の断絶を越えることができるはずだ。世代から世代へと読みつがれてきた文学作品が、その証左であろう。けれども、戦中派の思想は、戦争を知らない今日の世代に受けつがれなかった。

戦中派のなかでも幾人かの文学者は、体験の深みにわけ入ることで、戦争体験を、現代そのものの体験として描くことができた。体験は、しょせん文学にしかならないのだろうか。

わたしにはそうは思えない。逆に、戦後の進歩思想や革命思想は、民族の体験に深く根ざしていなかったゆえに、日本の現代思想として、人びとの共感を得るにいたらなかったのではないかとおもう。それだけに、わたしは日本人として戦争体験にのめりこんだ戦中派の思想に、ひそかに期待しつづけてきた。

そんなわたしにどうしても不可解であったのは、六〇年安保のあと、戦前派と戦後派の反動攻勢にはさまれて、ひとり戦中派のみが、戦後民主主義の孤塁を守っている——そんなイメージがはやったことであった。戦中派自身が、そういう発言をしていたのだ。おそらく、そんなふうに自分たち自身を集約してきたために、かえって今日、戦中派は、自分たちの存在の意味を見失うことになったのではないか。

戦後まず、平和と民主主義を説き、指導者づらをしたのは、みずからの戦争責任をかえりみようともしなかった戦前派左翼であった。戦中派は、その責任を追及した。それは、自分たち自身の責任を追求することでもあった。だから、戦中派の民主主義思想は、内面的な苦渋にみちたものであり、戦前派左翼のそれとは、決定的に異なるものであったはずだ。それがどうして、戦後の平和と民主主義を守ることになったのか。

よく知られているように、戦後民主主義は「虚妄」であったという批判にたいして、戦中派は、あえてその「虚妄」に賭けると応じた。この応じ方に、戦中派の民主主義思想が、やはりもっともよくあらわれている。

戦中派は、戦前派とも戦後派とも異なって、民主主義の「理念」にたいして、あくまで誠実であろうとしてきた。だがこの「理念」に、彼らの戦争体験がどこまで思想化されていたか。ただ単に、大東亜共栄圏という「理念」を否定して、ヨーロッパ近代の民主主義「理念」を肯定したのでは、自分たちの内面の苦渋を、洗い流すことになるのではなかったろうか。むろんそれは、否定と肯定をひっくりかえせというような、単純な話ではない。

戦中派の理想主義的態度に、戦前派や戦後派に顕著な現実主義的態度を対置してみても、思想的には不毛な論争にしかならないだろう。管理と公害の現代世界のなかで、青年たちは、現実の無意味さや生の空虚に反発し、むしろ何らかの「理念」に渇しているとさえ考えられるからだ。

けれども、戦後民主主義の「理念」では、現代の若者の理念渇望をみたすことはできない。しかも現在の状況では、その空白に、戦前の「理念」が定着してきそうな気配さえある。この状況に、どう対処すればいいか。

安田武は「ラディカル（根底的）な精神的貴族主義がラディカルな民主主義と内面的に結びつくこと」が必要だという丸山真男の言葉をうけて、「戦中世代から戦後世代に継承されなかった決定的な欠落は、この精神貴族主義の流れ」であるという。

たしかにそのとおりなのだが、戦後世代の側からいえば、この精神貴族主義の欠落は、いわばどうしようもない宿命なのだ。幸か不幸かしらないが、戦後世代の基礎経験は、精神貴族的な自我を形成させることができなかった。戦争と滅私奉公の時代が、精神的貴族を育てたとすれば、戦後の平和と利己主義の時代は、逆に、精神的奴隷を育ててきたのである。奴隷に、いきなり貴族になれといっても、その言葉は通じない。

いささか逆説的ないいかたになってしまったが、ついでにいえば、貴族と奴隷は、結局は、同じ古代国家――ある種の社会的な意識構造が、生みだすものである。戦中世代と戦後世代の断絶は、この構造の底までおりることによって、越えられるべきであったのだ。

近代社会は、みずからの内部につねに激動をよびさますことで、発展をつづけてきた。戦争も、平常時の激動の大がかりな噴出であり、その本質に変わりはない。たしかに社会的な激動は、個々の人間の精神形成の時期によって、異なった影響をあたえる。だから人びとの基礎経験は、世代によって異質なものにならざるをえない。現代社会の特徴は、各世代の基礎経験の異質性にあるともいえる。

だが、この世代の異質性は、同じ近代社会の産物なのである。現代管理社会は、人びとを内面からむしばみながら、人びとにその病状を意識させない。この現在の状況は、戦中派が精神を形成させていたときの状況と、どこか似てはいないか。現代の若者が、知らずして自分自身の抑圧に加担しているように、戦前、戦中の若者は、知らずして自分を加害者にしたてていった。

戦中派に欠けていたのは、異質な世代的体験を相対化する視点であり、断絶の底に流れるものを見抜く目であった。そこに深く根拠をおろしていたなら、民族の体験を無にしない現代思想を、構築することができたであろう。あるいは、それはなお、戦争体験が今日に残した課題であるというべきだろうか。

（一九七二年八月）

「虚妄の思想」を垣間見る——被支配者の無限の妄想の群

戦後思想は虚妄であった。だが虚妄とは、戦後思想家にとって、「賭ける」に値するものであった。だから、虚妄であったといっても、少しも戦後思想を批判したことにはならない。ばあいによっては、みずからの無思想性を暴露するような羽目におちいる。

戦後思想を虚妄であったと論断する仕方は、いくらもあろう。いちばん手っ取り早いのは、たとえば最近流行の構造主義に乗っかって、戦後思想の近代主義的発想法——とりわけ主体と客体、理性と情念、個と全体、進歩と頽廃等々の二分法的発想——を槍玉に挙げる遣り方である。この二分法は、究極的には価値と反価値の二分割であり、それぞれの項の価値の方を組み合わせていけば、ヨーロッパ近代の理念の体系ができあがる。

構造主義は、そのような近代の価値体系——理念的で合理的な、つまりはロゴス的な価値体系——にたいして、現実の深層に横たわる土俗的で根源的な、したがって非ロゴス的な価値体系を読みとり、そのことによって近代的な価値体系の根本的な変革を企てているのだという。

だが、そのような構造主義への「乗っかり」は、やはりむなしい。理念の虚妄性に対する根源の現実性、あるいは二分割の合理性に対する重層的構造の現実性という対置も、いぜんとしてロゴスのなかにある。だからこそ、それは「普遍的な科学」でもありうるのだと主張する。だがこの科学性は、近代の科学性にたいして、はるかに分が悪い。

構造主義者は、少なくともおのれを近代に対置しようとするかぎり、理念の虚妄性にではなく、根源的な、いいかえれば覆われてはいるが実在の非ロゴス的価値体系に拠らねばならないだろう。したがって彼がもし、構造主義の虚妄に賭けるといえば、みずからの根拠としての実在性を見捨てることになり、自分を否定することになる。逆に、構造の実在性に賭けるとすれば、彼はみずからの読解の科学性を見捨てねばならないだろう。いいかえれば、ヨーロッパ産のものでも輸入しうるというロゴスの普遍性は、一種の方便になり、口実にすぎないものになる。いずれにせよ、人は主体性なしに虚妄に賭けることもできなければ、おのれを口実に賭けることもできない。

ところで、戦後思想の虚妄もまた、いささか逆説めくが、現実に従属している。虚妄に「賭ける」という信念は、虚妄は現実化されうる——思想が大衆をつかむとき、それは現実的な力になる——という考えを支えにしているからだ。そしてこの考えは、マルクス主義をふくめて西洋の近代思想と、その一支店である日本の戦後思想のエネルギー源であった。だから問題の核心は、戦後思想が虚妄であったかどうかということではなく、その虚妄が、大衆をつかむためにあるもの、したがってまた現実界に奉仕するものであったということのほうにある。

思想が大衆をつかむとき、その表現・受容の過程にあるのは、知る者から知らざる者への指導のコミュニケーションである。この場合、知らざる者は表現者ではない。だから、知る者は、いわば無限責任を引き受けることになる。そしてこの無限責任は、知る行為へはね返り、その性格を規定する。知る者は、まちがうことのない者であるだけでなく、知らざる者たちの代弁者、その無限の群れの真の欲求、真の行動、真の存在の解読者であり審判者であらねばならない。その役割を放棄すれば、彼の思想は大衆をつかむことができないだろう。だからまた、知る者の側の自信の喪失、あるいは知ることから支配することへの行動目標の転位は、周知のような「大衆追随」や「無責任体制」としてあらわれてくる。むろんこれらは頽落形態ではあるが、無限責任がすでにその頽落形態を醸成する温床になっているわけだ。そして無限責任とは、いいかえれば、指導者集団の相互了解、一致、一体化によって確認され認証される科学の普遍性であり、唯物弁証法の真理性のことなのである。

吉本の「自立の思想」と鶴見の「不定形の思想」は、いずれもそのような無限責任とその頽落形態に対する反措定であったということができる。前者は、戦後思想の虚妄を成り立たせている原理、つまり現実の「ためにある」思想、現実に奉仕する思想からの自立であり、後者は、群れの一人としての表現者、相対的な表現者による無限責任の拒否と、その解体であった。

この二つの反措定をおいてみれば、戦後思想の虚妄の質が、より明瞭になるだろう。それは一方では、近代リアリズム小説の虚構性と同じ質のものであり、他方では、芸術作品としての絶対性、ベンヤミンのいう「アウラ」をそなえていたわけだ。だが一方では、カフカやベケットの妄想が、リアリズム小説の虚偽（リアリズムの口実性）をあらわにし、他方では、映画や写真が大衆の表現への参加を促した。現実描写が一つの口実になり、複製技術によって、「アウラ」が消え去りつつある今、思想もまた、芸術と同じように新しい局面をむかえている。思想もまた、芸術と同じように表現・受容の過程を抜きにしては成立せず、知ることは、人と人との「間」にあるもの——言語をふくめたすべての媒介項——を通じてしか、成立しえないからである。

ここでようやく、戦後思想の虚妄に対置しうる「虚妄の思想」が垣間見られる。それは、現実世界を支配し大衆を支配する科学的予言者たちの妄想に対峙する、支配されてきた者たちの妄想であり、現実世界からの脱出を願望しながら、そのなかで生きていかねばならない無限の群れの妄想であるだろう。表現・受容の過程が指導のコミュニケーションではなく、したがって人と人との「間」にあるものが、宣伝と煽動の道具ではなくなるとき、そのときはじめて私たちは、本当に戦後思想は虚妄であったといえるようになるのではなかろうか。

（『週刊読書人』一九七四年七月二二日）

Ⅲ　書評

「不定形の思想」と行動と——戦後思想の隠れた謎の半面

鶴見俊輔著作集　思想Ⅰ、Ⅱ（筑摩書房）

鶴見俊輔（あえて敬称を略す）ほどとらえにくい思想家はいない。みずから「不定形の思想」をなのる。形の定まらぬものを、どうすればとらえられるか。それで、比喩でこの書評を始める。

思想家にも「くわずぎらい」というのがある。中身を味わわずに、食う前から食えたものではないと思い込んでいる。ホテル式の定食しか食わないというのがいる。フルコースだから、当人に偏食の意識がない。自分の慣れ親しんできたものしか食わないというのもいる。こちらの方は、自分の偏食を認めることが多い。だが自分の偏食に一家言があって、人の意見にあまり耳をかさない。フルコース型偏食から自己流型偏食へ。これは、戦後思想史の流れの指標になろう。

戦後日本の思想的食生活は、まずフルコースにあこがれ、そしてときどき自己流の一家言に耳を傾けながら、まかなわれてきた。庶民の毎日のおかずは、思想の領域に入らなかった。そして気がついたとき、庶民のおかずはスーパーで売られ、テレビで指導されるものになっていた。いまは庶民もまた、マスコミ型偏食におちいっている。

そのような思想的食生活の中に『著作集』（既刊二冊）をおいてみれば、おのずからその意味が浮かんでこよう。鶴見は「くわずぎらい」ではない。戦後の偏食型思想に対して、たとえば新渡戸稲造の折衷主義思想や、庶民のおかず、「かるた」の思想をすすめてきた。

「不定形の思想」は、いうならば思想的食生活を豊かにする方法である。自身で語るようにそれは一種の「間にあわせ」の方法だが、実際の食生活をふくめて、人間の文化は「間にあわせ」で成り立っている。人間の生きざまがつねに「間」をつくり、「間」に合わせることを求めている。そこに、あまり表立っては語られない鶴見的「世界観」があるのではないか。「くわずぎらい」からの解放は「間に合わせ」に生きる者の信条である。

この信条は、「通《つう》」や「いかものぐい」の信条と、少しちがう。こちらの方は「くわずぎらい」を軽蔑している。鶴見にはそれがない。とりわけ自己流型偏食思想の言い分を、当人以上によく理解している。そこのところが重要だと思われるので、話をしぼろう。

『思想Ⅱ』の方に「偏食について」という文章がある。短くて便利なので、これをテキストに使う。短いといっても、そこにはいくつもの思想的な問題がたたきこまれている。

（1）まずそこでは、偏見が「社会的偏見」と「個人的偏見」とに区別されている。前者は社会によってうえつけられ一つの社会に共通してあるものであり、後者はそれぞれの個人の生活史に根ざして育ってきたものである。前者の方は、「言葉のお守り的使用法」で指摘されているようなシンボル群によって示され、後者の方は、自己流型偏食家が自分の好みをよりどころにしてつくりだすものともいえよう。後者は前者に対して批判的に働きかける。

なぜか。以下は私のコメントである。個人的な「くわずぎらい」は、いわば心因性のアレルギー反応である。表面的な意識の上では消えてしまった過去の体験が、理由のない拒絶反応としてあらわれてくる。この過去の体験は、社会的・文化的状況のなかでのシンボル体験であって、そのシンボルは、そのときの社会的・文化的状況のなかでの意味づけを、当人のもとでにないつづける。だから同じシンボルや類似のシンボルが与えられたとき、それに対しておこる拒絶反応は、シンボルそのものの拒否であるより、それと結びついた意味への、あるいはそう意味づけた状況への反応である。だからこの反応は、すでに一つの批判ではあるが、それ自身としては受動的なものでしかありえない。一人一人の個人的偏見は、そのままでは社会的偏見の潮流に押しつぶされていく。押しつぶされないために、「個人的キー・シンボルの確立がどうしても必要だ」。つまり自己流型偏食主義は、鶴見思想の一つの核と考えてよい。（ちなみにこの文章が書かれたのは一九五七年である）。

（2）だが鶴見は、「偏見はつねにより自由かつより合理的な立場から批判されることを必要とする」と付け加える。批判の批判。そのことは、この文章の始めにあるディッケンズの小説の話と、深いところで関連している。ディッケンズの副主人公たちは、それぞれ根づよい偏見（個人的偏見）に生活の原理を見出し、そのことによって生き生きした存在になっている。

コメント。「偏見」という言葉は、日常的にはむろんケナシコトバである。ケナシコトバはそれ自体がすでに一つの社会的偏見によってささえられている。私たちはこの偏見を共有している。ディッケンズでの小説の話は、「偏見」という言葉についての私たちの偏見をぐらつかせる。これはレトリックの問題だが、そこには重大な問題がふくまれている。鶴見は自分の戦後の普遍主義的、論理実証主義的な傾向について、自分で自己批判的に語っている（「素材と方法」——日高氏の解説参照）。方法の自由さは、素材に対する外在性にひとしい。批判の批判についての批判。けれども、いまあげたレトリックは、外在的な方法の具体的実践である。この具体性が、「合理的な立場からの批判」をたんなる付け足しに終わらせない。それを書かせた動機は深い。

（3）批判の批判についての批判は、ここでは次のような形をとる。「しかし、だからといって、偏見なしの状態を理想として、偏見をもつことを恐れているのでは、責任をもって行動することからなるべくにげるという結果になってしまう」。

コメント。行動する必要が、「個人的偏見」を要請する。あるいは「個人的偏見」は生きていることの徴表であるといった方がよいだろう。だが、同じ文章の中で鶴見は、「社会的偏見」に対して自分の個人的キー・シンボル（偏見）を純粋に培養してきたのは、埴谷雄高であるともいう。そのことは『思想Ｉ』の「転向研究」にさらに詳しく説かれている。埴谷の思想的生産性は、「転向過程のまっただなかにすわりこむことをとおして、転向以前の思想（共産主義）にたいする批判を体系化する」ことにある。埴谷の思想は「偉大なる歩行者の思想に出会うことを待っている坐者の思想」である。この評言は、行動する必要が「個人的偏見」を要請するという主張と、矛盾しない。それも役割分担（歩くことと坐ること）としてではなく、ある種の感情的同化、あるいはむしろ態度的同化とでもいうべきものによって結ばれている。

とはいえ鶴見は、戦後のある時点で坐ることよりも歩くことの方を選んだようである。自分の個人的キー・シンボルをつくるにさいしても、純粋な培養より混ぜ合わせによる発酵の方を選んだ。自分の観念の世界を構築することよりも、むしろ自分以外の思想世界を食い歩き、食い歩いてきた話を私たちに伝えることに、力を傾けてきた。この選択に、鶴見思想の隠された謎がある。そしてその謎は、戦後思想の隠された謎の反面でもあろう。私たちはまだ、戦後思想の中での精神の葛藤をよく知らないでいる。

個人的偏見、普遍と合理への志向、坐者の態度、この三つは論理的につながらないまま、鶴見思想の底の方で、一つの「原思想」である「あいまい領域」を形づくっている。その「原思想」が、表立った「不定形の思想」と行動をささえているのではないか。さらにその間に、はじめに述べた「間にあわせ」の世界観をおいてみると、不定形の思想的根拠がおぼろげながら見えてくるようだ。そして、そのような鶴見の思想的根拠を、吉本の「自立の思想的拠点」に対置するとき、戦後思想、とりわけ五、六〇年代の思想的葛藤の意味が、私たちの前により明瞭に照らし出されてくるのではなかろうか。

(『週刊読書人』一九七五年九月一五日)

「思想の科学」の30年——啓蒙の知識から生と関わる知識へ

カフカの短編に、『新弁護士』というのがある。弁護士の名前は、ドクトル・ブツェファルス。ブツェファルスとは、かの有名なアレクサンダー大王の愛馬の名であって、つまりこの新弁護士は、かつては大王を乗せて、戦場をかけめぐっていたのだが、今は自由になり、「腹の両わきを乗り手の股でしめつけられることもなく、しずかなランプの光のもと」で、古い法典類のページを読み、かつ繰っているという。

この寓話でカフカは何を言おうとしたのだろう。戦場よりも、平和で静かな知的世界に幸せがある、などといった単純な話ではおそらくあるまい。新弁護士は、裁判所の玄関の大階段を、足を高くあげてカツカツと踏みのぼっていったそうであり、その様子を、競馬の常連である裁判所の用務員氏が、驚嘆の眼差しで見ていたという。おそらく大王を背に乗せていたときよりも、ブツェファルスは、今のほうがもっと闊達に、気力も充溢して生きているのであろう。

実は私がこの寓話を思い出したのは、『思想の科学』の創刊三十周年記念号を読みおえたときであった。あまりに突飛すぎる連想で、私自身とまどっているのだが、あるいは私の読後の印象が、馬好きの用務員氏の驚きに似ていたのかもしれない。むろん用務員氏は、新弁護士が大王の愛馬であったことなど知るよしもなく、一方『思想の科学』の素性はよく知られている。だから、これは比較にも何もならないようなのだが、この寓話、いっかな頭を離れてくれないのである。

カフカはこう言う——以前は大王の剣が、人びとにどこへ向かって進軍すべきかを指し示していたけれど、今ではだれもその方向を示さない。もちろん今でも剣をもっている者は多いが、みんな、ただむやみにそれを振りまわすので、「その指示にしたがおうとすれば、眼は混乱するばかりである」。こんな時代だからこそ、ブツェファルスは歓迎に値するのだ——と。

とすれば、ブツェファルスとは知識そのものであるのかもしれない。今でもある種の人びとは、知識に乗っかって、やたらに剣を振りまわしたり、あるいは指揮棒をふりあげたりしたがっている。剣を、旗やマイクにかえて平和的な装いをこらしても、政治の論理が、埴谷雄高氏の有名な格言、「やつは敵だ。敵を殺せ」に集約されることは、今も変わりない。科学の論理にしても、ただ科学だけが現実を合理的に判断し、人びとに未来を指し示すことができるのだと言い張れば、それがただちに政治の論理と同一のものになることは、今ではもうよく知られている。だからこそ知識は、自分の背中に、大王であれ革命的指導者であれ学者であれ、人を乗せることに我慢がならなくなったのだろう。人を乗せないためにはまず、人が乗れないような知識のあり方が求められねばならない。『思想の科学』の三十年は、そのような探究の、というよりも手さぐりの歩みであったようだ。雑誌の名前からしても、『思想の科学』を始めた人たちは、当初は思想をやはり乗馬とみなしていたのであろう。あるいはろばとみなしていたと言うほうが正確かもしれないが、機能的にはたいして変わりない。とにかくプラグマチズムの旗が高く掲げられていたのだから。けれどもこの旗は、六〇年前後の嵐のなかでぼろぼろになったのか、いつのまにか消えていて、乗り手も学者や知的職業人から、ふつうの生活者の方に主体が移っていった。

それとともに、乗り手とろばが同一化してくる。あるいは逆に乗り手がろばを支え、背負うようになる。大衆の日常的思想を評価するといっても、それを科学的、普遍的な方法で記述することよりも、むしろ文学的なスタイルで、大衆の一人としての自分の生きざまを表現することに、知識の意味が求められる。新しい知識とは、ライフ・スタイルであるという主張になる。

この主張は、一方では、具体性の尊重や多元的アプローチといった積極性ゆえに一般に高く評価されながらも、他方では、発想が個人的、地域的であり、全体としてばらばらで、何をしようとしているのかわからないといった批難にさらされてもきた。けれども、この雑ぱくさという弱点は、知識を役に立つ乗り物と考えている人びとの側から見た弱さであって、指導者をふり落とそうとしている知識の側から見れば、かえって強さに転化する要素であるようだ。

生活者が同時に表現者であるかぎり、大衆の知識、日常生活のなかの思想は、求めたり集めたりする対象ではなくて、それこそが自分自身であり、自分たちの主体性そのものだということになる。そのような表現者にとっては、知識は人に伝えて人を啓蒙する手段ではなく、たがいの人間的な関わりの状態そのものである。そこでは、おたがいがばらばらであるというまさにそのことが、鶴見俊輔氏のいうような新しい媒介概念を必要とし、さらには新しい文法を生みだすことが必要になってくる。この文法は、ライフ・スタイルとしてそれぞれ別個の知識と知識を関係づけるものであるゆえに、一人一人の生きざまをも関係づけていくものになる。大衆を啓蒙する知識から、生と生の関わりである知識へ。『思想の科学』の三十年が語っているのは、そのような知識の転換の可能性であるようだ。

利用されるもの、人の道具であるものに、生きる喜びはない。大王の束縛から解放されたブツェファルスのように、指導者の軛から解き放たれた知識は、今までにもましてカツカツと響きよく、大階段を登っていくのではなかろうか。

（『読売新聞』一九七六年五月一三日）

戦後の渦のなかの久野収

『久野収対話集』（全四巻）人文書院

久野収氏には、フランス百科全書派的な啓蒙思想家のイメージがある。同じ十八世紀でも彼らより野蛮なルソーを愛してきたわたしには、氏はこれまで、どことなくなじみがたい人であった。

この半年ほど、わたしは『久野収対話集』四巻を、ひまをみつけては読んできた。そしてわたしは、自分のイメージを少し訂正しなければならないと思うようになった。久野氏のものは、論文を読むより話を聞くほうが面白いという説がある。たしかに「対話」のほうがなじみやすいが、そのせいだけでもない。久野氏自身が、戦後史の渦の中で少しずつ変わられたのではないか、そんな気がしたのである。

そのことがもっとも端的にあらわれているのは、七二年の「平和運動の原点」(二巻)であろう。そのなかで氏は自身の立場を説明して、「市民のレジスタンスとしての平和運動という視点と、平和共存の視点とが違和的な状態でまじっている」という。そのまじりかたが問題なのだ。「平和共存の視点」は、それだけでは「国家間、体制間の共存とどのようにしてはかるかという、非常に大きな大壁画的構想」になる。だからそれに加えて平和運動の視点が必要になるわけだが、その運動が政党と知識人集団の「大キャンペーン」であれば、これは既成左翼の革新運動のタイプになる。それにあきたらない市民の自発的な運動が六〇年以後あらわれてくるが、久野氏の立場が後者のほうにあるのはいうまでもない。

けれども同じ市民主義の立場といっても、「平和共存の視点」との関係でいえば、氏の立場は六〇年以前と以後とで微妙に異なる。たとえば五九年の「戦争・思想・抵抗」(四巻)にこういう発言がある。戦前・戦中にも市民主義の抵抗様式があったが、それは前衛への「もたれかかり」であった。そうではなくて市民が「自分自身で自分の世界史像をもち、自分の国民像を考えて」行動していれば、何ごとかをなしえたのではないか。――これは、市民を知識人のレヴェルにまで引きあげようという考え方だ。あるいは市民主義と専門家主義によって強化しようとする考え方といってよい。

ところが現在の氏は、「政府がやる世界大の思考、つまり国際社会での政策決定に対して、等身大の思考をする市民が、それぞれ違った動機、情念、実感でもって反対し、抵抗していくという方向にならざるをえない」という。もはや世界史像は問題ではない。自分なりの動機、情念、実感でいこうというのである。市民運動の効率という点からいえば、これは明らかに後退だろう。けれども氏はそのことを少しも後退だと考えていない。

また同じころの「人間のための科学とは何か」（一巻）では、専門的知識人は、専門以外のところで素人であるだけでなく、専門的知識とは何かという点についても素人であるという。その素人性によって学問の変革を考えていこうとするのだが、いずれのばあいも発想の根拠が素人のほうへ市民のレヴェルへおりてきているのである。

いささか図式的な対比になってしまったが、わたしが問題にしたいのは――というよりもわたし自身どう考えてよいかわからないのは――市民のレヴェル、素人の立場におりたったとき、その立場と「平和共存の視点」とを、どうまじりあわせればよいかという点にある。権力の側の「世界大の思考」に対抗するためには、少なくとも市民の側の様々な「等身大」の思考を、国家に吸い寄せられないだけの力のあるものにしなければならないだろう。その力の源泉はどこにあるのか？

たしかに民衆と民衆の国内的・国際的な横のつながりは重要だろう。そのためにはまず民衆は自立していなければならないが、現代の国家は、すでに個々の「等身大の状況づけられた肉体的思考」を、内面から管理しはじめているのである。権力から自立するためには、市民はやはり「自分の世界史像」をもたねばならないのだろうか？　だがそれはふたたび「大壁画構想」を押しつけることになりはしないか。氏の「対話」は、まだまだ続けてもらわねばならない。

（『日本読書新聞』一九七三年七月一六日）

解題

三宅広明

本書は竹内成明の、思想をコミュニケーションとして捉える論文と思想的時評を集めたものである。竹内はフランスを中心とする西洋思想の研究者としてスタートし、思想や文学における言語の意味についての研究に向かっていくが、その過程で言語の起源に対する関心を深め、そこから人間の行動や思想の根源についての思索を積みかさねていった。その旺盛な問題意識と関心は既成の学問の枠を超えて広がり、それが五冊の単行本としてまとめられている。それぞれ語り口は違うけれど、そこに共通しているのは人間の思想を形成するコミュニケーションのあり方とメディアの意味についての探求であり、そこから人間の歴史と現在を考えること、とくに権力を持つ者と持たない者、支配する者とされる者、あるいは知識人と庶民の関わりについて考えていこうとしているところである。一般に支配する者は教える者であり、支配される者は教えられる者であるけれど、そこで使われる言葉や記号とは別に、人と人相互の関わりのなかに生まれる共感や反発、あるいは無視の身振りや、交流そのもののなかからもう一つの言葉や記号が生成されることに注目し、それをコミュニケーションの問題として考えている。本書に収められたアダム・スミスとルソーの言語起源論についての研究や、プルードンのジャーナリズム活動、中井正一の意味論などに関する論考は、そのような竹内の問題意識の理論的な成果であり、第四章「対話の思想」のエッセイは竹内思想への導きということができよう。

学問としてのコミュニケーション学は、情報の送り手と受け手の科学として、あるいは個別的な状況の分析と解釈としては多くの研究を積み重ねているけれど、本書のように思想のあり方とその根源をコミュニケーションとして読み解くものは少ない。鶴見俊輔のルソーとマルクスのコミュニケーション論や、本書第一章の論文を含む『コミュニケーション思想史』などの仕事を受け継ぐものとして、本書を位置づけることができるように思われる。

収録した文の初出とそれぞれの概要をあげておく。

なぜ、いまさら、「思想」なのか？——はじめに（二〇〇八年六月、未発表）

第一章　思想のコミュニケーション

商業的世界のコミュニケーション形態とアダム・スミス（鶴見俊輔編『コミュニケーション思想史』一九七三年、研究社）

社会主義運動のコミュニケーション論（同上）

プルードンのコミュニケーション論（河野健二編『プルードン研究』一九七四年、岩波書店）

帝国主義への抵抗とガンジーのコミュニケーション論（前掲『コミュニケーション思想史』）

「意味の拡延方向」についてのノート（『評論・社会科学』一二号、一九七七年、同志社大学）

第二章　批判的記号論——ルソーの『言語起源論』とデリダの『グラマトロジーについて』（『評論・社会科学』33〜35号、一九八七〜一九八八年、同志社大学）

第三章　メディアの政治学・序説（『評論・社会科学』三六、三七、三九、四一号、一九八八〜一九九一年、同志社大学）全十二章のうち、十一章「媒介の諸相」、十二章「メディアの力

量」を抜粋

第四章　対話の思想

Ⅰ「方位」（『日本読書新聞』一九七四年一月〜六月）

国学者の言語意識の根源（一月）

歴史についての問題意識　庶民もまた歴史を相対化する（二月）

腐敗した革命に対する革命的な問い（三月）

想像力と死者との対話（四月）

預言者たちの方向感覚（五月）

自然と農民の歴史知識（六月）

Ⅱ「思潮」（『読売新聞』）

科学の進歩と秩序（一九七四年八月二四日）

伝統と革新をめぐって（一九七四年十月二六日）

コントンの世界（一九七四年十二月二五日）

ものを見えさせる逆説のすすめ（一九七五年二月二一日）

言語への罪意識（一九七五年四月二三日）

個に生贄求める集団（一九七五年六月二一日）

戦後思想と大衆（一九七五年八月二五日）

三木清と現代のパラドックス（一九七五年十月二三日）

逆説の復権（一九七五年十二月二〇日）

戦争体験の思想化（『読売新聞』一九七二年八月）
「虚妄の思想」を垣間見る（『週刊読書人』一九七四年七月二二日）
Ⅲ　書評
「不定形の思想」と行動と（『週刊読書人』一九七五年九月一五日）
「思想の科学」の三〇年（『読売新聞』一九七六年五月一三日）
戦後の渦の中の久野収（『日本読書新聞』一九七三年七月一六日）

第一章の「商業的世界のコミュニケーション形態とアダム・スミス」では、資本主義社会を生みだし支えるコミュニケーションの思想をアダム・スミスの『国富論』に探り、その言語起源論を、ルソーのそれと対比しながら論じていく。人間の抽象化能力とそれに基づくシンボル行為が経済、倫理、言語という人間の社会生活の基本を構成すること、そしてそれが現実の社会においては自分の利益を目的とする自発的行為、つまり需要と供給の利己的な行為となり結局は「見えざる手」によって社会全体を進歩させ調和させるというスミスの思想が近代社会の理念をつくりだしたこと。しかしそのようにして中世の支配・服従の関係を取り除いたはずなのに、その需要と供給の自由な関係自体が、ふたたび新たな支配・服従関係をうみだすという構造をもっていたことを、当事者間の直接的な交流をコミュニケーションの原理とするルソーとの比較で論じている。

「社会主義運動のコミュニケーション論」は、資本主義社会の構造的な頽廃を変革しようとする社会主義実現のための革命的コミュニケーションのあり方を、前衛による指導的なコミュニケーションに求めるマルクスと、労働者の自発的な運動の中に求めようとしたプルードンの対比を通して論じている。マルクスは、階級社会においてコミュニケーションは物質的な生産と交通形態によって制約されていると考え、互いに異なる人びとの意見の自由な交換を革命的コミュニケーションの第一の条件と考えるプルードンの思想を、ブルジョワ階級にのみ与えられた特権にすぎないと批判する。現実には社会主義国家の多くが破綻したが、ふたりの革命的コミュニケーションに対する指導・被指導の考え方の違いは、コミュニケーション原理の問題として今日もそのまま残っていることを考えさせられる。

「プルードンのコミュニケーション論」は、フランス革命以降の大きな社会変動にみまわれた一九世紀前半のフランスにおいて、プルードンが次々に繰り出していった新聞というメディアを手がかりに、コミュニケーションのあり方を検討している。民衆が自発的に社会変革を実現するための呼びかけの実践であるプルードンのジャーナリズム活動は、その状況と格闘するあり方自体が新聞の限界と可能性を示すものであることを具体的な論説を紹介しながら示し、民衆の「集合理性」に希望を託するプルードンの社会思想の意味について論じている。

「帝国主義への抵抗とガンジーのコミュニケーション論」は、革命における暴力という一方的コミュニケーションに対する反措定の試みをガンジーの思想と実践に探っている。誰の中にもそれぞれ異なる真実がありうること、自己の真実のみを絶対の真実に結びつけるところに精神の全体主義が始まるという思想は、資本主義や社会主義の中にある近代主義的な思惟に対するもう一つのあり方を示している。

「『意味の拡延方向』についてのノート」は、コミュニケーションの基本である「発言」と「聴取」の間に生まれる意味は、ゲームとしての性格があることを中井正一の「意味の拡延方向並にその悲劇性」に探った論考であり、竹内敏晴『ことばが劈かれるとき』の子どもの発話を手がかりに、言語の意味は素材やコンテキストだけではなく、「聞き手」も意味を構成する要素であることに注目している。なお竹内成明は、中井正一のコミュニケーション思想について、その可能性に強くひかれていて、『闊達な愚者』の中で中井の「委員会の論理」を批判的相互行為という観点から綿密に検討している。これらの文章から、竹内の中に中井正一の思想を継承しようとする強い問題意識があることを感じさせられる。

第二章は、ルソーの『言語起源論』と、その批判的検討を含むデリダの『グラマトロジーについて』を読み解くことによって、言語の起源と変化を、音楽や絵画を含む記号の起源と変化として捉え、それが社会の起源と変化につながることを論じている。思想とは何か、歴史とは何か、という根源的な問題意識のもとに、恣意性と差異を基本とする構造主義的な現代思想に対して、「限界的コード」などによって具体的な一人ひとりの人間の関わり合いから生まれ、生成し、変動する言語を含む記号について探っていく。

「理性」をコードとする言語活動が国家を形成するが、同時にその「理性」が言葉から生命力を奪い「貧困と犯罪」をつくりだすというルソーの議論に、「差延」を記号の生成の源泉として、ロゴス中心主義を批判するデリダの議論を重ねながら、人間の記号活動、すなわちコミュニケーションの思想的根拠について正面から論じている。竹内の問題意識が凝縮された重要な論文といえる。

第三章は、メディアの変質の意味について論じている。かつては暮らしの世界と想像世界が身体を通して語られる昔話や世間話として生きていたのが、だんだん理性の言語が社会を支配するようになって、コミュニケーションの形が変わってきている。媒介としてのメディアも、一人の人間の身体から、政治経済的に支配する神殿や教会に移り、近代からは学習の制度化である学校と、コミュニケーションの制度化であるマスメディアにとって代わられ、その学校とマスメディアが、生産と消費の制度化である市場とともに社会全体を成り立たせる基本的なシステムになっている。たしかに教育とジャーナリズムは、都市の言葉を普及させ文明を推進してきたけれど、その結果、今日では学校は人が人となる場であるという、マスメディアは人とともに生きるコミュニケーションの場であるという本来の基本的な働きができにくくなっているのではないかという問題を考察している。

「メディアの政治学・序説」は、その後にまとめられた『顔のない権力』の理論的な枠組みになっているが、ここにとり上げた十一章、十二章はその著作の中ではあまり触れられていない。この章を、『顔のない権力』と重ねて読むと竹内の問題意識がより鮮明に理解できるように思われる。

第四章の文章は、論壇時評の形で、一九七〇年代の中ごろに発表された論文から読み取れる思想の動きを論じたものだが、竹内自身の問題意識が端的にうかがえるものとなっていて興味深い。科学や理性に頼る近代的な思惟、そこから生まれる指導する者とされる者の分化への違和感と、それに対抗する方向への模索などが研ぎ澄まされた文章になっていて、第一章から第三章への案内としても読める作品である。

竹内成明は、思想は自分と離れた対象として論ずるものではなく、自分の生き方を含めた人間のありかたを求めるものとして考えていた。たとえば著書の『闊達な愚者——相互性の中の主体』は、「関わりと離脱」「実践と戯れ」「生きている理性」「集団的主体と疎外」「批判的相互行為の可能性」という章立てからなっていて、知識人と大衆の問題だけではなく、人間のコミュニケーション行為全体を論じたものであるが、自らもそのような「闊達な愚者」としてのあり方を誠実に探り続けていた。

一九八三年からは『ぐしゃだより』という手書きのミニコミを発行して、自分の周りの日常を飾ることなく記している。途中から手書きがワープロにかわり、二〇〇四年からホームページにかわっていくけれど、年に数回、時には数年途切れることはあったが、亡くなる直前までずっと発行していた。親の介護の様子や山歩きなど日常の日々を淡々と面白がりながら記していたが、その普段の生活の中にこそ大切なことがあるのだということを感じさせられるもので、それを読むと思わず話しかけたくなるような対話の触媒のように感じられた。もちろんプルードンのような逆説などのレトリックによる「人民」への働きかけではなく、前田俊彦の『瓢鰻亭通信』や中井正一の『土曜日』の巻頭言のように格調高いものではないけれど、少し松下竜一の『草の根通信』に連載されていた「ずいひつ」に近い感じのもので、毎回読むのが楽しみだった。本書に収められた「批判的記号論」や「メディアの政治学・序説」のような理論的な仕事をしながら、同時に『ぐしゃだより』を大切に出し続けるところに竹内の問題意識があらわれている。

また、私的な話になるが、私たち編者が学生の時から、それは一九七〇年代の前半だったが、研究会や大学のゼミのあとはそのまま酒場に繰り出して議論を続けるのが通例であったし、行きつけの飲み屋でカウンターの中に入ってうれしそうに酒屋のオヤジの役をやっていたこともある。ついには自宅に囲炉裏を作り、自分で鍋をこしらえて酒を飲みながら楽しそうに話すのが常だった。酒宴を楽しむのはもっと前、一九六七年に学術調査でスペインのバスクに行ったときに村の祭りにぶつかって、若者たちと酒と踊りの乱痴気騒ぎで意識をなくしたことを『素顔のヨーロッパ』に書いているが、ルソーが「南の言語」の起源は身振りと声の競演が祭の中でうまれると述べていたことへの共感もあったのかもしれない。無知で先の見えない私たちの愚かな話を面白がりながら酒を楽しむ姿に、私たちはいつも励まされ、大人になるのもいいものだと思ったものだ。ちょうどそのころに書かれた文章がここに収められているわけで、当時は楽しい酒宴と発表される論文の広がりと深さのギャップに驚かされながら、同時にその底に通底する竹内の強い意志と価値観に圧倒される思いで読んでいたのを思いだす。一九九〇年代の後半からはエチオピアやミャンマーを何度も旅行するようになった。その経験の中から、とくにミャンマーへの旅で感じたこと考えたことをベンヤミンの「遊歩者」を手がかりに『旅人のベンヤミン論——「根源の歴史」を求めて——』としてまとめている。

竹内成明は、まだまだ自分の仕事への意欲を持ちつづけながら二〇一三年三月一一日に亡くなった。

竹内成明の遺した主な著作は次の通りである。

【単著】
『戦後思想への視角——主体と言語』(筑摩書房、一九七二年)
『闊達な愚者——相互性の中の主体』(れんが書房新社、一九八〇年)
『コミュニケーション物語』(人文書院、一九八六年)
『顔のない権力——コミュニケーションの政治学』(れんが書房新社、一九九四年)
『知識論のための覚書』(れんが書房新社、一九九七年)。

【共著】
『素顔のヨーロッパ』(桑原武夫編、朝日選書一二二、一九七八年)

【翻訳】
『動詞人間学』(作田啓一・井上俊・橋本峰雄・多田道太郎との共著、講談社新書、一九七五年)

フリードマン『力と知恵』上・下（中岡哲郎との共訳、人文書院、一九七三年）
トロツキー『レーニン』（松田道雄との共訳、河出書房、一九八〇年）
ルソー「言語起源論」（白水社、全集一九八〇年、選集一九八六年）

【主要論文】

「美による抵抗」（多田道太郎との共同執筆、河野健二編『思想の歴史9　マルクスと社会主義者』一九六六年、平凡社）
「吉本隆明の言語論批判——意味と価値」（『思想の科学』一九六六年六月号）
「小説の言語——文体の問題」（『文学』一九六七年二月号、岩波書店）
「文学の言語」（桑原武夫編『文学理論の研究』一九六七年一二月、岩波書店）
「想像界と現実界の媒介項」（『文学』一九六八年九月号、岩波書店）
「散文の構造・序説（1）」（『人文学報　第二八号』一九六九年三月、京都大学人文研究所）
「ルソーの学問批判」（桑原武夫編『ルソー論集』一九七〇年八月、岩波書店）
「エクリチュールについてのノート——散文の構造・序説（2）」（『人文学報　第三一号』一九七一年三月、京都大学人文研究所）
「言語における疎外と物象化の問題」（『思想』一九七二年二月号、岩波書店）
「現代言語論への批判」（『岩波講座　文学3　言語』一九七六年、岩波書店）
「旅行という消費」（『岩波講座　現代社会学二〇　仕事と遊びの社会学』一九九五年、岩波書店）

未発表の草稿：
『旅人のベンヤミン論——「根源の歴史」を求めて』Ⅰ旅　Ⅱ遥けさ　Ⅲイメージ　Ⅳ遊歩　Ⅴ

歴史

【個人通信】

『ぐしゃだより』（一九八〇年頃から、最初は手書きのコピー、ワープロで打ったものを郵送、後にパソコンのホームページ）

竹内成明の思い出を集めたものとして、渡辺潤と庭田茂吉が中心にまとめた『闊達な愚者――竹内成明先生追想集』（二〇一四年、私家本）がある。

（元甲南女子中学高等学校教員）

あとがき

庭田茂吉

最初に会った記憶は鮮明だが、最後に会った記憶はぼんやりしている。最初と最後の間には、四十年ほどの時間が流れている。近い過去が不分明で、遠い過去がむしろ生々しい。一九七三年秋に、竹内成明と初めて会った。初めて話した。それまで知っている誰とも異なるひとであった。二〇一三年初めに、最後に会った。最後に話した。これまで知っている先生と何ら変わったところはなかった。その時、ほぼ四十年という時間は竹内成明の顔と私の顔との間にあったはずだが、なかったかのようであった。死はすぐ近くまで来ていたはずだが、それと意識しないまま別れた。竹内成明は、この年の初春、二〇一三年三月一一日に亡くなった。

先生の死後、遺された文章のいくつかを見る機会に恵まれた。それらの文章を読みながら、改めて、先生によって考えられたことと考えられなかったことに魅きつけられた。竹内成明の仕事の過去と現在、そして書きつつあったことを考えた。残された、多くの論文や文章がある、何冊かの著作がある。いつか、それら全部を読まなければならない。まだ生々しさが残っているうちに。しかし、時間は残酷である。竹内成明は忘れられつつある。彼の本は消えつつある。本屋からは既に消えている。大学からも消えている。では、それはどこにあるのか。はたして、読者はいるのだろうか。

そんな中、大学以来の畏友三宅広明君の熱意に動かされて、竹内成明の遺された仕事を世の中に残したいという思いに駆られた。まずはまとまった遺稿として手元にあった、「旅人のベンヤミン論――根源の歴史を求めて」の出版を計画した。しかし、この計画は諸事情のもと断念せざるを得なかった。その後、当初の計画を変更し、活字になったもので単行本に収録されていないものを中心に著作を編むという案が浮上した。かくして、過去の資料や論文を集め、全体の構成を考え、解題を担当した、三宅広明君と、かつて、れんが書房新社で先生の三冊の著作、『闊達な愚者』(一九八〇年)、『顔のない権力――コミュニケーションの政治学』(一九九四年)、そして『知識論のための覚書』(一九九七年)を編集し出版の労を取った、鈴木誠さんとの共同作業が始まった。何よりも、三宅広明君の熱意と努力、そして鈴木誠さんの先生への思いと協力がなければ、この計画は実現しなかっただろう。

全体の構成ができあがり、改めて、先生の文章、「はじめに」を読み直した。ここにあったのは、離脱と関わりのひと、竹内成明の持続である。この文章は、二〇〇四年三月の同志社大学退職後に書かれている。自分の語りたいこととは何か。そこに向かって書かれている。新聞の記事で、たまたま見知らぬ老人の死を知る。同じ年頃のその老人の生と死に、自分自身の生と死が重なる。ほぼ同じ時代を生きてきたはずである。竹内成明は言う。「ぼんやりその人のことを考えている。考えていると不意に、その人に何かいわなければ、という思いにつきあげられる」。この「思い」とは何か。おそらく、竹内成明は、彼が身を置いていた世界の常識とは別に、それを「思想」と呼ぶだろう。しかし、「思想」という語はもはや死語なのではないか。この言葉は、ノスタルジーを喚起する或る世代の「おまじない」にすぎないのではないか。そんなことは重々承知のうえでの「思想」である。

見知らぬ老人の生と死と竹内成明の生と死とがなぜ重なるのか。彼は次のように言う。「ほだされ、あざむかれながら、わたしたち庶民のひとりひとりは、いま文明国家のもとで、とにもかくにも生きている。とにもかくにも賑々しく生きている。賑々しく生きてはいるけれど、ある日気がつけば、ひとり空漠のなかに放りだされているかもしれない」。この自覚、長年大学教員をつとめ、そこで生きてきた竹内成明が、そこで迷いと混乱と関わりと離脱を繰り返しながら、いつも自分をそこに置いて考えてきた、「庶民」としてのわたしという自覚、それは、思想というには、口幅ったい、面映い、居心地のわるい、生の恥辱としての思いであろう。それは、或る種の人々から見ると、或る種の大学人たちから見ると、「やつし」という擬態なのかもしれない。それゆえ、同志社大学を退職して名誉教授になった彼が、「わたしたち庶民のひとりひとり」という言い方をすることに、異和感をおぼえる人々がいるかもしれない。しかし、私はそうは見ない。なぜなら、彼は、比較としての高低ではなく、つねに「低き生」を生きてきたからである。つねにそこから語ろうとしてきたからである。ただし、語り得たかどうか、それは今は問わない。

それゆえ、関わりと離脱といっても、竹内成明の場合、それほど単純ではない。社会学者、井上俊に教えられたことがある。竹内成明がカンボジアで亡くなった石山幸基さんに寄せた、追悼文「手紙」の一節である。竹内成明は言う。「人と人との関係って、なんだろうなとこの頃よく思う。毎日のように、だれかと飲んで、しゃべっていた。それだけのつきあいだった、とは思わない。みんな面白い人たちだった。でも、もうどうでもよくなった。人が恋しくなくなったわけでもない。たくさんいらないという感じだ」。一九八二年十月二〇日発行の『石山幸基　未完の肖像』に収められた文章の一節である。祇園がよいをやめて、家の近所の「汚ない飲み屋」に時々顔を出す。今は、そこが居心地がいい。そのようなことを述べた後、先の文章が来る。そして、その文章の後でまた、彼は次のように言う。「いちど死にかけた人とてってい的につきあうことになって、生きることの実感が、少しわかってきた。いまぼくは、現在というか、今この時の自分の生身に、すごく執着している。すると、今が止まって、まわりの感じがぶ厚くなる。人との関係が、離れて向かいあうのではなく、その離れてる空間にもだれかがいて、息づいている。『動詞人間学』風にいうなら、『気』がうごいている。だから、たくさんは無理なのだ」。竹内成明の「コミュニケーションの思想」の秘密の場所がここにある。この「気」が動いている関係はあの定年後に書かれた「はじめに」の文章の中にも流れている。「はじめに」の文章の終わりの部分で、彼は次のように言う。「賑々しさのなかの空漠、たぶんそれが、ひとりぼっちで死んでいった老人とわたしが共有している場、この時代がつくりだした生の場なのではなかろうか」。この「賑々しさのなかの空漠」という「気の流れる」生の場、私はそこに竹内成明の「思想」の場を見る。そこに彼の「思い」の源泉を見る。そして、最後の最後に彼は次のように書く。「わたしが語りたいのは、そのような生の場である」。

言うまでもなく、この生の場こそ、彼が一貫して語り続けた思想の場所である。では、この賑々しさのなかの空漠の生の場から、彼は何を語ったのか。私たちに残された宿題である。

本当の最後になったが、出版事情が厳しいなか、今は亡き竹内成明の出版を引き受けていただいた、れんが書房新社と編集の労をとられた鈴木誠さんに感謝を申し上げたい。私たちの願いはただ一つ、竹内成明が遺したこの書物が多くの読者をもつことである。

二〇一九年二月一八日

(同志社大学文学部教授)

竹内成明（たけうち・しげあき）
1933年大阪市生まれ。
1957年京都大学文学部卒業。
京都大学人文科学研究所助手、同志社大学文学部教授を歴任。
2013年京都にて没。
著作：『戦後思想への視角』（筑摩書房）
『闊達な愚者』（れんが書房新社）
『コミュニケーション物語』（人文書院）
『顔のない権力』（れんが書房新社）
『知識論のための覚書』（れんが書房新社）

コミュニケーションの思想――記号とメディア

発　行＊2019年9月15日　初版第一刷

＊

著　者＊竹内成明
編　者＊三宅広明・庭田茂吉
装　丁＊狭山トオル
発行者＊鈴木　誠
発行所＊れんが書房新社
〒193-0845　東京都八王子市初沢町1227-4, A-1325
TEL 03-6416-0011　FAX 03-3461-7141　振替00170-4-130349
印刷・製本＊中央精版印刷株式会社

 ISBN978-4-8462-0427-3 C0030

闊達な愚者——相互性のなかの主体　竹内成明

主体奪回の可能性を生活に根差す相互主体的関係の内に探る、コミュニケーション論の名著。

四六判／品切

顔のない権力——コミュニケーションの政治学　竹内成明

人々の意識をシステムの内に囲い込むメディア、〈関係〉の内に偏在する政治・権力の実相を追求。

四六判／二二〇〇円

知識論のための覚書　竹内成明

〈知ること〉の本質と人間にとっての意味を問い直し、近代知を超える〈知〉のありようを説く。

四六判／二二〇〇円

＊価格は本書発行時点の本体価格です。